白史自題七言以慶刊行韓國金石學研究

大雅古碑遺不泯　刮磨苔蝕字畫神

不三海慈威燕太昌三韓紙風真

云硬手白眉存秋史過眼未幾新

右莫羨汶六一錄槿域猶有當百珍

孫白史崔英成先生詩 甲午友正再翌 明水山堂

최영성 글　이은혁 글씨

著者小照 (李喆奎, 2006)

한국의 금석학 연구

한국의 금석학 연구

최영성 지음

이른아침

序

　한국에서 금석학은 3백 년 역사를 지닌다. 금석학은 추사秋史 김정희金正喜에 의해 '학學'으로서의 존재가 확인되었으나 아직도 제 학문 영역을 확보하지 못하고 있다. 관련된 논고의 수는 적지 않지만 역사학의 연장선상에서 접근한 것들이 대다수다. 어찌 보면 김정희를 전후한 시기보다 퇴보한 느낌이다. 양적 팽창이 질적 수준을 담보하지 못한 탓이다. 후계자가 제대로 양성되어야 지속적인 발전이 이루어질 수 있음을 보여준다고 하겠다.

　나는 1980년대 후반, 최치원崔致遠의 『사산비명四山碑銘』을 공부하면서 금석문에 푹 빠졌었다. 당시 나는 금석문이야말로 우리나라 사상사 연구, 특히 고대사상사 연구에 더없이 중요한 자료라고 생각하였다. 1994년에 펴낸 『한국유학사상사』 고대편이 여타 유학사류에 비해 그래도 윤기가 있는 것은 고대 금석문 자료를 활용한 까닭이다. 자료 부족으로 생긴 고대사상사 연구의 한계를 일정 부분 극복할 수 있는 뒷심이 금석문에서 나왔다고 나는 생각한다.

　금석문을 연찬하면서 잊을 수 없는 일들이 있었다. 한 가지만 적겠다. 1987년에 내가 『주해 사산비명』을 펴내자 학계의 반응이 빨랐다. 관심은 누가 그 어려운 사륙변려문에 감히 도전했느냐에 모아졌고, 출판사에 독자의 전화가 이어졌다고 한다. "주해자의 나이가 칠십대쯤 됩니까?" "아닙니다. 올해 27세의 대학원생입니다." 독자들의 말을 내 귀로 직접 듣지 못한 것이 아쉽다.

지난 2000년부터 문화재연구와 연이 닿으면서, 대학에서 '금석문강독'을 정규 과목으로 정하여 강의를 해오고 있다. 매학기 개설하다 보니 십여 년간 다룬 금석문의 분량이 적지 않다. 육속 정리해온 자료는 검토 정리하여 '역주 금석문' 시리즈로 펴낼 계획이다. 고려 이전까지의 금석문에 집중한 것은, 자료의 가치와 중요도가 높기 때문이다. 1990년대 이래 금석문 내지 금석학과 관련한 논문을 수삼 편 발표하였다. 대개 고대 부분에 집중된 것이고, 사상적 측면에서 접근한 것들이다. 사상적 측면에서 금석문을 다룬 것은 사례가 드물고 연륜도 일천하다. 이에 대한 학계의 관심이 요청된다.

발표한 글들은 대개 외부 요청으로 집필한 것들이다. 그에 따른 한계가 있을 것이다. 다만 각 장을 따라 읽다 보면 우리나라 금석학사의 흐름이 어렴풋이나마 느껴질 것으로 판단한다. 전후로 맥락불통은 아닌 성싶다. 한국철학을 전공한 방외方外의 학도가 전문 영역에 틈입闖入한 것을 독자들께서는 양해하시기 바란다. 금석학 관련 전문 연구서가 드문 현실에서 써놓은 원고를 묵혀두기 어려웠다. 이 책의 출간이 금석학에 대한 관심을 불러일으키는 데 일조가 되었으면 한다. 이에 칠언시 한 수를 지어 기쁨을 표해둔다.

하늘이 고비古碑를 보호하사 후대에 남기셨네
푸른 이끼 닦아내니 자획字劃이 신령도 하구나.

'영락사해' 태왕비엔 자비의 위력 이글거리고

'태창삼한' 진흥비엔 순풍이 참되기도 하여라.

최고운 손을 거치니 금석문의 백미가 남게 되었고

김추사 눈을 스치자 금석학의 깃발이 새로워졌네.

그대여, 구양수의 『집고록集古錄』을 부러워말라!

근역에도 백 개를 당해낼 진귀한 고비들이 있으니.

天護古碑遺不泯　刮磨苔蝕字畫神

永樂四海慈威赫　太昌三韓純風眞

孤雲經手白眉存　秋史過眼赤幟新

請君莫羨六一錄　槿域猶有當百珍

끝으로 원고 작성 과정에서 늘 대화의 상대가 되어 도움을 준 서예가 임지당臨池堂 이은혁李銀赫 선생에게 감사의 염을 표하는 바다.

갑오년(2014) 단오날에

인후장주인麟厚莊主人　최영성 쓰다

차 례

序 … 6

일러두기

1. 이 책은 수시로 집필한 논고를 묶은 것이다.

2. 금석학과 금석문을 확연히 구분하지 않았다. 제목에서는 '금석학'이란 명칭으로 포괄하였다.

3. 각 장에 따라 겹치는 부분이 있으나 발표할 당시의 모습을 살려두려고 약간 손질하는 선에서 그쳤다.

4. 잘못된 서술, 소략한 부분, 새로운 정보가 있을 경우, 특별한 '알림표시' 없이 곧바로 수정, 보완하였다.

5. 각 장에 실린 글들의 원 게재지는 다음과 같다.

제1장: 『동양고전연구』 26, 동양고전학회, 2007.
제2장: 『온지논총』 34, 온지학회, 2013.
제3장: 『민족문화』 43, 한국고전번역원, 2014.
제4장: 신고新稿
제5장: 『주해 사산비명』, 아세아문화사, 1987.
제6장: 『신라사학보』 20, 신라사학회, 2010.
제7장: 『동양고전연구』 29, 동양고전학회, 2007.
부 록: 『동양고전연구』 10, 동양고전학회, 1998.

제1장

한국금석학의 성립과 발전

Ⅰ. 머리말

오늘날 한국에서 '금석학'이란 과연 하나의 독립된 학문으로 존재하는가. 관점에 따라 다르게 말할 수 있을 것이다. 다만 금석문 연구의 역사는 일천日淺하다고 말하기 어려울 것이다. 근자에 들어 한국의 금석문 연구사 내지 금석학사, 한국금석학개관 등의 논설들이 발표되고 있는 것을 보면 연구의 역사가 상당함을 시사한다고 하겠다. 일제강점기 이래 근자에까지 발표된 것들을 몇 가지 소개한 뒤 논의를 시작하도록 하겠다.

- 葛城末治, 「조선금석학개론」, 『青丘學叢』 14, 청구학회, 1933.
- 허흥식, 「한국금석문의 정리 현황과 전망」, 『민족문화논총』 2 - 1, 영남대학교, 1982.
- 허흥식, 「한국금석학사 시론」, 『천관우화갑기념논총』, 1985.
- 허흥식, 「한국금석학의 현황과 과제」, 『한국사학』 16, 한국정신문화연구원, 1996.
- 조동원, 「한국금석문 연구 300년」, 『조동걸정년기념논총』, 1997.
- 조동원, 「한국금석문 연구의 현황과 과제」, 『국사관논총』 78, 1997.

　　• 임세권, 「조선시대 금석학 연구의 실태」, 『국학연구』 1, 한국국학
　　　진흥원, 2002.

　　본고는 우리나라 금석학의 연구사를 조망한 것이다. '금석학'이란 무
엇인가로부터 시작되는 개론적 서술은 피하고 바로 본론으로 들어가
고자 한다. 금석문은 생생한 제1차 자료다. 문헌으로 전하는 것과는
성격이 다르다. 당시 사람들의 손에 의해 직접 이루어진 것이므로, 비
교적 정확하고 진실성을 담보할 수 있다. 북송 말기의 금석학자 조명
성趙明誠은 다음과 같이 말하였다.

　　『시경』·『서경』 이후 군신君臣의 사적은 모두 역사에 기록되어 있다.
　　그러나 그 역사 기록이라는 것도 고의적으로 포폄褒貶을 가한 것은
　　아니겠지만, 사가史家의 사의私意가 가미되어 때로는 사실과 다른
　　기록이 있을 수 있다. …… 금석의 각문刻文을 통해 고증해 보면, 열
　　가운데 너댓개는 착오가 있곤 한다. 대개 역사는 후인의 손에 기록된
　　것인지라 당시의 사실과 어긋나는 것이 있다. 그러나 금석의 각문은
　　당시에 세운 것이라서 믿어 의심할 바 없다.[01]

　　추사 김정희가 "금석문은 역사 기록보다 낫다"[02]고 한 것도 이런 맥

---

01 『金石錄』, 〈서문〉 "詩書以後, 君臣行事之迹, 悉載於史. 雖是非褒貶, 出於冊秉筆
　　者私意, 失其實 …… 以金石刻考之, 其秖牾十常四五. 蓋史牒出於後人之手, 不
　　能無失, 而刻辭當時所立, 可信不疑."
02 『완당전집』 권3, 「與權彝齋 三十二」 "金石之有勝於史乘."

락에서 이해하여야 될 것이다.

금석문은 서예 연구의 자료일 뿐만 아니라, 그 내용은 사료로서 중요한 가치를 지닌다. 광개토태왕비·진흥태왕순수비는 그 대표적인 것이다. 특히 신라시대와 고려시대의 탑비는 불교사 연구에 중요한 자료가 되며,[03] 고려시대의 많은 묘지墓誌들은 고려사高麗史 자료를 보충, 시정하는 데 큰 가치를 지닌다.[04] 신라 때의 금석문 자료가 전해오지 않는다면 어떻게 설총薛聰이 남긴 문학작품 두 편을 더 볼 수 있겠는가.[05] 또 안압지에서 주령구酒令具가 발견되지 않았다면 통일신라 시기 놀이문화의 한 국면을 놓칠 수밖에 없을 것이다. 이뿐만 아니라, 「성주사 대낭혜화상비명聖住寺大朗慧和尙碑銘」과 「태자사 낭공대사 백월서운탑비 후기太子寺朗空大師白月栖雲塔碑後記」가 아니었다면 나말여초의 대학자 최인연崔仁渷(崔彦撝)이 무염국사無染國師의 '종제從弟'[06]이며,

---

03 최영성, 『註解 四山碑銘』(1987) ; 李智冠, 『校勘 譯註 歷代高僧碑文』 1·3(1993~1995) ; 한국역사연구회, 『譯註 羅末麗初金石文』 상·하권(1996).

04 金龍善, 『高麗墓誌銘集成』, 한림대학교 아시아문화연구소, 1993. 총 306종에 달한다. 이 책은 김용선이 2004년 일조각에서 펴낸 『고려 금석문 연구』의 기반이 되었다. 許興植, 「서평 '고려 금석문 연구'」, 『한국사연구』 126, 한국사연구회, 2004 참조.

05 설총에게는 잘 알려진 「花王戒」 이외에도 성덕왕 18년(719)에 찬술한 「甘山寺阿彌陀如來造像記」와 「甘山寺彌勒菩薩造像記」가 남아 있어, 유·불·도 삼교를 자유자재로 넘나드는 뛰어난 문장 실력을 엿보게 한다. 「造像記」의 後記에 '開元七年歲在己未二月十五日奈麻聰撰'이라는 대목이 있다. 여기서 '奈麻聰'은 설총이다. 부친 원효를 따라 俗姓을 사용하지 않은 듯하다. 葛城末治, 『朝鮮金石攷』(京城: 大阪屋號書店, 1935), 200~210쪽; 金敏洙, 「奈麻 薛聰의 吏讀文에 대하여」, 『延巖玄平孝 회갑기념논총』(1980) 참조.

06 현재 학계에서는 「대낭혜화상비」 말미에 '從弟崔仁渷書'라고 한 대목을 인증, 최인

또 그가 최치원崔致遠·최승우崔承祐와 함께 '일대삼최一代三崔'로 불렸다는 사실[07]은 후세에 묻히고 말았을 것이다. 금석문의 중요성이 이와 같다.

금석학은 20세기 이래로 역사 연구에서 보조과학補助科學으로서의 중요성을 인정받고 있다. 고대의 문헌이 풍부하지 못한 우리나라에서는 금석학의 중요성이 한결 더하다. 삼국시대는 물론이요 고려시대까지도 일반 문헌에 못지않게 금석문에 의존하는 바 크기 때문이다.

본고에서는 이러한 점에 주목하면서, 우리나라에서 금석학이 어떤 과정을 거쳐 성립되고 발전해 왔는지를 거시적으로 고찰하고, 거기서 드러난 특성과 한계점, 문제점 등을 짚어보면서 한국 금석학의 미래 전망을 이끌어 내는 데 도인導引이 되고자 한다.

연이 비문의 찬자인 최치원의 從弟인 양 단정하고 있으나, 비문의 성격상 주인공이 아닌 찬자와의 관계를 나타냈을 리 없다. 종제는 親從弟만을 가리키는 것이 아니다. 부계로 姑從弟, 모계로 外從弟 및 姨從弟가 있으므로, 異姓間이라 하더라도 '종제'라고 한 것에 문제될 것이 없다.

07 『조선금석총람』상권, 188쪽, 「太子寺朗空大師白月栖雲塔碑後記」"其仁渷者, 辰韓茂族人也. □所謂一代三崔, 金牓題廻, 日崔致遠, 日崔仁渷, 日崔承祐, 於中中人也. …… 實君子國之君子, 亦大人鄕之大人也."

II. 금석문에 대한 관심 — 조선시대 이전

우리나라에서의 금석문 내지 금석학 연구는 크게 4시기로 나누어볼 수 있다. 즉, ①조선시대 이전, ②18세기 이전의 조선시대, ③18세기 이후부터 1910년 조선 멸망까지의 실학시대 및 그 영향을 받은 시기, ④1910년 조선 멸망 이후 근대 역사학의 영향을 받은 시기가 그것이다. 대개 18세기 이전, 즉 실학사상이 무르익기 이전에는 호고적好古的·박고적博古的 관심이 컸었다. 중국의 금석학이 고문자에 대한 관심이라든지 경학·역사학의 보조 학문으로서 특성을 보였던 데 비해 우리의 경우 금석학이 학문으로서의 성격이 뚜렷하지 않았다. 금석문의 내용보다 서예적 가치를 더 중시하였던 것이 당시의 대체적인 경향이었다. 서첩書帖을 만드는 것에 중점이 두어졌으며 판독과 고증 등에는 관심이 미치지 못하였다.

우리나라 역사를 상고할 때 어느 시기부터 금석문에 대한 관심이 있게 되었는지 분명히 알기는 어렵다. 다만 현재까지도 우리나라 고대 금석문 자료가 전해오고, 또 후기로 내려오면서 서체書體에 대한 관심이 높았던 점으로 미루어 볼 때, 역사적으로 이름난 명가의 글씨를 모은 서첩이나 그 글씨를 비에 새긴 '집자비集字碑' 등이 유행하였고, 탁본 역시 성행하였을 것으로 짐작된다.[08] 한 예로 신라 애장왕 2년(801)에 세워졌을 것으로 추정되는 경주 무장사 아미타여래조상사적비慶州 鍪藏寺阿彌陀如來造像事蹟碑는 왕희지의 글씨를 본떠서 쓴 것이고, 정강왕 1년(886)에 건립된 사림사홍각선사비沙林寺弘覺禪師碑는 서성書聖 왕희지의 글씨를 집자한 것이다. 이를 보면 통일신라 시기에 이미 탁본 기술이 상당한 수준이었을 것으로 생각된다.

이와 관련하여, 삼국시대부터 비탁碑拓에 대한 수집이 있었음을 알리는 자료가 있다. 즉, 진덕여왕 2년(648), 당나라 태종 정관貞觀 22년에 신라의 사신으로 당나라에 들어갔던 김춘추金春秋가 당태종으로부터 온천비명溫泉碑銘(648)과 진사비명晉祠碑銘(646)을 하사받아 가지고 돌아왔다는 기록이다.

　　…… 김춘추가 국학國學(국자감)에 가서 석전釋奠과 강론을 참관하기
　　를 청하니 태종이 이를 허락하고, 이내 자기가 지은 온탕비溫湯碑·
　　진사비晉祠碑와 신찬新撰『진서晉書』를 하사하였다.[09]

중국 금석 탁본의 전래는 대체로 사행使行을 통해 구득購得한 것이

08　이영호,「금석학 연구법: 자료의 정리와 활용」,『상주문화연구』 14, 상주대학교 상
　　주문화연구소, 2004, 9쪽.

09　『삼국사기』 권5, 신라본기, 진덕왕 2년조. 崔致遠,「大朗慧和尙碑銘」"昔武烈大王
　　爲乙粲時, 爲屠獩貊乞師計, 將眞德女君命, 陛覲昭陵皇帝, 面陳願奉正朔易服章.
　　天子嘉許, 庭賜華裝, 受位特進. …… 及其行也, 以御製幷書溫湯晉祠二碑, 曁御
　　撰晉書一部賚之, 時蓬閣寫是書, 裁竟二本, 上一錫儲君, 一爲我賜."(최영성,『역
　　주 최치원 전집』 I, 아세아문화사, 1998, 89~90쪽)

많았다. 이후 고려를 거쳐 조선조에 이르기까지 사행을 통한 전래가 주를 이루는 가운데 전래와 유통의 경로가 다양해졌다. 이후 이것은 우리나라 금석문 수집에 대한 관심으로 이어졌다.[10]

한편, 12세기에 나온 『삼국사기』 권46, 「설총열전薛聰列傳」의 "又能屬文, 而世無者. 但今南地, 或有聰所製碑銘, 文字缺落, 不可讀, 竟不知其何如也"라는 구절에 '비명'이 언급된 점이라든지, 진흥왕 37년조에서 최치원 찬撰 「난랑비鸞郎碑」를 인용하여 우리 고유의 풍류사상風流思想을 증언한 것 등은 좋은 예라 하겠다.[11] 13세기에 찬술된 『삼국유사』에도 신라시대의 많은 금석문 자료가 인용되었다.[12] 예를 들어 「아도화상비我道和尙碑」,[13] 「황룡사 구층목탑지皇龍寺九層木塔誌」, 「봉덕사종명奉德寺鍾銘」, 「백률사석당기栢栗寺石幢記」, 「감산사 아미타여래조상기甘山寺阿彌陀如來造像記」, 「감산사 미륵보살조상기甘山寺彌勒菩薩造像記」 등이 실려 있다.

그 뒤 고려시대로 내려오면서 학자들이 시문집이나 단행본을 간행하면서 비문을 수록하기도 하였다. 이규보李奎報의 『동국이상국집』, 이제현李齊賢의 『익재집』 등 역대 저명한 문인·학자들의 문집에 비문 등

---

10 이완우, 「비첩으로 본 한국서예사」, 『국학연구』 창간호, 한국학진흥원, 2002, 99쪽.

11 이병도는 "김씨 등이 좀더 널리 금석문자 기타 사료 채취의 노고를 짓지 못하였던 것을 우리는 여간 유감으로 여기는 바가 아니다"고 하였다. 이병도 역주, 『삼국사기』 상권, 해설, 을유문화사, 1985, 3쪽. 실제로 『삼국사기』에서 금석문을 자료로 취택한 것은 매우 적다.

12 금석문과 『삼국유사』에 대한 비교 검토는 장충식, 『한국 불교미술 연구』, 시공사, 2004, 제6장 참조.

13 1919년 『조선금석총람』 상권에 전재되기도 하였다.

금석문이 실렸고, 후대에 이것이 편집상 하나의 관례가 되었다. 조선 시대에는 비명이 필수적인 문학 장르의 하나로『동문선東文選』등에 실리기도 하였다.

III. 18세기 이전 조선시대의 금석문 연구

중국에서는 송대에 와서 금석학이 학문으로 체계화되었다. 당시 금석학의 주요 성과로는 유창劉敞의『선진고기도先秦古器圖』, 구양수歐陽修의『구양집고록歐陽集古錄』, 여대림呂大臨의『박고도博古圖』, 왕보王黼의『박고도록博古圖錄』, 조명성趙明誠의『금석록金石錄』등을 들 수 있다. 이러한 연구 성과가 청대에 가서 금석학이 만개하는데 토대가 되었음은 말할 나위 없다. 그런데, 우리나라로 말하자면 조선 후기 18세기 이전까지는 '금석학'이라는 독자적인 학문 영역을 논하기 어려웠다. 더 엄밀히 말한다면, 추사 김정희에 의해 이론적으로, 학문적으로 토대가 닦이기 이전까지 금석학이 존재했다고 보기 어렵다. 이런 까닭에 학문성을 갖춘 연구 논저들이 거의 없다.

중국에서는 성리학이 대두하여 체계화되었던 송대에 금석학이 확고하게 수립되었다. 이에 비해 우리나라에서는 성리학적 풍토 속에 '박학은 완물상지玩物喪志'라는 관념이 지배적이어서 금석·서화 등에 종사하는 사람들을 '호사가好事家' 정도로 취급하였다. 이것은 결과적으로 금석학의 발전을 저해하는 주요 원인이 되었다. 따라서 이후 고착된 학계의 기풍에 대한 반성의 기운이 일게 된 것은 자연스런 일이라 하겠다.

그러는 가운데서도 어떤 사물에 특별히 마음을 쏟고 의미를 부여했던 고인高人·일사逸士들의 아취雅趣[14]를 따라 호고적好古的·박고적博古的 성향의 학자들이 계기繼起하였다. 그들은 심미審美·완상적玩賞的 차원에서 비탁碑拓이라든지 서첩 등의 수집 활동을 상당히 활발하게 전개하였다. 물론 여기에는 중국 학계의 영향이 지대하였다. 그 가운데서도 특히 구양수의 『구양집고록』이 끼친 영향이란 타의 추종을 불허하는 것이었다.

조선 초기 안평대군安平大君 이용李瑢(1418~1453)은 중국 역대 명필의 글씨를 시문이나 간찰 등을 통해 수집, 복각覆刻하여 그 탁본을 묶은 『비해당집고첩匪懈堂集古帖』[15]을 이룩하였다. 이는 '서첩' 편찬의 역사에서 중요한 위치를 차지한다. 세종 25년(1443)에 나온 이 서첩은 법첩을 만드는 데 목적이 있었다. 따라서 이를 세상에 널리 전하기 위해 글씨의 일부 변형을 무릅쓰고 돌에다 번각飜刻하여 그 탁본을 묶었다.[16] 학문적 성격과는 거리가 있지만, 금석 자료에 대한 높은 관심과 뛰어난 감식안·심미안은 인정하지 않을 수 없다.

---

14 도연명의 국화, 林逋의 매화, 王徽之·文同의 대[竹], 米芾의 怪石, 王僧虔의 서첩 등을 예로 들 수 있겠다. 鄭來僑, 『浣巖集』권4, 14a, 「題鄭仲久家藏詩軸後」 "古之逸士高人, 類多留好於花石筆札. 如陶之菊, 逋之梅, 子猷·與可之於竹, 元章之石丈, 僧虔之書帖, 歐陽永叔之集古錄是已." (문집총간 197, 552쪽)

15 현재 안동대학교 사학과 임세권 교수가 유일본 일부를 소장한다고 한다. 임세권, 「조선시대 금석학 연구의 실태」, 『국학연구』 창간호, 23쪽.

16 본디 비탁이 아니고 번각을 통해 탁본을 뜬 것인 만큼 금석학의 범위에 넣어야 할 것인가 하는 점이 문제가 된다. 필자의 생각으로는 이 서첩이 이후 금석과 관련한 서첩에 미친 영향이 큰 점을 고려, 넓은 의미에서 인정해야 되리라고 본다.

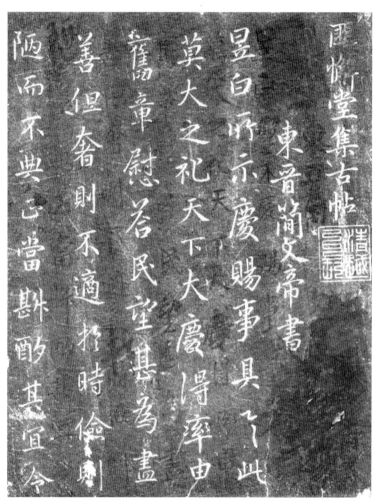

비해당집고첩

한편, 서법을 확립하는 문제가 국가적 차원에서 중요한 일로 여겨져 전국에 산재하는 금석문의 탁본을 시도하기도 했다. 즉, 세종 24년(1442)에는 각 도 유명 사사寺社에 있는 비문을 탁본토록 하고 이를 대소 신료들에게 반사頒賜한 일이 있었다. 이것은 우리나라 금석학사에서 주목할 만한 일이다.

> 각 도에 산재하는 비문을 대소 신료들에게 내렸다. 당초에 임금이 각 도 사사寺社의 비명碑銘을 인쇄하여 서법으로 삼으려고 각 도에 모인模印하여 바치도록 하였다. 각 도에서 길이가 길고 폭이 넓은 지차紙箚를 만들고, 정부丁夫를 불러 모으며, 또 밀납蜜蠟과 먹[墨]과 모전毛氈을 거두어 한 해 걸려 모인하게 되었다. 민폐民弊가 매우 많았으나 마침내 쓸모가 없었다. 그것을 반사함에 한 사람이 간혹 10여 장丈을 얻기도 하고, 궁중 안의 노복[内奴]과 선부膳夫(司饔院의 雜職)까지도 주제넘게 모두 받았다.[17]

이것을 보면, 일제가 『조선금석총람』을 간행하면서 관권을 동원했던 것에 못지 않게 공력을 들인 국가적 사업이었던 것 같다. 많은 민폐를 무릅쓰고 진행시킨 국가적 사업을 중간에 그만두고, 또 탁본한 것을 대소신료, 나아가 궁중의 노복이나 잡직에 있는 사람들에게까지 나

---

17 『세종실록』, 24년 壬戌 5월 28일(丁亥)條. "賜各道碑文于大小臣僚. 初, 上欲印各道寺社碑銘, 以爲書法, 命各道模印以進. 各道造長闊紙箚, 徵聚丁夫, 又斂蠟墨與氈, 經年模印. 民弊甚多, 而卒爲無用. 及其頒賜, 一人或得十餘丈, 以至內奴膳夫, 亦皆濫受."

누어 준 것은 무슨 이유에서일까. 아무래도 탁본을 전문으로 하는 사람이 아닌 일반인이 탁본을 한 탓에, 서법을 바로세우려는 본래의 목적을 달성하기가 어려웠기 때문일 것이다. 이에 많은 공력을 들인 비탁碑拓을 버릴 수 없어 대소 신료들에게 나누어준 듯하다. 이때 전국에서 모은 탁본들을 한 데 묶었더라면 값을 따질 수 없는 귀중한 자료가 되었을 것이다. 이 사업의 목적을 '서법 확립'에만 두지 않고, 금석문 전반에 걸쳐 관심을 불러일으키는 계기로 삼았더라면, 뒷날 금석학이 '학'으로 인정받기까지 그처럼 발전이 더디지는 않았을 것이다.

이후의 기록으로, 『성종실록』을 보면 동 20년(1489)에 겸 지평兼持平 조지서趙之瑞(1454~1504)가 강원도에서 돌아오면서 고려 태조가 친히 지은 원주 영봉산 흥법선원탑비문原州靈鳳山興法禪院塔碑文과 최광윤崔匡胤이 왕명을 받들어 당태종의 글씨를 모은 묵본墨本을 가지고 와서 바쳤다는 기사가 있다.[18] 이 역시 '서법'의 범주에서 벗어나지 않는다.

임병양란壬丙兩亂 이후에는 탁본과 함께 이를 바탕으로 한 서첩이 더욱 많이 만들어졌다.[19] 그런데 자의식自意識의 성장과 함께 주목할 만한 변화가 있었다. 즉, 양란 이전에 만들어진 법첩들이 주로 중국 대가들을 중심으로 한 것인데 비해, 이후에 나온 것들은 우리나라 명필 대가들의 것이 주류를 이루었다.[20] 금석자료의 목록들이 체계적으로

---

18 『성종실록』, 성종 20년 己酉 1월 23일(壬午)條.

19 잘 알려진 서첩 이외에도 南鶴鳴의 『集古帖』(『西河集』 권12, 「南君集古帖後序」: 문집총간 144, 219쪽) 등 서첩의 수를 제대로 파악하기 어려운 실정이다.

20 물론 임진왜란 이후 실학시기에도 중국의 법첩은 끊임없이 수입되거나 제작되었다. 한 예로 조선 영·정조 때의 화가이자 書畵古董 수집가·감식가로 유명한 金光

滄江子趙希溫亦嘗以所畜金石淸玩
四卷請序引甚勤余迺強老病剒眼膜盟
手焚香而閱之則上自新羅下至　興朝陵後
碑文公卿大夫顯刻龍宮塔廟偶踪曁韵釋
卷軸無不收焉蓋其意唯在於取其書法
不求文字之備放亦有搨數行者亦有搨
十餘行者亦有半行古武有未半行者意

『금석청완』 서문 일부

작성되기 시작하였다. 이것은 분명 우리나라 학인들의 금석문에 관한 관심이 반영된 것이며, 이로 인해 조선에서 금석학의 싹이 튼 것이 사실이다.[21] 이 시기의 대표적 업적으로는 창강滄江 조속趙涑(1595~1668)의 『금석청완金石淸玩』, 종실宗室 낭선군朗善君 이우李俁(1637~1693)와 그 아우 낭원군朗原君 이간李侃(1640~1700)이 엮은 『대동금석첩大東金石帖』[22]이다. 낭선군은 평소 창강 조속을 사모했다고 하는데,[23] 이 사실은 위의 두 서첩이 나오게 된 것과 연관이 있을 듯하다.

『금석청완』(4권 10책)은 현재까지 전하는 가장 오래된 비첩碑帖이다.

逐(1696~1770)는 호가 尙古堂이다. 연암 박지원이 "鑑賞之學의 개창자이지만 才思가 부족하다"(『연암집』 권3, 23a, 孔雀館文稿, 「筆洗說」)고 평한 바 있는데, 李匡師의 『員嶠書訣』에 의하면 "…… 30년 전에 成仲 金光遂가 옛 것을 좋아하는 버릇이 있어 처음으로 漢·魏의 여러 비문의 법첩을 구입하였다"고 하였다(『원교집』 권10, 49a, 「書訣」 "三十年來, 金光遂成仲, 癖於古, 創購得漢魏諸碑." ; 문집총간 221, 559쪽). 오경석의 『天竹齋箚錄』에 의하면, 김광수는 청나라 학자 林本裕·林介 부자로부터 중국 금석자료의 精拓과 그에 관한 자세한 고증의 글들을 기증받았다고 한다(오세창, 『근역서화징』, 177쪽). 이 밖에 특이한 예로 조선 후기의 학자 成大中이 일본에 사신으로 가서 유명한 多胡碑의 탁본을 구해가지고 온 것을 들 수 있다. 이 다호비는 일본 서예계에서 높이 평가하고 있는데, 일본으로부터 조선을 거쳐 중국까지 들어간 것으로 보고 있다(『靑城集』 권8, 20a~20b, 「書多胡碑」 "多胡碑, 余得之日本. 其稱和銅, 迺其元明天皇年號, 其四年則唐睿宗景雲二年辛亥, 而距今一千一百九十年也. 碑之淪於野土, 不知其幾年, 而平鱗者始得之. 鱗雅善金石圖章, 獲此以爲珍, 好事者亦盛爲稱之."(문집총간 248, 503쪽)

21 임세권, 앞의 논문, 27쪽.

22 正帖 5책, 續帖 2책. 1976년 아세아문화사에서 '大東金石書'라는 제목으로 영인, 간행하였다.

23 申翼相, 『醒齋遺稿』 권6, 「朗善君謚狀」 "…… 雅慕重趙滄江涑. 見其所居草屋不蔽風雨, 爲之買瓦以蓋, 其好義喜施, 亦可見其一班也."(문집총간 146, 222쪽)

서자書者의 신분을 따지지 않았으며, 탁본에서 가장 선명한 부분을 오려서 제작했다는 특징이 있다. 편자가 직접 현장에 가서 조사를 하고 탁본을 떴다는 점에서 학문 방법상으로 이전과 대비된다. 이는 금석학사에서 주목되는 바라고 하겠다. 다만, 편자 스스로 서명을 '청완'이라 한 것이라든지, 또 용주龍洲 조경趙絅(1586~1669)이 서문에서 "수집한 의도가 오직 서법에 있었으므로 문자를 갖추지 못하였다. 어떤 것은 몇 줄 또는 십여 줄만 탁본하였으므로 ……"[24] 운운한 바와 같이 비문 전체를 볼 수 없는 한계가 있다. 그러나 현재 원비原碑가 없어졌거나 파괴된 비의 내용이 일부나마 남아 전한다는 데서 가치가 있다.

『금석청완』과 쌍벽을 이루는 낭선군 이우[25]의 『대동금석첩』(7책)은 글씨에 일가를 이루었고 선인들의 글씨 수집하기를 몹시 좋아했던 편자의 성격이 잘 반영된 것이다. 일설에 의하면 낭선군은 경상도에 사는 외거노비外居奴婢에게 금석자료의 탁본을 만들도록 명하였는데, 탁본 1매당 가격이 1년치 세공歲貢에 해당하였다고 한다.[26] 『대동금석첩』은 신라 진흥왕순수비로부터 조선 숙종 때까지의 고비古碑·묘비·석당石幢·석각石刻 등 약 3백여 종의 탁본을 수집, 그 일부분을 잘라서 만든

---

24 『金石淸玩』, 元冊, "蓋其意唯在於取其書法, 不求文字之備, 故或有搨數行者, 或有搨十餘行者, 或有半紙者, 或有未半紙者."(임세권 교수 소장본)

25 선조의 12남 仁興君 瑛의 장남. 『藥泉集』 권17, 「朗善君孝敏公神道碑銘」 "晚構一室, 藏書幾萬卷, 聚古人論書要語, 名以臨池說林. 又倣六一集古錄, 作大東金石帖, 以供淸玩."(문집총간 132, 225쪽) ; 관계 논문으로는 黃晶淵, 「낭선군 이우의 書畵收藏과 편찬」, 『장서각』 9, 한국정신문화연구원, 2003 참조.

26 南克寬, 『夢囈集』 坤, 33b, 「謝施子」 "朗善君奴婢, 多在慶尙道. 命印上旁近金石刻人, 一紙當一歲貢."

것이다. 각 첩의 말미에는 각각의 명칭·찬자撰者·서자書者 및 건립 연대, 소재지 등의 목록을 수록하였다. 비문의 본보기가 되는 부분만 수록한 까닭에 전체를 알 수는 없지만, 현재 일실逸失된 비문도 다수 수록되었고, 현존하는 비문에서도 박락剝落된 부분의 탁본이 있다. 불완전한 자료의 보충·보완을 위해 중요한 가치를 갖는다.

한편, 이 시기에는 드문 경우이기는 하지만 금석자료를 책으로 묶고 주석까지 가한 예도 있다. 통일신라 시기의 금석문으로, 신라불교사 연구에 빼놓을 수 없는 최치원의 『사산비명四山碑銘』은 금석문의 전범典範이자 불가의 과외독본課外讀本으로서 조선 중기 이후부터 승려와 문사들 사이에서 폭넓게 읽혀졌다. 서산대사 휴정休靜의 제자로서 호남 지방에 주석하였던 철면鐵面 중관中觀(1567~?)은 『사산비명』의 가치를 높이 평가하여 한 권의 책으로 독립시키고 주석을 달아 불교학인들에게 습송習誦토록 하였다. 이로부터 3백 년이 넘는 『사산비명』 주석사가 시작되었다. 다만 이러한 것은 『사산비명』 같은 특수한 예, 그것도 불가의 특수한 집단에 국한되었으며 일반적인 것은 아니었다.

IV. 18세기(실학시대) 이후의 금석문 연구

18세기에는 영·정시대英正時代의 문풍文風에 힘입어 금석문에 대한 수집과 제작이 더욱 많아졌다. 또 탁본한 내용을 여러 역사서의 내용과 비교, 검토하는 사례가 잦았다.[27] 이것은 17세기와 큰 차이를 보이는 것이다. 실학자 성호星湖 이익李瀷은『성호사설』에서 "우리 동방의 석각石刻으로 말하자면 고적古蹟이 역시 많지만 삼한 이전에는 상고할 길이 없었다. 그런데 근세에 와서 왕손인 낭원군朗原君이 편집한『대동금석록』은 유루遺漏가 거의 없다"고 하면서, 이우·이간의『대동금석첩』을 근거로 고려 이전의 20여 개의 대표적 석문 자료를 소개하였다.[28] 대체로 이들은 개인의 기호나 취미에 따른 '호고好古'적 성향에서 출발하였고, 주로 서예사적 위치와 가치를 밝히는 데 초점을 두었으므로 한계가 적지 않았다.

17세기 후반에 들어서부터는 금석자료 수집의 열기가 달아오르기 시작하였다. 그 선편을 친 것이 조선 인조·효종 때의 학자 이후원李厚

---

[27] 순암 안정복(1712~1791) 같은 이는『雜同散異』제4권에서 고려시대 墓誌를 판독, 수록함으로써 금석자료를 역사서술에 활용한 본을 보이기도 하였다.

[28] 『성호사설』권30, 詩文門,〈東方石刻〉조;『星湖僿說類選』卷五下,「東方石刻」(조선광문회 上輯, 450쪽) 참조.

源(1598~1660)이 엮은『금석록金石錄』[29]이다. 이후 숙종 때의 학자 곡운 谷雲 김수증金壽增(1624~1701)이 엮은『금석총金石叢』이 나왔다. 현재 전하지 않기 때문에(?) 그 내용을 자세히 알 수는 없지만, 분량이 180 여 첩에 달하는 거질이었다고 한다. 송시열의 발문 가운데 "단군·기자 시대의 문자는 종시 입수할 수 없으니, 이 편소한 나라에 태어난 것만 이 아니라 세상에 늦게 태어난 것이 더욱 한스럽다"[30]고 한 대목을 미 루어 보면, 중국의 것은 물론 우리나라 역대 금석자료들까지도 채집한 듯하다.

그 뒤를 이은 것이 영조 때 영의정을 지낸 김재로金在魯(1682~1759) 의『금석록金石錄』이다. 이것은 조선시대의 비문을 탁본(전체)하여 서첩 으로 묶은 것이다. 원편原篇 226책, 속편 20책에 이르는 방대한 분량 이다. 현재 26책만 전하고, 또 모두가 조선시대의 것이라는 점에서 아 쉬움이 있다. 그러나 이런 거질의 금석문집이 개인 주도로 이루어졌다 는 것은 18세기 이후 조선의 지식인층이 금석자료 수집에 얼마나 많 은 관심과 노력을 기울였는지 시사하는 바 크다. 금석자료의 수집에서 '열풍'이 일었다고 할 만하다.[31]

금석자료 수집의 풍조 확산과 이에 대한 비평이 유행하면서 점차 금 석 탁본 수집이나 금석문 연구는 문사文士들의 기초 교양쯤으로 여겨

---

29 朴瀰,『汾西集』권16, 9b,「題李士深金石錄後」; 문집총간 續25, 154쪽 참조.

30 『宋子大全』권149, 19b,「金石叢跋」"夫延之方將搜摭未已. 然檀箕文字, 終不可 得, 不獨生此偏邦, 晚生天地間, 尤可慨也."(문집총간 113, 209쪽)

31 임세권, 앞의 논문, 31쪽. 이때를 전후하여 李宜顯의『金石錄』8권(『陶谷集』권26, 36a,「遺識」; 문집총간 181, 416쪽) 등이 나왔다.

지게 되었다. 이것은 당시 학계의 높은 수준을 반영한 것이었다. 이 시기에는 박고한 문사치고 금석이나 금석 탁본에 대한 제발을 남기지 않은 사람이 드물 정도였다.[32] 그 가운데 지수재知守齋 유척기俞拓基 (1691~1761)는 정승을 지내면서도 금석학에 조예가 있어 당대 금석학의 권위자로 인정을 받았다. 김정희의 문집을 보면 다음과 같은 대목이 있다.

> 진흥왕비가 하나는 낭선군 시대에 나타났고, 또 하나는 유문익공俞 文翼公(拓基) 시대에 나타났는데, 끝내 그것을 알려고 물어보는 사람이 없었다. …… 낭선의 시대에는 이 비가 두 조각이 다 있었는데, 문익공 시대에는 한 조각만 남고 아래 한 조각은 다시 볼 수가 없게 되었다.[33]

오늘날 금석학에 관계된 유척기의 연구 논저가 따로 전하지 않는 듯하지만, 김정희의 이 증언은 유척기가 금석학에 관심과 조예가 있었음을 짐작게 한다. 한편, 일찍이 경주부윤을 지냈던 이계耳溪 홍양호洪良浩(1724~1802)는 『이계집』 권18에서, 「제신라문무왕릉비題新羅文武王陵碑」, 「제신라태종왕릉비題新羅太宗王陵碑」, 「제신라진흥왕북순비題新羅眞興王北巡碑」, 「제무장사비題鍪藏寺碑」 등 역대로 유명한 금석문 10개에 제발題跋을 붙여 그 중요성을 부각시킨 바 있다. 전문가다운 감식

---

32 이완우, 앞의 논문, 101쪽.

33 『완당전집』 권3, 31b 32a, 「與權彝齋 三十二」 참조.

안이라 하겠다.

홍양호의 후배 세대로 금석학에 조예가 깊었던 영재冷齋 유득공柳得恭(1749~1807)이 조선금석학사에서 차지하는 비중도 간과할 수 없다. 그는 전문 저술을 펴낸 적은 없지만, 금석문과 관련된 여러 시문들을 남겼다. 금석학에 대한 조예는 아들 유본학柳本學(1770~?)으로 이어져 가학적家學的 성격을 띠었다. 추사 김정희가 금석학의 거봉이 될 수 있었던 배경에 유득공이 있었음은 근자의 연구에서 밝혀지고 있다.[34]

이후 정조 때의 문장가 금릉金陵 남공철南公轍(1760~1840)은 『금릉집』 권23~24의 「서화발미書畫跋尾」에서, 중국의 금석 서화 명품 60여 종에 대한 제발을 남겼다. 이 가운데 비탁류가 20여 종이다. 제발마다 전문가의 감식안을 엿볼 수 있다. 이러한 것은 김정희에 의해 조선 금석학이 성립하는 데 밑바탕이 되었다고 할 수 있다. 다만 우리나라 금석 서화류에 대해 미처 관심을 기울이지 못한 것은 아쉬움으로 남는다. 이 밖에도 『약파만록藥坡漫錄』의 저자 이희령李希齡(1697~1776)[35]과 청장관靑莊館 이덕무李德懋(1741~1793)[36] 등이 금석학에 조예가 있었던 것으로 알려진다.

---

34 박철상, 「조선 금석학사에서 유득공의 위상」, 『대동한문학』 27, 대동한문학회, 2007 참조.

35 허흥식, 「한국금석학사시론」, 『천관우환력기념논총』, 1985, 8쪽. 이희령의 금석학 연구에 대해서는 자세한 기록을 얻지 못했다. 참고논문으로는 김세윤, 「'약파만록' 의 찬술과 체재」, 『국사관논총』 56, 국사편찬위원회, 1994 참조.

36 총 158항목이 수록된 『東國金石評』을 남겼다. 현재 미국 버클리대학교 동아시아 도서관(아사미 문고)에 소장되어 있다. 현재 인용되고 있는 것은 대부분 서유구의 『임원경제지』에서 재인용된 내용이다.

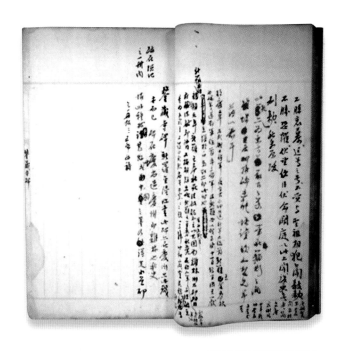

옹방강 친필본 『해동금석영기』

　19세기에 와서는 금석문의 수집에서도 종래의 것과는 다른 양상을 보였다. 즉, 서법에 중점을 두어 글자가 확실한 부분을 오려 비첩을 만들던 방식을 지양하고, 비첩의 제작을 보다 확대, 전문全文을 모아 엮는 일비일첩一碑一帖의 형태로 바뀌게 되었다. 저간의 사정을 살펴보면 이러한 배경에 청나라 금석학이 있었다. 물론 금석학 이전에 이미 청나라 고증학이 도입됨으로써, 서예를 위한 서체 중심에서 학문적 탐구를 위한 내용 중심으로 일정하게 방향을 틀었던 것이 사실이다. 이 중심에 김정희·김명희金命喜 형제가 있었다. 이들은 청나라 학계와 폭

추사 영정

넓게 교류를 함으로써 조선 학계의 기풍을 적지 않게 바꾸어 놓았다.

고증학이 성행하는 분위기 속에서 조·청 양국 학자들의 교류는 중국 학계에서 학술 이론이 조선으로 들어오고 또한 조선의 금석자료가 중국으로 보내져, 중국에서 조선금석자료집이 간행되는 등 상당 기간 의미 있게 진전되었다. 옹방강翁方綱의 『해동금석영기海東金石零記』, 옹수곤翁壽崑(1786~1815)의 『비목쇄기碑目瑣記』, 이장욱李璋煜(1791~?)의 『동국금석문東國金石文』, 섭지선葉志詵(1779~1863)의 『고려금석록高麗金石錄』, 유희해劉喜海의 『해동금석원海東金石苑』 등은 조선의 학자나 사신에게 전해 받은 금석문을 정리하여 편찬한 것들이다.

청유淸儒 옹방강과 그의 6남 옹수곤 부자 및 유희해 등과 조선 학자와의 교유는 일인학자 후지츠카 치카시[藤塚鄰: 1879~1948] 교수의 연구 이래 상당한 업적이 축적되었다.[37] 당시 이들에게 보내진 조선의 금석자료들은 유희해가 『해동금석원』을 편찬하는 것으로 결실을 보게 되었다. 근자 과천시에 기증된 옹방강의 『해동금석영기』(1책, 사본)에 따르면, 이 책은 조선 학자들에게서 전해 받은 금석문의 목록과 내용, 입수 경로 등을 메모 형식으로 기술하되, 매건마다 전해준 사람의 이름은 물론 그들의 견해를 함께 수록했다. 김정희 이외에 자하紫霞 신위申緯(1769~1845), 약헌約軒 홍현주洪顯周(1793~1865) 등의 이름이 보인다. 특히 금석문의 내용과 관련하여 김정희의 견해를 기록한 것이 많

---

37 박현규, 「淸 유희해와 조선 문인들과의 교유고」, 『중국학보』 36, 한국중국학회, 1995. 박현규, 「해동금석문의 신자료인 淸 翁壽崑의 '碑目瑣記'에 대하여」, 『서지학보』 20, 한국서지학회, 1997. 박현규, 「상해도서관장 청 유희해의 정고본 '해동금석원'」, 『서지학연구』 21, 한국서지학회, 2001.

다. 옹방강과 김정희의 학문적 교류가 어느 정도 긴밀했음을 확인할
수 있다.[38]

청나라 금석학자들이 조선의 유능한 학자들에 의지하여 조선의 금
석자료를 연구하였음은, 옹수곤이 김정희에게 보낸 다음의 서한을 통
해서도 일단을 엿볼 수 있다.

> 인각사의 원위原委가 동사東史에는 기재되어 있지 않습니다. 기록들
> 을 상고하여 전문을 보여주실 것을 바랍니다. …… 이 비문은 앞면의
> 경우 민지閔漬가 글을 지은 듯한데, 전에 보내주신 비목碑目 가운데
> 이른바 앞 12면이 빠져 있어, 약헌約軒(洪顯周)이 기증한 구장본舊裝
> 本을 가지고 제가 그 차서를 고증하고 기록하여 하나의 책으로 만들
> 어 보냅니다. 형께서 보시고 앞의 빠진 곳을 대신 보록補錄해주시고,
> 혹 약헌과 함께 원비를 찾아 증정證訂해 줄 것을 바랍니다. 형께서
> 구탁본 양면 전부를 소장하고 계시면 다시 보내주시기를 바랍니다.
> 혹 좋은 장지張紙를 사용하여 탁본 전후면을 이어 붙이면 또한 대조
> 해 보기에 좋을 듯합니다.[39]

---

38 《연합뉴스》, 2006년 2월 2일자.

39 "此碑文, 似是前面閔漬所撰, 卽前寄上碑目中所謂缺前十二頁者, 乃約軒所贈舊
裝本, 弟按其次序考之, 錄爲一册, 專呈. 兄鑒 其前缺處, 乞代爲補錄, 或與約
軒尋原以訂證之, 兄處有舊拓兩面全分, 更乞惠寄一部, 或用整張紙, 接連拓前
後面, 亦足資攷鏡也."; 藤塚鄰, 『淸朝文化東傳の硏究』, 도서간행회, 1974, 181
쪽 재인용.

즉, 옹수곤은 1815년 1월 19일, 약헌 홍현주로부터 인각사비麟角寺碑[40] 탁본을 기증받은 뒤, 이를 정사精寫하여 사본을 김정희에게 보내 석문釋文의 결자를 보충하고 이를 고증해줄 것을 청하였으며, 아울러 정탁본의 기증을 부탁하였던 것이다.

김정희보다 약간 앞선 시기의 풍석楓石 서유구徐有榘(1764~1845)는 방대한 분량의 『임원경제지林園經濟志』를 남겼다. 이 책 「이운지怡雲志」권5의 부록에 나오는 '동국금석東國金石'은 우리나라 금석문의 목록집이자 간단한 해설집이다. 관계문헌과 함께 평評·안案을 실은 것은 청조 고증학풍의 영향인 듯하다. 또한 종래 알려지지 않았던 것을 상당수 싣고 있어 주목된다.[41] 여기에는 오늘날 우리가 쉽게 볼 수 없는 청나라 학자들의 금석학 관련 저술들이 인용되어 있다.

영·정조시대 문운文運의 융성과 함께 청대 학풍의 정화精華에 접한 김정희(1756~1856)의 실사구시적實事求是的 학문 방법은 경학은 물론 금석학에서 잘 드러났다. 금석학 관련 논문을 묶은 『예당금석과안록 禮堂金石過眼錄』은 조선 금석학의 새 지평을 열었다고 평가할 수 있다. 그에게 금석학은 단순히 완상玩賞이나 감식鑑識을 위한 취미로서가 아

---

40 『삼국유사』를 지은 一然禪師의 탑비로, 원명은 麟角寺普覺國師塔碑이다. 현재 경상북도 군위군 古老面 華北里 麟角寺 境內에 있다. 보물 제428호로 지정되었다. 閔漬(1248~1326)가 글을 찬하고 沙門 竹虛가 왕희지의 글씨를 집자하여 고려 충렬왕 21년(1295)에 세웠다.

41 『林園十六志』怡雲志 권5, 〈藝翫鑑賞〉, 附東國金石 "崔致遠墓碑【三韓金石錄】額孤雲自筆, 陰記崔興孝, 書在鴻山極樂寺後. 【評】陰記鍾體拙."(민속원 영인본 제5권, 2005, 364쪽) ; 『林園十六志』怡雲志 권5, 〈藝翫鑑賞〉附東國金石 "講堂寺碑【又】崔致遠撰, 金生書. 書在海美伽倻山講堂洞."(동 영인본 제5권 364쪽)

니었다. 엄연히 하나의 문호를 수립한 학문 영역이었다. 그는 금석자
료를 취미로만 대하는 당시까지의 풍조를 비판하고, 중국의 경우를 들
어 금석학이 하나의 독립된 학문으로 발전하였음을 주장하였다. 또 경
학과 사학에서 필수불가결한 보조적 학문 분야라고 하여 그 효용까지
도 역설하였다.

> 금석학이라는 학문은 스스로 독립된 한 문호가 있거늘, 우리나라 사
> 람들은 모두 이것이 있는 줄을 모르고 있다. 그래서 요즈음 전篆·예
> 隷를 한다는 제가諸家도 다만 그 원본原本을 찾아가서 한 번 베껴 올
> 뿐이니, 경학과 사학을 보충한다거나, 분예分隷의 같고 다른 것을 밝
> 힌다거나 편방偏旁이 변해 내려오는 것을 고구考究한 적이 있었겠는
> 가.[42]

금석학과 관련한 김정희의 업적 가운데 쾌거는 바로 순조 16년
(1816) 북한산 비봉碑峯에 있던 진흥왕순수비를 현장 답사하고 비문을
판독, 고증한 일이라 할 수 있다.[43]

> 이 비는 아무도 아는 사람이 없어 요승 무학無學이 잘못 찾아 여기에
> 이르렀다는 비[妖僧無學枉尋到此之碑]라고 잘못 일컬어져 왔다. 그런

---

42 『완당전집』권2, 36b,「申威堂」"金石一學, 自有一門戶, 東人皆不知有此. 如近篆
　隷諸家, 但就其原本, 謄過一通, 而何嘗有考究於羽翼經史, 與分隷同異, 偏旁有
　變者也."
43 『완당전집』권1, 5a 18a,「眞興二碑攷」

데 가경嘉慶 병자년 가을에 내가 김경연金敬淵과 함께 승가사僧伽寺
에서 노닐다가 이 비를 보게 되었다. 비면碑面에는 이끼가 두껍게 끼
어 마치 글자가 없는 것 같았다. 손으로 문지르자 자형字形이 있는
듯하였다. 본디 절로 이지러진 흔적만은 아니었다. …… 탁본을 한
결과 비신은 황초령비와 서로 흡사하였다. 제1행 진흥眞興의 '진'자
는 약간 민멸되었으나 여러 차례 탁본을 해서 보니, '진'자임에 의심
할 여지가 없었다. 마침내 이를 진흥왕의 고비古碑로 단정하고 보니,
1천 2백 년이 지난 고적古蹟이 하루아침에 환히 밝혀져서 무학비라
고 하는 황당무계한 설이 변파辨破되었다. 금석학이 세상에 도움이
되는 것이 바로 이와 같다.

　종래 4백여 년을 두고 막연하게 무학대사의 비라고 전해 오던 것이
마침내 김정희의 형안炯眼에 의해 진흥왕순수비로 확정되기에 이르렀
으니,[44] 이는 금석학뿐만 아니라 사학사史學史에서도 쾌거라 하지 않을
수 없다. 금석에 대한 그의 학구적 정열과 태도는 감상과 감식을 주로

44　북한산비 비문의 판독, 審定에는 모두 4기의 진흥왕순수비 가운데 오래 전부터 알
　　려진 함흥 草芳院碑(황초령비)의 탁본이 참고되었던 것 같다. 「완당전집」 권2, 38a
　　〜38b, 「與趙雲石書」 참조. 탁본은 『대동금석첩』에 보이듯이 일찍부터 坊間에 나
　　돌았던 모양이다. 안정복은 『동사강목』 부록, 〈考異〉에서 백두산 정계비를 다루면
　　서 소개하였고, 정약용 역시 유배지에서 저술 활동을 하면서 황초령비의 탁본을
　　소개하고 판독문을 『대동수경』에 싣기도 하였다. 『여유당전서』 제6집, 『大東水經(
　　一)』, 〈瀷水〉 "昔新羅眞興王二十九年, 當陳廢帝伯宗光大二年, 巡狩北境, 與高句
　　麗定界. 其碑在黃草嶺上, 今已亡失, 只有舊傳. 拓本凡十二行, 上下亡缺字, 多不
　　全. 只擧現存者, 度以漢建初尺, 長爲四尺四寸五分, 廣爲一尺八寸. 其文可辨者
　　, 略曰 八月卄一日癸未, 眞興太王, 巡狩管境 ……."(문집총간 286, 349쪽)

하는 옹방강의 경우에 비해 진전된 것으로 평가되어야 할 듯하다. 김
정희는 고증학적 연구 방법과 현장 조사를 두 축으로, 우리 금석에 대
해 깊은 연구를 하고 후학을 지도하여 조선금석학파를 수립하였다.

　김정희로 대표되는 19세기 금석학계는 동시대 인물로 조인영趙寅永
(雲石)·권돈인權敦仁(彝齋)·김명희金命喜(山泉)·김경연金敬淵(東籬)·이조
묵李祖默(六橋) 등이 있었다. 이후 윤정현尹定鉉(梣溪)·이상적李尙迪(藕
船)[45]·전기田琦(古藍)·오경석吳慶錫(亦梅) 등에 의해 학파적 발전을 이
루었다. 조인영은 순조 15년(1815)에 동지부사冬至副使인 재종형 조종
영趙鍾永(1771~1829)의 자제군관子弟軍官으로 입연入燕하여 금석학자
유희해와 교유하였다. 이때 조선의 금석탁본을 수십종 선물한 것으로
알려진다. 이후 조인영은 김정희와 가까이 지내면서 『해동금석존고海
東金石存攷』[46]를 엮어 유희해가 『해동금석원』을 펴내는 데 크게 기여하
였다.

45　이상적은 김정희의 문인으로 유연정의 『해동금석원』에 題辭를 쓰기도 하였다. 그
　　런데 그는 김정희가 진흥왕순수비는 진흥왕 자신이 만들어 세운 것이라고 하면서
　　"법흥이니 진흥이니 하는 칭호는 세상을 떠난 뒤에 일컬은 시호가 아니요 생존시
　　에 부른 칭호였다"(『완당전집』 권1, 「眞興二碑攷」)고 한 데 대하여 이를 반대하고, 뒷
　　날 진지왕이나 진평왕 대에 가서 先王이 巡方한 자취를 追述하여 舊址에 세운 것
　　이라 하였다. 『恩誦堂集』 속집 文卷1, 18a~18b, 「新羅眞興王巡狩碑拓文書後」
　　"按碑文有曰眞興太王, 而石多缺泐, 首尾不全, 雖無建碑年月之可據, 究非眞興
　　巡狩時所建者則確然無疑. 夫豈有生冊謚而自爲太王也哉? 是必於眞智眞平二王
　　之世, 追述其先王巡方之蹟, 勒石于舊址."(문집총간 312, 244쪽)

46　「新羅眞興王碑拓本殘字」에서부터 「太古寺圓證國師碑」에 이르기까지 모두 97건의
　　조선고비 탁본목록을 조인영의 자필로 기록했다. 1권 1책 親筆孤本. 후지츠카 치
　　카시 교수가 수집하였으며 근자에 과천시에 기증되었다.

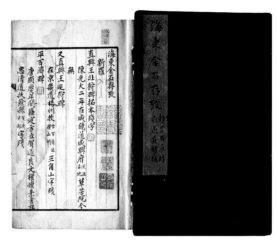

해동금석존고

순조 때의 서화가인 육교 이조묵(1792~1840)[47]의『나려임랑고羅麗琳
瑯攷』(1824)는 나려시대 7종의 비를 정리한 것으로, 서체·찬자·글자의
크기·현재의 상태 등을 서술하였다. 금석 관련 자료가 대부분 필사본
인데 비해 활자본인 것이 특징이다. 부록으로 실은 간단한 「탁비비결
拓碑秘訣」은 탁본 방법에 국한된 것이기는 하지만 당시 학자들이 금석
자료 조사 방법을 중시하였음을 알려주는 것으로서 의미가 있다.[48] 일
인학자 후지츠카 치카시는 자신의 저술『청조문화淸朝文化 동전東傳의
연구』에서 19세기 조선의 학인들이 청국으로부터 금석학 이론을 일방

---

47 『근역서화징』, 226쪽 참조. 李沂의『海鶴遺書』권9에 「이조묵전」이 있으나 내용은
    奇行에 관한 것뿐이다.

48 임세권, 앞의 논문, 38쪽 참조.

적으로 수용하는 위치에만 있지 않았고, 이론과 안목이 뛰어났음을 논증한 바 있다.

역매 오경석(1831~1879)은 김정희의 영향을 받은 학자다. 그는 147종에 달하는 금석문의 목록을 작성하고, 이를 정밀하게 판독한 뒤 철저한 고증을 가하여 완정된 금석문 전서를 펴내려고 하였다. 『삼한금석록三韓金石錄』[49]이 바로 그것이다. 이 저작은 삼국시대부터 고려시대까지의 대표적 금석문을 체계화하고, 이어 본격적으로 연구하려는 야심찬 의도에서 기획되었다. 그러나 이 계획이 중간에 틀어지고 단지 8종만이 정리, 수록되었다. 이 『삼한금석록』의 특징은 현장 답사와 역사적 고증을 중시했던 김정희의 실사구시적인 학문 방법을 발전시켰다는 데 있다. 선행 연구에 대해서도 정밀한 조사와 검토를 곁들여 수다한 오류를 바로잡은 점도 특기할 만하다.[50]

이 밖에도 김병선金秉善(1830~1891)의 『금석목고람金石目攷覽』, 찬자 미상의 『나려방비록羅麗訪碑錄』이 있는데, 대체로 목록집의 범주에서 벗어나지 못한다. 『나려방비록』은 서명이 암시하듯 신라 31종, 고려 94종의 비를 실었다.[51] 이것은 조선 말기 김홍집金弘集 내각에서 내무대신을 지낸 정치인이자 『발해강역고』를 펴낸 서상우徐相雨(1831~1903)의 수택본手澤本이다. 편찬자를 정확히 알 수는 없지만 서상우의

---

49 1981년 아세아문화사에서 영인, 간행함. 『삼한금석록』과 관련된 논고로는 임세권, 위의 논문, 19~42쪽 참조.

50 이규필, 「오경석의 '삼한금석록'에 대한 연구」, 『민족문화』 29, 민족문화추진회, 2006 참조.

51 한 碑의 陰記까지도 독립시켜 파악한 만큼 실제 종수는 이보다 적다.

羅麗訪碑錄

新羅

真興王北狩碑殘字

沘

陳光大二年在咸鏡道咸興府沃沮古地朔方院令

按真興王名彡麥宗立扵梁大同六年處扵
陳大建八年在位三十七年奉佛甚勤至末
年剃髮披僧衣自號法雲住永興寺

真興王巡狩碑

수택본이라는 점과 서상우가 조선 후기 고증학의 학맥을 전수하였던 학자라는 점에서 필자는 그를 편찬자로 추정하고자 한다.

오경석 이후로 조선 금석학파의 맥은 제대로 이어지지 못하였다. 그러나 근대적 학문으로 발전할 수 있도록 디딤돌을 놓았던 금석학파의 학문정신은 일제강점기에 들어서도 빛을 발하였다.

한편, 김정희와 거의 동시대 사람인 청나라 고증학자 유희해(1794~1852)는 건륭제乾隆帝 때의 명재상이자 서예가인 석암石庵 유용劉墉(1719~1804)의 종손宗孫이다. 유용은 동기창체董其昌體를 변용하여 새로운 서예의 세계를 구축한 것으로 유명하다. 이러한 가학적 배경을 지닌 유희해는 김정희의 아우 김명희와 운석 조인영 등이 보내온 금석자료와 조선의 사절使節들이 가져다준 탁본들을 체계적으로 정리, 1832년에 『해동금석원海東金石苑』[52]을 완성하였다. 이것은 중국인에 의해 완성된 최초의 우리나라 금석문 전서全書라는 데 의미가 있다. 삼국시대 26종, 고려시대 126종, 조선시대 8종 등 총 160종이며 모두 6권 분량이다. 당시까지의 자료를 총망라한 것으로 평가할 수 있다. 다만 수록 범위를 고려 때까지로 한정시킨 것이 아쉽다. 그 뒤 빠진 것들을 따로 모아 『해동금석존고』(1책)를 엮었으며, 여기서도 빠진 17비碑의 이름을 덧붙여 나중에 『해동금석대방목록海東金石待訪目錄』을 펴냈다. 1922년에는 금석학자 유승간劉承幹(1881~1963)이 2권의 보유편을 보태 모두 8권으로 간행하였다. 『해동금석원』은 우리나라 금석문을 모은 최초의 전서라는 데 의미가 있다. 이것이 엮어지기까지는 조·청의

---

52 1976년 아세아문화사에서 영인, 간행함.

수많은 학자들의 학술적 교류가 밑바탕이 되었다. 다만 내국인이 아닌, 외국인에 의해 '최초'의 금석문 '전서'가 나왔다는 점은, 아쉬워하기 이전에 반성이 필요한 것이라 하겠다.

V. 근대의 금석학 연구

1. 일제강점기의 금석학 연구

김정희 일파의 금석학 연구는 미완에 그쳤다. 그들의 수준 높은 이론이나 의식, 열성 등에 비해 남겨진 연구서나 자료집은 미미한 편이다. 당시의 사정을 볼 때 이들이 학문에 전념할 수 있는 환경은 아니었다. 김정희·조인영·권돈인 등은 자신의 의지와 관계 없이 정파적 이해 관계에 따라 정치적 사건에 휘말려 곤욕을 치렀다. 신관호申觀浩 (1810~1888), 오경석은 개항으로부터 개화로 이어지는 시기에 정부 정책을 입안, 홍보하면서 분주한 나날을 보내야만 했다. 따라서 김정희로 대표되는 조선 금석학은 개항 이후 계속된 혼란한 정세 속에서 주체적으로 계승되지 못하였다. 이어 국망國亡과 함께 일본인 학자에 의해 주도되었다.

우리나라 금석학은 김정희에 의해 이론이 수립되어 '학'으로서의 존재가 확인되었다. 이어 중국인 유희해에 의해 폭넓은 자료적 뒷받침이 이루어졌다. 일제강점기에 와서 관찬官撰인『조선금석총람』이 출간되어 자료적 뒷받침이 한 단계 상향됨과 아울러 근대적 대학교육을 받은 일본인 학자 가츠라기 스에지[葛城末治]에 의해 학술적 연구의 토대가 놓였다. 이와 같이 3단계의 발전을 거치는 과정에서 자의든, 타의든 한·중·일 3국이 개입된 것은, 우리나라 금석학 발전사에서 특기할 만한 일이라 하겠다.

1910년 한일합병 이후 조선총독부를 중심으로 문적文籍 조사와 함께 금석문에 대한 종합적이고 체계적인 정리가 이루어졌다. 조선총독부에서는 1913년부터 5년간의 조사 과정을 거쳐 1919년에 상·하 2권의『조선금석총람』을 간행하였다.『총람』간행을 위한 준비 작업으로 진행된『조선사찰사료朝鮮寺刹史料』가 1912년에 간행되었다. 여기에 다수의 불교 관련 금석문이 실렸다. 이후 1918년 이능화李能和 (1869~1943)의『조선불교통사朝鮮佛敎通史』가 간행되어 더 많은 고승高僧 비문이 실림으로써 연구자료로서 학자들에게 바짝 다가섰다. 구두점을 찍어 실은 것은 금석학 연구에서 일대 진전이라 하지 않을 수 없다.

『총람』상권에서는 고대로부터 고려시대까지의 200종(문헌상으로만 기록된 98종 포함)을 수록하였고, 하권에서는 조선시대의 345종(문헌상으로만 기록된 5종) 등 모두 545종에 대한 명칭·소재지·연대·전문 등을 수록하였다.『총람』은 조선총독부가 행정 조직을 동원하여 전국의 금석문 자료를 수집하고, 문집이나 탁본을 통해 전래된 금석문 자료까지도 부록으로 싣는 등 종래의 자료 수집과는 상당히 다른 면모를 보였다. 학문 연구에 중점을 둔 것이 특색이었다.『총람』은 당시로서는 가장 완벽한 '금석문 전집'이라 할 만하였다. 그러기에 오늘날까지 학자들의 이용도가 높은 것이 사실이다. 다만 질적인 면에서는『해동금석원』(1922년간)보다 뒤떨어지는 것으로 평가된다. 특히 교정 및 고증의

측면에서 볼 때『해동금석원』이 교정자의 고증이나 실학자들의 견해를
참고, 대조하는 작업을 보여준 데 비하여,『총람』에서는 이러한 고증·
대조 작업이 없었다. 교감기校勘記가 없는 것도 단점 가운데 하나다.
결자缺字를 추정하여 넣지 않고 일관되게 '□'로 처리한 것은 중요한
특징이라 할 수 있다.

일제강점기 금석문에 대한 관심은『조선금석총람』과『해동금석원』의
간행, 보급으로 고조되어 우리나라 역사 연구에 새로운 기운을 불어
넣었다. 특히 고대사와 불교사 연구에서 주목할 만한 성과들이 나타났
다. 고대사에서는 이마니시 류[今西龍: 1875~1931], 이케우치 히로시[池
內宏: 1879~1852] 등 일본 관학자, 불교사에서는 포광包光 김영수金映
遂(1884~1967)와 누카리아 카이텐[忽滑谷快天: 1867~1934][53] 등의 연구
가 대표적이었다.

『조선금석총람』의 편집, 간행에 참여하였던 가츠라기 스에지는 이를
토대로 1924년에『조선금석문朝鮮金石文』(조선총독부 中樞院)을 간행, 신
라시대 10종, 통일신라 9종, 고려시대 25종, 조선시대 20종 등 총 64
종의 금석문을 판독, 수록하였다. 1935년에는『조선금석고朝鮮金石攷』
(아세아문화사 영인, 1978)를 저술하였다.『조선금석고』는 우리나라 금석
문 전반을 연구한 최초의 단행본으로 평가된다.[54] 그 체제와 내용을 보
면, 금석학의 정의 및 종류 등에 대한 개설, 금석학의 연구방법 및 효

---

53 불교학자. 駒澤大學 학장 지냄. 문학박사.『朝鮮禪敎史』(東京: 春秋社, 1930)의 저
자.

54 그는 이에 앞서 1933년『靑丘學叢』제14호(경성: 청구학회)에「朝鮮金石學槪論」을
발표한 바 있다.

용성, 조선금석학 연구사에 대한 개관, 그리고 고대로부터 고려시대까지의 금석문 1백여 종에 관한 해제解題와 함께 당시까지 발표된 금석문 관련 연구 논문을 실었다. 내용의 질을 논하기에 앞서 아직까지도 이를 넘어설 만한 뚜렷한 전문저서가 없다는 점에서 이 책이 지닌 의의와 가치를 논할 수 있다.[55] 이와 함께, 금석학을 전공하지는 않았지만, 청조문화淸朝文化의 동전東傳과 관련하여 조선 후기 조·청 학자들 사이에서 고증학·금석학 등이 어떻게 수용되고 전수되었는지를 일관되게 연구한, '열렬한 추사광秋史狂' 후지츠카 치카시[藤塚鄰]의 논저 역시 우리나라 금석학사 연구에서 빼놓을 수 없는 업적이라 할 것이다.

일제강점기 때 우리나라 금석문의 정리와 연구를 주도한 것은 일본인들이었다. 조선총독부가 전면에 나서 금석문을 정리하고자 했다. 이것은 식민정책의 토대를 마련하기 위한 작업의 일환이었기 때문이다. 조선인은 『조선금석총람』을 간행하기 위한 기초조사 작업을 함께 수행하는 정도에 머물렀다. 이 시기의 조선인 학자로 위창葦滄 오세창吳世昌(1864~1953)은 『근역서화징槿域書畵徵』(啓明俱樂部, 1928)을 간행하였다. 이는 금석 서화와 관련한 일종의 인명사전이다. 여기에는 많은 수는 아니지만 금석자료가 중요한 비중으로 인용되었다.[56]

---

55 같은 시기의 학자 후지타 료사쿠[藤田亮策: 1892~1960] 역시 『朝鮮金石瑣談』을 출간하였다. 크게 보면 가츠라기의 연구와 큰 차이가 없다. 가츠라기의 一群에 포함시켜도 좋을 듯하다.

56 오세창에 대한 종합적인 연구서로는 李承姸, 『위창 오세창』(이회문화사, 2000) 참조.

이 시기에 조선인 고유섭高裕燮(1905~1944)이 이룩한『조선금석학 초고』를 빼놓을 수 없다. 집필 시기와 발표 여부는 자세하지 않지만,[57] 국판 120여 쪽의 분량에다 금석학개론까지 겸하여 서술한 것이다. 금석학 관련 종합연구서 성격을 띠고 있다.[58] 비록 강의용으로 집필되었고 미완으로 끝났지만 서문을 붙인 것으로 볼 때 출판까지 염두에 두었던 것 같다. 일제강점기에 조선인에 의해 이만한 자료 수집과 연구가 있었음은 평가할 만하다.

2. 광복 이후의 금석학 연구

1945년 광복 이후 금석학 연구는 정치·경제적 격변기 속에서 한동안 침체를 면치 못하다 1960년대 후반에 들어서야 새로운 전기轉機를 맞았다. 1968년 한국미술사학회[59]가 조직됨으로써 그동안 발굴, 발견된 문화재의 정리와 함께 우리의 역사를 보다 심층적으로 연구하기 위해 금석문에 대한 판독과 정리 작업이 추진되었다. 이 과정에서 고고미술동인회考古美術同人會의『금석유문金石遺文』(1963), 황수영黃壽永

---

[57] 고유섭이 개성박물관장으로 재직하던 1933년부터 1944년 사이에 집필된 것으로 보인다. 1964년 고고미술동인회에서 등사본으로 영인, 공개한 바 있다.

[58] 고유섭,『조선금석학 초고』(고유섭전집 10), 열화당, 2013.

[59] 1960년 8월 15일 김원룡·진홍섭·황수영·전형필·최순우·홍사준 등이 결성한 고고미술동인회를 1968년 2월 한국미술사학회로 개편한 것이다. 동인지《考古美術》을 계속적으로 간행하였고, 1990년대에는 '한국미술사학'으로 개칭하여 발행하고 있다.

(1918~2011)의 『속금석유문』(1966)이 프린트본으로 나왔다.

이어 1968년에는 이난영李蘭暎(1934~)이 국립박물관과 장서각藏書閣에 보관된 고려시대 묘지를 판독한 것과 함께 『조선금석총람』에 실리지 않은 금석문 자료를 정리, 『한국금석문추보韓國金石文追補』[60]를 펴냈다. 고려 이전의 금석문을 대상으로 비명碑銘·탑명塔銘 23종, 종명鐘銘 22종, 불상명佛像銘 13종, 향로香爐·향완명香垸銘[61] 12종, 금구禁口(쇠북) 12종, 반자명飯子銘[62] 29종, 기명器銘 11종, 고려시대 묘지명 129종, 그리고 묘지명 중에서 현재 지석誌石이 없어진 것 18종 등 모두 269종을 종류별로 대별하여 연대순으로 수록하였다. 오자가 많은 것이 큰 흠이다. 원문을 잘못 판독한 것도 적지 않지만 원문이 명확하지 않은 것을 추정한 것에 잘못이 많다. 구절이 도착된 데도 있다.[63]

1976년에는 황수영이 고고미술사학회를 통해 발표하였던 금석문에 관한 논문과 단행본을 재정리하여 『한국금석유문』(일지사)을 간행하였다. 『조선금석총람』에서 누락되고 불비不備한 것을 보완하고, 해방 이후 새로 발견, 수집된 상고·중세·근세의 금석문을 대상으로, 비명 86종 등 모두 452종의 명문銘文과 함께 탁본의 축소 사진도 일부 수록하

---

60 중앙대출판부 간행. 1978년 아세아문화사 영인.

61 향완은 제사 때 향을 담는 사발.

62 금속으로 만든 북. 법당 내에 걸어두고 법회나 의식을 행할 때, 대중을 불러 모우거나 급한 일을 알릴 때 사용한다. 다른 이름으로 金鼓, 金口(禁口), 飯子(盤子·半子·鉡子)라고도 부른다. 쇠북이라는 점에서는 '반자'와 성격이 같지만 반자가 앞 뒤로 터져 있는데 비해 금구는 막혀 있다는 점이 다르다.

63 李佑成, 「한국금석문추보」에 대하여」, 『역사학보』 40, 1968; 『한국의 역사상』, 창작과 비평사, 1983, 352~358쪽 참조.

였다.

그런데, 이런 일련의 작업들은 어디까지나『조선금석총람』을 보충, 보완하는 선에서 그치고 말았다. 이것은 '속금석유문'이니 '금석문추보' 니 '한국금석유문'이니 하는 서명만 보아도 알 수 있다. 금석문에 대한 종합적인 수집과 검토, 그리고 이를 하나로 묶어 학계에 연구자료로 제공하는 것은 역시 후일을 기약하여야만 했다.

1970년대에는 금석문에 대한 인식의 변화로 이전 시기에 이미 간행되었던 금석문 자료들이 영인, 복간되었다. 한 예로 아세아문화사에서는『조선금석총람』(1976),『대동금석서』(1976),『조선금석쇄담朝鮮金石瑣談(外)』(1979),『삼한금석록(외)』(1981) 등 금석문 총서가 계속적으로 간행되었다.

이어 1980년대에 들어서는 금석문을 종합적으로 조사, 연구하려는 작업도 추진되었다. 그 선편을 친 학자가 조동원趙東元(1942~)과 허흥식許興植(1942~)이다. 조동원의『한국금석문대계』는 1979년 제1권 간행을 시작으로 1998년 강원도편까지 모두 8책으로 간행함으로써 20년에 걸친 작업이 마무리되었다. 이 책은 남한에 현존하는 금석문 자료에 국한시켰다. 고대로부터 1900년대까지의 금석문으로 선사先史 3종, 고구려 4종, 백제 8종, 신라 75종, 고려 100종, 조선 521종 등 모두 711종을 도별로 나누어 직접 현지를 답사하여 건립 연대와 소재지를 확인하고 비신碑身의 규격을 실측하였다. 탁본을 한 뒤 원형을 축소 영인하고, 각 금석문마다 일부를 실물 크기로 영인하였다. 부록에는 판독이 불가능한 351종에 대해 관계 문헌에서 원문을 찾아 재록再錄함으로써 종합적으로 이용되도록 편집한 것이 특징이다. 지금까지의 금석문 자료집이 비문 중심으로 이루어진 것에 비해, 최초로 금석문 탁본 사진을 축소 영인함으로써 금석문 연구에 획기적인 변화를 가져왔다.

1984년에 나온 허흥식의『한국금석전문』(3권)은 고대로부터 고려 말까지의 금석문을 대상으로 하였다. 고대편에는 43종, 중세(上)에는 199종, 중세(下)에는 307종 등 모두 649종을 연대순으로 배열하고, 각 금석문의 소재지·연대·전문·비신의 규격 등을 소개하였다. 고대편의 말미에는 각 금석문에 대한 고증자료와 참고문헌을 수록하였다. 이 전서는『해동금석원』·『조선금석총람』·『한국금석문추보』·『한국금석유문』 등에 수록된 금석문들을 총정리하여, 고대사 및 중세사 연구에 중요한 자료를 제공하였다.『조선금석총람』의 과구窠臼를 뛰어넘으려 했다는 데서 이『전서』의 의의를 찾을 수 있겠다. 다만, 정밀한 판독이 생명인 금석문전집에 오자가 많다는 약점을 안고 있다. 연구자들이 일제강점기에 나온『조선금석총람』을 더 애용하는 것은 안타까운 일이다.

이후 한국금석문에 대한 종합적인 정리는 다소 정체되었다고 할 수 있다. 그러는 중에도 장충식張忠植의『한국금석총목韓國金石總目』(1980), 임창순任昌淳(1914~1999)의『한국금석집성(1)』(1984), 한국정신문화연구원의『장서각 탁본목록藏書閣拓本目錄』(1991), 김동수金東洙의『금석문 자료편람』(1991), 조동원의『한국금석문논저총람』(1998), 권덕영權悳永의『한국고대 금석문 종합색인』(2002) 등이 나와 연구에 편의를 제공하였다.

1990년대에는 금석문에 대한 역주譯註 작업이 활발하게 진행되었다. 아울러 종래 금석문 자료의 이용도에서 비문 등에 훨씬 뒤졌던 묘지墓誌(묘지문)의 집대성이 시도되었다. 금석문 역주에서 선도적인 업적으로는 1987년에 나온 서울특별시(편)『서울금석문대관』과 최영성의 『주해 사산비명註解四山碑銘』을 들 수 있다. 최치원의 『사산비명』은 우리나라 금석문의 백미白眉이자 신라 불교사 연구에서 빼놓을 수 없는 자료이지만, 난해한 변려문이어서 그동안 이용에 상당한 불편을 겪어 왔다. 이어서 1992년 한국고대사연구회의 『역주 한국고대금석문』(전3권)이 나와 역주 작업의 전망을 밝게 하였다. 1993년 이지관李智冠(1932~2012)의 『교감 역주 역대고승비문』(전6권), 김용선金龍善의 『고려묘지명집성』이 그 뒤를 이었다. 1995년 한국역사연구회의 소장학자들이 『역주 나말여초 금석문』(2권, 도서출판 혜안)을 출판하여 금석문 자료의 역주 작업이 보다 정밀화를 기하게 되었다. 전에 비해 크게 진보한 것이라 할 수 있다.

2000년대에 들어서는 1990년대에 비해 금석학에 대한 관심이 훨씬 높아졌고, 금석문을 기본 자료로 한 연구 업적들이 지속적으로 나왔다. 그 가운데 주목할 만한 것으로는 2002년부터 임세권任世權(안동대), 이우태李宇泰(서울시립대)가 한국국학진흥원과 청명문화재단靑溟文化財團의 지원을 받아 펴낸 '한국금석문집성' 시리즈를 들 수 있다. 이 작업은 2013년 현재까지 지속적으로 이어지고 있는데,[64] 우리나라 역대 금

---

64 『한국금석문집성(1)』(고구려1 광개토왕비, 2002. 9);『한국금석문집성(4)』(백제2 唐平百濟碑, 2004. 2);『한국금석문집성(5)』(신라1 비문1, 2005. 2);『한국금석문집성(9)』(신라5 비문5, 2005. 2);『한국금석문집성(10)』(신라6 비문6, 2004. 2);『한국금석문집성(17)』(고려1 비문1, 2005. 2);『한국금석문집성(18)』(고려2 비문2, 2004. 5);『한국금석문집성(20)』(고려4 비문4, 2004. 2);『한국금석문집성(21)』(고려5 비문5, 2004. 5);『한국금석문집성(27)』(고려11 비문11, 2013. 3);『한국금석문집성(28)』(고려12 묘지명

석문을 시기별로, 종류별(비문·묘지명)로 구분하여 해설·도판·판독의 세 영역에 걸쳐 싣고 있다. 한 마디로 '탁본 사진 자료집'이라 할 만하다. 조동원의 『한국금석문대계』가 7권으로 완간된 데 비해 이 총서는 30책이 넘는 거질로 기획되었고, 또 순차적으로 출간되고 있다. 기념비적 업적이라 할 만하다.

우리나라 역대 금석문 가운데 가장 이용 빈도가 높은 것은 단연 광개토왕비로, 우리나라 금석문 연구의 대표적 주제라 할 수 있다. 이 밖에 중원고구려비, 진흥왕순수비 등도 중요하게 다루어지고 있다. 삼국시대의 금석문 자료가 많이 이용되고 있는 것은 그 자료적 가치에 비추어 당연한 것이라 할 수 있다.[65] 많은 연구가 집적된 광개토왕비문은 2004년 류승국柳承國(1923~2011)에 의해 원문 심정審定으로부터 한국 고대사상과 관련한 사상적 가치까지 종합적으로 고찰됨으로써,[66] 역사학계 위주의 단조로운 연구를 한 단계 끌어올렸다는 평가를 받는다. 근자에는 금석문을 통해 우리나라 고대사를 연구하려는 시도가 학계에서 이루어지고 있다.[67]

1, 2003. 7);『한국금석문집성(29)』(고려13 묘지명2, 2003. 7);『한국금석문집성(30)』(고려14 묘지명3, 2003. 12);『한국금석문집성(31)』(고려15 묘지명4, 2003. 12);『한국금석문집성(32)』(고려16 묘지명5, 2005. 2);『한국금석문집성(33)』(고려17 묘지명6, 2005. 2);『한국금석문집성(34)』(고려18 비문18, 2013. 3)

65 조동원이 '한국학과 금석문'을 논하면서, 삼국시대의 금석문을 중심으로 한 것은 이런 이유에서라고 하겠다.『국학연구』1, 2002 참조.

66 류승국,「광개토대왕 비문을 통해서 본 한국 고대사상의 원형 탐구」,『학술원논문집 – 인문·사회과학』43, 대한민국 학술원, 2004 참조.

67 주보돈,『금석문과 신라사』, 지식산업사, 2002 ; 金杜珍(외),『금석문을 통한 신라

2000년대에 들어 한국금석학회가 발족하였다. 한국금석학회는 금석학과 관련한 국내 유일의 학회로 2001년 12월 1일 발족하였다(초대 회장 허흥식). 학회 안에 부설기구로 한국금석문연구소(이사장 허흥식)를 두었다. 한국금석학사에 특기할 만한 일이다. 앞으로의 활동상과 성과가 기대된다.

사 연구』, 한국학중앙연구원, 2005 참조.

VI. 맺음말

금석학은 조선 후기 김정희에 의해 '학'으로 정립된 뒤 거의 2세기에
가까운 세월이 지났다. 1980년대 이후로 금석학에 대한 관심이 고조
되고, 그에 따라 여러 측면에서 적지 않은 업적들이 나왔지만, 아직도
금석학을 전문적으로 연구하는 학자는 없는 실정이다. 역사학 전공자
들이 부업이자 여사餘事로 하는 것이 대부분이다. 지금까지 발굴되고
체계적으로 정리된 금석문을 영구 보존하기 위해 국립문화재연구소가
5개년 계획으로 2002년 5월부터 '한국 금석문 종합영상 DB구축사업'
(http://gsm.nricp.go.kr)을 추진하는 등 현실 여건이 전에 비해 훨씬 좋아
진 것은 사실이지만, 아직도 전국에 산재한 금석문이 제대로 파악되지
않거나, 방치 상태에 놓인 것이 상당하다는 연구 결과가 있다.

2004년에 이영호李泳鎬는 「금석학 연구법: 자료의 정리와 활용」을
발표하였다.[68] 이 논문에서는 ①유물의 정리와 보존 ②탁본과 탁본서
첩 ③필사본과 활자본 ④주석본에 관한 문제, 이 네 가지로 '자료의
정리와 활용'을 논하였다. 'DB 구축사업'을 논외로 한 것은 아쉽지만,
앞으로 금석문 연구에서 문제가 될 만한 것을 대체로 잘 적시한 것이라

---

[68] 『상주문화연구』 14, 상주대학교 상주문화연구소, 2004, 115~140쪽.

하겠다. ③과 ④의 경우 연구자들이 소홀히 생각하는 경향이 없지 않았다. 이에 대한 경각심을 불러일으킨 것은 고무적이라 하겠다.

근자에 들어 금석문과 관련한 국내학술대회가 열리고 여러 학자들이 금석문의 '관리와 보존, 그리고 활용'에 초점을 두어 수삼편의 논고들을 발표하였다.[69] 이 모두 중요한 문제다. 다만, 보존도 중요하지만 반드시 판독과 번역, 그리고 주석 작업이 병행되어야 할 것이다. 이에 관한 전문 인력의 양성 없이는 금석학의 발전을 기대하기 어렵다. 또 이런 고도의 전문성이 요구되는 작업은 개인의 능력으로는 불가능하다. 대학이나 사설기관이 수행하는 것도 한계가 있다. 국가기관이 담당하여 책임지고 해내는 것이 필요하다고 본다. 또한 이러한 작업이 순조롭게 이루어지면 자연스럽게 해결될 문제이기는 하지만, 금석자료들이 많은 분야에서 폭넓게 연구되고 있지 않은 것은 문제라 하겠다. 주로 서예 연구 자료나 사료의 일부분으로 인용되는 데 그치는 것은, 아직도 금석학이 활성화되지 못했다는 증거다.[70] 금석학은 학문적 효용성이 큰 우리나라 인문학의 보고寶庫 가운데 하나다. 이에 대한 중요성은 재삼 강조해도 지나침이 없다고 할 것이다.

---

69 허흥식, 「한국금석문의 정리 현황과 전망」, 『민족문화논총』 2~1, 영남대학교 민족문화연구소, 1982 ; 허흥식, 「금석문의 파손 원인과 복원 방법」, 『정신문화연구』 52, 한국정신문화연구원, 1993 ; 홍순석, 「금석문의 현장조사와 정리」, 『학생생활연구』 3~1, 강남대학교 학생생활연구소, 1996 참조.

70 근자에 와서 금석문의 문학적·문학사적 의의에 대해 주목한 논고들이 발표되고 있다. 금석학의 발전과 관련하여 좋은 신호라 하겠다. 조동일, 「동아시아 금석문의 문학사적 의의」, 『관악어문연구』 23~1, 서울대학교 국어국문학과, 1998 참조.

제2장

廣開土太王陵碑 '丙申年'조 재검토

— 柳承國 교수의 설과 관련하여 —

I. 머리말

1889년 '광개토태왕릉비'[01] 탁본과 석문釋文이 처음으로 공개된 이후, 동양 삼국의 학자들을 중심으로 연구가 지속적으로 이루어져 왔다. 현재까지 발표된 관계 논문의 숫자는 정확히 헤아리기 어려울 정도다. 연구사를 정리한 단행본[02]이 나온 것을 보면 수백 편에 달할 것으로 본다.[03]

1980년대 이전까지는 이른바 '병신년(396)'조 기사를 중심으로 연구가 진행되어 왔다. 그 사이 1972년에 재일 사학자 이진희李進熙(1929~2012)는 태왕릉비가 지난날 일본 참모본부에 의해 변조되었다는 주장을 하여 학계에 충격파를 던졌다. 이진희는 1980년대까지 이 문제를 집중적으로 부각시켰으나, 근자에 들어 도회塗灰 이전의 원석 탁본原石拓本이 잇따라 출현함으로써, 비문 변조설은 일단 수면 아래로 가라

---

01   이하 '태왕릉비'라 약칭한다.

02   佐伯有淸, 『研究史 : 廣開土王陵碑』, 吉川弘文館, 1974; 徐建新(외), 『광개토대왕릉비 연구 100년』, 학연문화사, 1996 참조.

03   연구 목록을 빠짐없이 작성하기 어려울 정도다. 그 대강은 국립문화재연구소 '한국금석문 종합영상정보시스템'(http://gsm.nricp.go.kr)에 실린 것을 참고하면 좋을 듯하다.

앉은 듯하다. '회를 바른 것'은 탁본의 편의를 위한 것이라는 주장이 세
를 얻고 있다. 중국인 학자 왕건군王健群(1927~)은 탁공拓工이 좋은 탁
본을 얻기 위해 요철凹凸이 심한 부분, 박락剝落된 부분 등에 회를 발
라 탁본을 떴다면서 오랜 연구 결과를 발표한 바 있다.[04] 오늘의 시점
에서 볼 때 이진희의 문제 제기는 사실과 거리가 있는 것으로 판단되
지만, 탁본 연구가 거의 이루어지지 않았던 당시로서는 상당히 설득력
이 있었고, 그 영향력과 파급 효과가 적지 않았다.

　1990년대 이래로 원탁이 잇따라 출현함으로써 종래 판독상 이론異
論이 있었던 부분이나 대고待考 상태로 놓인 글자들이 상당수 해결을
보았다. 연구의 범위도 갈수록 넓어져 역사·지리 등에 국한되었던 종
전의 연구와는 다른 양상을 보였다. 2000년 이후에는 태왕릉비를 통
해 한국사상의 원형을 밝히려는 시도가 있었다. 이것은 태왕릉비 연구
가 아직도 많은 과제를 남겨두고 있으며, 또 많은 소재를 제공하고 있
음을 의미하는 바라 하겠다.

04　왕건군은 탁공이 글자의 윤곽을 따라 회로써 보수를 하여 탁본을 뜬 경우는 있지
　　만, 일본 참모본부가 정치적 목적으로 변조한 일은 있을 수 없다고 결론을 내렸다.
　　보수를 잘못하여 글자가 잘못 판독되도록 한 실수는 있지만 이것을 고의적인 변조
　　라고 할 수는 없다는 것이다. 왕건군, 『광개토왕비연구』, 임동석 역, 역민사, 1985
　　참조. 한편, 1938년 고구려 古都 국내성을 답사한 又玄 高裕燮(1905~1944)은 「답
　　사기」에서 다음과 같이 말한 바 있다. "…… 발견 초에는 이끼가 몹시 덮여 있어 이
　　것을 牛糞을 발라 燒除한 까닭에 碑面도 손상되고 字劃도 剝落되고, 또 剝落된
　　부분은 碑拓匠이 泥土를 塡充하여 혹 適宜新字로 補闕도 하였다 하니 碑文의 정
　　확은 상당한 주의를 요한다 하겠다. 내가 이곳에 와 이 碑를 볼 때도 만주국 정부
　　에서 파견되었다는 碑拓匠이 이 巨碑를 取拓하고 있었다. 1부 印拓에 세 사람이
　　30일 걸릴 예정이라고 한다."(「高句麗 古都 國內城遊觀記」, 『고유섭 전집』 2, 동방문화
　　사, 1993, 394쪽)

필자는 역사학 전공자가 아니다. 한국철학을 전공한 학도로서 한국 사상사에 깊은 관심을 가지고 연구를 하고 있다. 우리나라 고대사 자료가 부족한 상황에서 광개토태왕릉비문은 한국 고대사상을 연구하는 데 크게 기여할 것으로 생각한다. 이와 관련하여 고 류승국柳承國(1923 ~2011) 교수의 논고 「광개토대왕 비문을 통해서 본 한국 고대사상의 원형 탐구」[05]가 발표된 지 10년 가깝게 되었다. 이 논문은 태왕릉비 연구에 중요한 논점을 제기한 업적이다. 1889년 이전의 능비 고탁본을 입수하여, 판독과 해석에서 주목할 만한 학설을 제기하였을 뿐만 아니라, 한국 고대사상의 본질 및 한국사상의 원형 탐구에서 독특한 관점을 제시하였다.

류교수의 논문에 대한 역사학계의 공식적인 반응은 아직 없는 듯하다. 학제간의 연구가 활발하지 않고, 전공 영역이 다른 학자의 연구를 탐탁하게 생각하지 않는 학계의 폐쇄적인 풍토에 비추어, 다소 시간이 걸릴 것으로 짐작된다. 필자는 류 교수의 논문이 지닌 의의가 크다고 본다. 이 논문의 핵심 사항을 면밀하게 고찰한 뒤, 종래 학설과의 비교를 통해 그 의미를 찾고자 한다.

그동안 중요하게 다루어진 '병신년'조 기사는 일본 학계의 통설을 비롯하여 이와 정반대의 관점에 있는 정인보의 설, 절충적 성격을 지닌 왕건군의 설이 많이 알려져 있다. 우선 이들 세 가지 설을 살펴보고, 근자에 이 세 학설을 종합, 절충하여 문리文理 중심의 합리적인 해석

---

05 『대한민국 학술원논문집』(인문·사회) 43, 2004. 『한국사상의 연원과 역사적 전망』 (2009)에 재수록되었다.

을 도출하려 한 류승국 교수의 설을 별도로 검토해보기로 한다.

　본고에서는 역사학적으로 접근해야 될 문제는 논술 범위에서 제외하였다. 일관되게 금석학 연구 차원에서 판독과 해석의 문제를 다룰 것이다.

II. 연구사 검토

광개토태왕릉비가 잡초, 잡목더미에 묻혀 있다가 세상에 다시 빛을 본 것이 1876년이다. 중국인 현리縣吏 관월산關月山이 재발견한 이후, 1884년 일본 참모본부 정탐원들에 의해 탁본이 만들어져 일본 학계에 전해졌다. 일본 어용학자들에 의해 5년간 비밀리에 연구가 진행된 끝에, 1889년 「고구려호태왕비문」이라는 제목으로 석문釋文과 함께 공개되었다.[06] 이때 『회여록會餘錄』에 함께 실린, 일본 관학자 요코이 다다나오橫井忠直(1845~1916)의 「고구려고비고高句麗古碑考」를 보면, 저들의 연구 목적이 어디에 있었는지를 짐작하게 한다.

이 비문 중에 우리(일본)와 크게 관계된 부분이 있다. 신묘년(A.D 391)에 바다를 건너가 백제와 신라를 파하고 신민臣民으로 삼았다는 몇 구절이 그것이다. 예부터 중국과 한국의 사승史乘에는 우리(일본)가 [이웃] 나라의 변경을 노략질했다든가, 통빙通聘했다는 것은 기록되어 있지만, 백제와 신라가 우리 일본의 신민이라고 쓴 적은 없었다. 대개 자기 나라의 단점을 꺼려서 쓰지 않는 것이다. 이 비는 삼국

---

06 『會餘錄』제5집, 國書刊行會, 1889.

시대에 세워진 것이고, 고구려 사람의 손에 의해 이룩된 것이다. 그
러므로 백제와 신라 두 나라를 위해 꺼릴 필요가 없었다. 당시의 사
실이 1600년 뒤에 분명하게 드러나도록 했으니 그 공이 위대하다고
할 것이다.[07]

이 글이 발표된 뒤로 일본의 어용학자들과 식민사학자들은 4세기
말에 일본이 백제와 신라를 지배한 것인 양 기정사실화하고 이를 역
설, 강조하여 마지않았다. 나중에는 저들의 임나일본부설任那日本府說
을 정당화하는 유력한 증거로 여겼다. 더 나아가 '정한론征韓論'의 이론
적 기반으로 인식하기도 하였다.

이런 즈음에 1903년 고종의 명령으로 『증보문헌비고』가 찬집纂輯되
기 시작하여 1907년에 완성되었다. 이 책의 「여지고輿地考」에 광개토
태왕비가 실렸다.[08] 이를 시발로 장지연張志淵(1864~1921)이 정약용의
『아방강역고我邦疆域考』를 증보한 『대한강역고』(1903) 등에도 실리기 시
작했다. 구한국의 학자들은 이 비문을 통해 광개토태왕이란 영웅의 존
재를 세상에 알림으로써 민족적 자부심과 애국심을 불러일으키고자
하였다.[09] 학술적으로 접근한 예는 찾아보기 어렵다. 1919년 조선총독

---

07 위의 책, 부록 "碑文中, 有大關係于我者. 辛卯渡海, 破百殘新羅爲臣民數句, 是
也. 古來漢韓史乘, 唯書我寇邊通聘, 未嘗書百濟新羅, 臣民於我, 蓋諱國惡也.
此碑建於三朝鼎峙之世, 成于高駒驪人之手, 故不復爲二國諱, 能使當日事實, 暴
白於一千六百餘年之後, 其功可謂偉矣."

08 『증보문헌비고』 권36, 「여지고 24」 참조.

09 朴殷植, 「讀高句麗永樂大王墓碑謄本」, 『서북학회월보』, 1909; 申采浩, 『조선상고
사』(『단재 신채호 전집』 개정판, 형설출판사, 1995, 206~208쪽) 등 참조.

광개토태왕비
(류승국 소장탁본)

부에 의해 『조선금석총람』이 간행됨으로써 태왕릉비문이 학계에 더 널리 알려졌지만, 일본인 학자들의 통설에 대한 학술적 토론과 비판은 나오지 않았다. 조선인 학자들의 학문적 여건이 성숙되지 못한 탓도 있겠지만, 할 말이 있어도 공개적으로 할 수 없었던 시대적 제약이 가장 큰 요인이었다고 생각한다.

그러는 가운데 1930년에 이르러 일본인 학자 중심의 태왕릉비 연구에 대한 비판적 견해가 제기되었다. 비판의 주인공은 국학자 위당爲堂 정인보鄭寅普(1893~1950)다. 그는 광개토왕비에 대하여 "고구려의 비기碑記로는 광개토왕릉비가 독일獨—한 유물인 만치 문장의 간귀簡貴함이 또한 보중葆重할 만한 가치가 있다"[10]고 전제한 뒤 다음과 같은 종합적인 평가를 내렸다.

문자가 이미 원묘圓妙보다 질박質朴이 승勝한지라, 얼른 보아 알삽한 데가 많고, 또 국모國貌를 타용他容으로 분식粉飾치 아니하였으므로, 전어轉語가 둔鈍하여 용이하게 변해辨解할 수 없는 데까지도 있다. 그러나 상하의 문의文義가 추뉴樞紐가 되고 사실의 본말이 관려關挄가 되는 것이라, 대절大節에 이르러는 의현疑眩이 거의 없을 수 있다.[11]

10　정인보, 「조선문학원류초본」, 『조선어문연구』, 연희전문학교 문과연구집 제1집, 연희전문학교출판부, 1930, 15쪽.

11　정인보, 위의 글, 18쪽.

정인보

한마디로 세련됨보다 '질박'한 데서 특징을 찾아야 한다는 것이다. 또 정통 한문학과는 거리가 있기 때문에[12] 문장상으로 알삽한(아리송한) 곳이 많고, 문장이 전환되는 '전절어轉折語'가 잘 드러나지 않아 글 뜻을 쉽게 이해하기 어려운 대목이 있다는 것이다. 짤막하지만 태왕릉비문의 특징을 잘 짚었다고 본다.

정인보는 비문 해석에서 가장 큰 논란을 일으킨 '신묘년 도해渡海' 기사에 대해 "우선 이 비문의 문제 되는 일구一句 '倭以辛卯年來渡海破百殘□□新羅以爲臣民'이라 한 것을 어떻게 읽을까? 일본 학자 사이에서 정론이 되다시피 '백잔과 신라를 신민 삼았다'고 하고, 조선 인사 중에서도 이 말에 부수附隨하는 이가 많다"고 전제한 뒤, 그런 해석은 비문의 이세理勢로 보아 받아들일 수 없다고 하였다. 만약 '백잔과 신라를 신민으로 삼았다'고 하여 결정사실決定事實로 해석한다면, 이 비문의 앞 뒤 내용에 비추어 '사실의 모순'이 생길 뿐만 아니라 '문리文理의 괴려乖戾'가 심하다고 하면서, 이 두 가지 이유를 중심으로 사례

---

12 근자에는 광개토태왕비문이 朝鮮詞文으로 되어 있어 중국식 정통 한문과는 다르다고 주장하는 이들도 있다. 필자는 그런 일방적인 주장에 대해 고려할 가치를 별로 느끼지 못한다. 문장이 다소 투박하기는 하지만 한문 문법으로 해석하는데 문제가 없기 때문이다. 광개토태왕의 업적을 널리 알리고자 거대한 비를 세우면서, 고구려 사람만 읽을 수 있는 고구려식 한문으로 글을 써서 새긴다는 것이 사리에 맞는 일인지 생각해볼 일이다.

를 들어 비판하였다.

논지를 짧게 요약하면, 문제가 되는 '以爲臣民'은 '신민으로 삼았다'
가 아니라, '신민으로 삼으려 했다'가 되어야 한다는 것이다. '以爲'는
결정사決定詞가 아니라 미래어未來語라는 것이 정인보의 주장이다. 현
대 중국어에서도 '以爲'는 대체로 주관적인 생각을 나타낼 때 사용한
다.[13] '신민이라고 생각했다', '신민처럼 여겼다'와 '신민으로 삼았다'는
엄연히 다른 차원의 문제다. 이에 비추어 정인보의 주장은 공감할 만
하다고 하겠다.

정인보의 이 주장이 당시에 얼마나 학계의 공감을 얻었는지는 알기
어렵다. 논의 자체가 조선 문학의 원류를 논하는 자리에서 나온 것이
고, 또 연희전문학교에서 발행되는 교내 학술 잡지에 실은 것이기 때
문에 큰 반향反響을 일으켰으리라고는 보지 않는다.[14] 정인보는 「조선
문학원류초본」이란 글의 성격상 이 문제를 정면으로 다룰 수 없는 것
으로 여기면서 후속 연구를 기약한 것 같다. "고증의 상세詳細는 따로
별저別著가 있으려니와 우선 세간의 분설紛說을 변정辨正하여 둔다"[15]
라고 하여 별저를 예고한 것을 보면, 당시에 이미 대강의 구상은 이루
어진 듯하다.

그 뒤 1950년대 중반까지 한국에서 광개토태왕릉비 연구는 거의 진
행되지 못하였다. 일본 학자들의 독무대나 다름이 없었다. 그러다가

---

13 대개 '～라고 생각하다', '～라고 여기다', '～라고(로) 알다'라고 번역된다.

14 태왕릉비 연구사를 정리한 이진희·왕건군의 「연구사 연표」에도 정인보의 이 글은
    수록되어 있지 않다.

15 정인보, 위의 글, 20쪽.

1955년 정인보의 「광개토경평안호태왕능비문석략廣開土境平安好太王
陵碑文釋略」이 공식 발표되었다.[16] 이 논문은 미발표 상태로 있다가, 일
제 강점기 때 연희전문학교 동료 교수였던 백락준白樂濬(1896~1985)이
자신의 환갑을 기념하는 논총에다 6·25 당시 납북된 정인보를 대신하
여 공개 발표한 것이다.[17] 연구사에서 20년 이상의 공백을 깬 업적으로
기록될 만하다.

정인보가 1930년 예고한 '별저'가 이 「석략釋略」을 가리킨 것인지는
정확히 알기 어렵다. 다만 연구 범위가 '병신년' 기사로 축소되었다고
가정할 때 그 원인은 대개 일제 말기의 긴박했던 정황과 무관하지 않
은 듯하다. 태왕릉비를 직접 보거나 탁본을 뜰 수 없는 상황에서 전면
적이고 종합적인 연구를 하기가 어려웠을 현실적 한계성이 크게 작용
하였을 것이다.

정인보는 위 글에서 지난날 일본 어용학자와 그에 추종하는 국내 학
자들의 왜곡된 해석을 조목조목 비판하였다. 당대 손꼽히는 한문학자
이면서 역사학에 밝았던 그는 '사실 관계'와 '문리文理' 두 가지 기준을
가지고 저들의 해석과 논리를 날카롭게 비판하였다. 「석략」은 사실상

---

16 『庸齋白樂濬博士還曆紀念國學論叢』(1955); 정인보, 『薝園文錄』 권3, 「廣開土境
平安好太王陵碑文釋略」(연세대출판부, 1967) 참조. 이 글은 1930년 발표한 글에
서 예고한 '別著'에 해당한다고 할 수 있다. 집필 연대는 정확히 알 수 없지만 대개
1940년대 초반으로 짐작된다. 대중과 관련 있는 역사학 관련 논문을 보통 사람이
쉽게 알아볼 수 없는 고문체 한문으로 서술한 이유는 일제의 한민족 말살 정책과
관련이 있다고 본다. 그렇다면 그 시기는 대개 1940년대 초일 가능성이 높다.

17 1955년, 같은 해 부산에서 사상계 사장 張俊河(1918~1975)의 주선으로 『薝園國學
散藁』(문교사)가 출판되기도 하였다.

일본 정부가 공개한 탁본과 그것을 활자화한『조선금석총람』의 석문을
전적으로 따르면서도 일본 관학자들의 견해와 완전히 다른 새로운 해
석을 내놓았다는 데서 의미가 남다르다.

1930년에 발표한 글의 핵심은 '以爲臣民'에서 '以爲'가 결정사가 아
닌 미래어未來語라는 점을 강조하는데 있었다. 이에 비해「석략」에서는
그 문제를 재론하지 않는 대신, 철저할 정도로 '고구려 주도형 독법'을
제시하였다. 일본인 학자들이 '왜'를 주어로 해석한 대목을 '고구려'로
바꾸어 정반대의 다른 해석을 내놓은 것이다. '以爲'가 결정사가 아니
라는 그의 주장이 자취를 감춘 것은 그 때문이다.

정인보의 설은 일본 관학자들의 통설을 뒤엎은 것으로, 이후 일본
학자들의 설과 함께 양익兩翼을 이루어 왔다. 1960년대 이후 남한과
북한의 학계에 큰 영향을 끼친 것이 사실이다. 북한의 대표적 사학자
박시형朴時亨(1910~2001), 김석형金錫亨(1915~1996) 등은 정인보의 설
을 적극 수용하여 고구려 주도형의 논지를 폈다.[18] 당시 남한 학계가
식민사관의 극복에 적극적이지 않았던 것과는 비교가 된다. 다만 학설
수용에 적극적이든 소극적이든 간에 후학들은 정인보의 설을 의식하
지 않을 수 없었다. 정인보 설의 특징과 한계는 다음 장에서 다시 살피
기로 한다.

정인보 이후 한·중·일 삼국에서 연구사적으로 중요한 위치에 있는
사람은 중국학자 왕건군이라 할 수 있다. 그는 고대 한어漢語와 한자

---

[18] 박시형, 『광개토왕릉비』, 평양: 사회과학원 역사연구소, 1963; 김석형, 『초기 朝日
관계 연구』, 평양: 과학원출판사, 1966 참조.

왕건군

서체書體에 정통할 뿐만 아니라, 탁본의 제작과 감식에도 남다른 공력이 있었다. 남이 해놓은 판독과 석문을 가지고 연구하는 대다수의 학자들과는 다른 면모를 보였다. 그는 자신의 학문 방법이 실사구시實事求是임을 누누이 강조하였다.[19] 청대 고증학의 여류餘流를 그에게서 찾아볼 수 있다.

왕건군은 수다한 연구자들에 비해 매우 유리한 위치에서 연구할 수 있었다. 그는 중국 길림성吉林省에서 박물관 관장으로 재직하면서 태왕릉비에 대해 다년간 공력을 쌓을 수 있었다. 태왕릉비의 현장 조사가 가능한 자신의 지위를 잘 이용하여 비문에 대한 종합적인 연구를 진행하였다. 특히 비문 판독에서 탁월한 면을 보여주었다. 1984년에 발표된『호태왕비 연구』는 광개토태왕릉비 연구에 획기적인 전기를 마련하였다고 본다. 더욱이 '종합적' 연구라는 측면에서 보면 태왕릉비 연구에 새로운 지평을 열어준 것이 사실이다. 그의 역사 해석에 동의

---

19 왕건군,『광개토왕비 연구』, 235쪽.

하느냐의 여부는 별개의 문제다.

왕건군은 한·중·일 삼국의 학자들 사이의 논란을 상당 부분 해소시킬 만한 위치에 있다고 하겠다. 그는 "정직한 사람, 정직한 학자는 편견을 버려야 한다고 생각한다. 왜냐하면 편견은 무지보다 진리에서 더 멀기 때문이다"[20]고 하여, 한·일의 학자들에게 편견을 버릴 것을 요구하였다. 그는 이진희 등에 의해 제기된 비문 변조설을 부정하면서, 비교적 중립적인 위치에서 비문을 판독하려 하였다. 문리를 중시하는 그는 일본 학자들의 학설을 비판하면서도 정인보 등 한국 학자들의 자국 중심적인 태도에 대해 비판을 아끼지 않았다. 그의 연구 결과를 보면, 비문 변조설도 인정하지 않지만 일본 측에 의해 제기된 임나일본부설, 즉 남선경영론南鮮經營論을 철저하게 부정하였다. 이러한 태도를 양비론으로 치부하는 학자도 있다. 그러나 필자는 기계적인 중립으로 보지 않는다.

왕건군의 판독이나 주장에서 이해하기 어려운 대목이 상당함은 물론이다. 이제 다음 장에서 일본 학계의 통설, 정인보의 설, 왕건군의 설, 그리고 이전의 설을 비판적으로 수용하여 제4의 설을 이끌어낸 류승국의 설을 비교 검토하기로 한다.

---

20 왕건군, 위의 책, 250쪽.

III. 소위 '병신년'조 해석의 문제점 검토

오늘날까지 한·중·일의 대다수 학자들이 '倭以辛卯年來渡海破百殘
□□新羅以爲臣民'이 나오는 대목을 '신묘년조 기사'라고 한다. 그러
나 이 기사는 영락永樂 6년 병신년(396)에 광개토태왕이 백잔을 정벌한
사실의 배경을 설명하는 과정에서 나온 것이다. 독립된 편년기사編年
記事가 아니다. 395년과 396년 기사 사이에 391년의 기사가 느닷없이
끼어든 것이 아니다. 따라서 '병신년'조 기사라고 불러야 온당하다는
왕건군의 주장[21]에 전적으로 동의하지 않을 수 없다.

병신년조 기사에서 가장 문제가 되는 위의 대목에 대한 일본인 학
자들의 해석과 주장은 천편일률적이다. '왜가 신묘년에 바다를 건너와
백잔과 신라를 파하여 신민으로 삼았다'는 것이다. 이것은 지난날 군
국주의軍國主義 시대는 말할 것도 없고 오늘날까지도 그런 류의 해석
이 주를 이루고 있다. 그 대열에 서는 학자들의 해석과 주장을 굳이 소
개할 필요가 없다는 생각이 들 정도다.

일본 학자들의 주장은 문맥이 잘 통하는 것처럼 보인다는 데 강점이
있다. 1950년대 이전까지 큰 이견이 없었던 데에는 일본 군국주의 이

---

21 왕건군, 위의 책, 239쪽.

래의 시대적 배경도 있었겠지만 문맥상으로 크게 무리가 없다는 점이
한 몫했다고 본다. 그러나 저들의 해석은 중대한 문제점을 안고 있다.
단구斷句(句讀)에 따른 문법상의 모순과 사실 관계의 모순을 애써 간과
하였기 때문이다.

먼저 '來渡海'라 한 구절부터 보자. '건너왔다'라는 뜻의 '來渡'는
'渡來'란 말과 같은 뜻으로 사용되기도 하므로 논외로 치자. 그러나 '來
渡'에는 이미 바다를 건너왔다는 뜻이 내포되어 있다. '海' 자는 군더
더기다. '海' 자를 붙이면 도리어 문장의 리듬이 깨진다. 그렇다면 '來
渡破' 대목이 어색하다고 하면서 문장의 수준 낮음을 탓할 것이 아니
다. 문장을 잘못 끊어 읽은 것은 아닌지 구두상句讀上의 문제점을 진
단해야 온당한 태도라고 할 것이다. 이 점에서 왕건군의 구두는 설득
력이 높다.

둘째, 저들이 '破百殘□□新羅'라 한 구절을 '백잔과 신라를 파하였
다'고 해석한 것[22]도 구두를 달리하면 얼마든지 다른 해석이 될 수 있
다. 즉 '破百殘, □□新羅'라고 할 때는 내용이 크게 달라질 수 있는
것이다. '□□'는 무시하고 넘어갈 수 있는 것이 아니다. 일인 학자들
은 이 점을 애써 피한 듯하다. 이 문제를 파고 든 선구적 학자가 바로
정인보다.

셋째, '以爲'는 "~을 ~로 삼다" 또는 "~를 ~로 생각하다(여기다)"로
해석되기도 한다. 태왕릉비에 나오는 '以爲臣民'의 경우, 이미 1930년

---

22 일본 학자들은 이 대목에서 판독 불가능 상태에 있는 '□□'을 간과하거나 '가야'로
추정하여, 당시 왜가 백제와 신라는 물론 가야까지도 복속시켰다고 해석하기도
한다.

에 정인보가 과거 완료형의 사실로 볼 수 없음을 논한 바 있다.[23] 여기서 말을 덧붙이자면 '이위'에 담긴 의미가 '왜의 일방적 생각'일 수 있다는 것이다. 즉, 왜가 백제나 신라의 의사와는 무관하게 저들 두 나라 백성을 신민처럼 여기고, 노략질을 일삼으며 못살게 굴었다는 해석이 가능하다. 이 두 가지 사실에 비추어 보면 '이위신민'은 과거 완료형의 역사적 사실일 수 없다. 왜의 희망 사항에 불과한 것이다.

넷째, 왜가 고구려에 조공을 바치던 백잔과 신라를 침략하여 신민으로 삼았다면, 고구려의 공격 대상은 일차적으로 왜가 되어야 사리에 맞다. 그럼에도 이 해석에 따르면, 고구려는 왜를 치지 않고 백제를 쳐서 대승을 거둔 것으로 되어 있다. 실로 이해하기 어려운 부분이다. 고구려 사람이 지은 비문에 왜의 전공을 기록할 이유가 없을 터인데, 그에 대해서도 명확한 설명이 없다.

근자에 와서 A.D. 4세기 말엽에 오늘의 일본 열도에 통일된 정권이 없었다는 역사적 사실을 들어 일본 학자들의 해석에 큰 무리가 있다고 비판하는 학자들이 있다. 그러나 역사학적 고찰은 제2차적인 문제다. 이 비문의 합리적인 해석만으로도 남선경영론과 같은 터무니없는 논리를 변파辨破할 수 있어야 한다.

---

23 정인보는 비문 내용 가운데 399년에 신라 임금이 광개토태왕에게 구원을 청한 일을 들어 '신민으로 삼았다'가 아니라 '신민으로 삼으려 했다'가 옳다고 하였다. 이미 391년에 신라가 왜에게 정복을 당해 주권을 잃었다면 8년 뒤인 399년에 구원을 청할 리 없다는 것이다. 그는 또 신라 임금이 구원을 청하는 내용 가운데 나오는 '以奴客爲民'은 '以爲臣民'과 같은 용법이며, 이 해석 역시 '노객(노예: 신라)을 자기 나라의 신민으로 삼으려 했다'가 되어야 한다고 강조했다. 정인보, 「조선문학원류초본」, 위의 책, 19쪽 참조.

다음으로, 태왕릉비 연구에 새로운 전기를 마련한 정인보의 설에 대하여 검토하기로 한다. 정인보의 설은 일본인 학자의 독장獨場이나 다름없던 태왕릉비 연구에서 통설처럼 인정되던 저들의 해석과 주장을 비판하고 연구 방향을 일정 부분 돌릴 수 있게 했다는 데 의미를 부여할 수 있다. 그는 동양 삼국에서 알아주는 당대의 한학자다. 그는 역사학을 겸했지만 역시 강점은 한문학에 있었다. 그는 광복 전에 집필된 「광개토경평안호태왕능비문석략」 말미에서 "어지러운 세상이라 예문禮文의 도는 사라져 이런 글을 읽는 기회가 적어졌다. 게다가 편파적인 생각을 품고 망령된 생각으로 억지로 끌어다 붙이는 바람에 글은 뒤틀리고 뜻이 어그러졌다"[24]고 하여 자신의 강점을 넌지시 드러냄과 동시에 일본인 학자들의 편견과 억지를 꼬집었다. 정인보의 한문 실력은 왕건군도 "대단하다"고 인정한 바 있다.[25]

정인보는 「석략」에서 문맥과 사리를 강조했다. 한문학의 대가인 그로서는 당연한 귀결이라고 생각한다. 이른바 병신년조 기사에 대한 정인보의 분석을 요약하면 다음과 같다.

1. '百殘新羅, 舊是屬民, 由來朝貢'에서 주어는 백제와 신라다.
2. '倭以辛卯年來'에서 주어는 '왜'이다. '來'는 동사이며 목적어는 생략되었다.
3. '渡海破'에서 주어는 '왜'가 아닌 '고구려'다. 목적어는 생략되었다.

24　정인보, 『담원문록』 중권, 정양완 역, 태학사, 2006, 37쪽.

25　왕건군, 『광개토왕비연구』, 245쪽.

4. '百殘□□新羅'에서 주어는 '왜'가 아닌 '백제'다. '□□'를 '聯侵'
   으로 추정, 백제가 왜와 연합하여 신라를 침략한 것으로 보았
   다.

5. '以爲臣民'에서 주어는 광개토태왕이다.

6. '以六年丙申, 王躬率水軍, 討利'에서 주어는 광개토태왕이다.
   '토'와 '리'는 각각 동사로 사용되었으며, 목적어는 생략되었다.[26]

　이와 같은 단구斷句에 따라 정인보의 해석은 완전하게 고구려 주도
형으로 탈바꿈하였다. 특히 위에서 '百殘□□新羅'를 '百殘聯侵新羅'
로 추정한 것이라든지, '以爲臣民'의 주어를 광개토태왕으로 본 것은,
광개토태왕이 백제를 정복한 이유를 찾기 위한 포석이다. 정인보는 일
본인 학자들의 주장에서 그 점이 큰 약점임을 인식하고 이를 해소하기
위해 위와 같이 해석을 한 것이다.

　정인보의 주장은 이후 민족 주체성을 중시하는 북한의 역사학자들
에 의해 발전적으로 계승되었고, 오늘날까지 한국 학계에서도 공감하
는 학자들이 많다. 그러나, 정인보의 주장은 한문에 능했던 그답지 않
게 견강부회한 점이 많다. 문맥이나 어법상으로 통하기 어려운 부분이
많다. 정인보의 주장에 대해서는 왕건군의 축조 비판이 적확하고 설득
력이 있다.[27] 왕건군은 광개토태왕릉비의 문장에 대해 "사건 서술의 조
리가 분명하고 어법이 규범에 맞으며 문자가 순탄하고 사의詞義가 분

26　왕건군, 위의 책, 245쪽.

27　왕건군, 위의 책, 237~248쪽 참조.

명하다"고 전제한 뒤 "나는 정인보 선생이 개인의 억측을 고인古人에게 가하여 이렇게 '쉽게 얻어 볼 수 없는 좋은 문장'에 조그만큼이라도 손상을 끼치는 일은 하지 않았어야 옳다고 생각한다"고 하였다.[28] 정인보가 일본인 학자들의 편견과 억측을 비판하면서도 그 자신이 심한 편견과 오류에 빠졌음을 비판한 것이라 하겠다. 필자는 정인보가 무리한 해석을 한 이유가 애국심에 있다고 본다. 학문에 애국심이 개입하여 객관적 판단을 흐리게 한 것이다.

위에서 소개한 '百殘新羅'로부터 '討利'까지의 여섯 개 문장은 모두 44자다. 짧은 여섯 개 문장에서 주어가 여섯 번이나 바뀌었다. 게다가 목적어나 동사가 없는 경우도 있다. 문장 자체가 불완전할 뿐만 아니라 문맥 자체도 순하게 통하지 않는다. 이 비문의 문장은 당시 고구려에서 비교적 유명한 문사文士가 작성했을 것이다. 정인보가 구두점을 찍은 것과 같이 구법句法 수준이 낮은 문장이었으리라고는 보지 않는다. 구두에 문제가 있는 것이다. 왕건군의 비판이 설득력 있는 이유를 새겨보아야 할 것이다.

무엇보다도 '討利'를 '백잔을 토벌하여 신라를 이롭게 한다'는 뜻으로 풀이한 것은 견강부회의 정도가 심하다. 이를 뒷받침할 전고典故가 없는 점도 문제지만,[29] 문장의 구법을 완전히 무시한 단구斷句가 합

---

28 왕건군, 『광개토왕비연구』, 241쪽.

29 뒷날 '利' 자가 '伐' 자를 잘못 판독한 것으로 판명됨에 따라 더욱 설득력을 잃게 되었다. 한편, 재야사학자 金聖昊는 '討利殘國'이라는 구절을 가지고 利殘과 百殘을 구분하였고, 마침내 이잔을 396년에 멸망한 비류백제, 백잔을 온조백제로 강변하기도 하였다. 『비류백제와 일본의 국가기원』, 知文社, 1987, 81쪽 참조.

리성을 상실하고 말았다. 즉, 구법상 '討利殘國'으로 구두를 떼어야 옳을 터인데 '토리'에서 끊어 읽음으로써 그 뒤의 문장이 '殘國軍至窠□'로 될 수밖에 없었다. 결과적으로 백잔의 군사가 백잔의 소굴로 가서 백잔의 군사를 치는 꼴이 되어버렸다. 이것은 정인보 해석의 신뢰성을 떨어뜨리는 결정타라고 생각한다.

'倭以辛卯年來'에서 '來' 자를 왜의 침략으로 해석한 것도 의문이다. '來' 자를 침략으로 보는 것도 고전적 근거가 분명하지 않지만, '以' 자를 간과한 것은 잘못이다. 이 '以' 자에는 '~로부터'라는 의미가 담겨 있다. 이것이 '來' 자와 결합하여 '~以來' 혹은 '以~來'가 되기도 한다. 정인보의 해석은 일본인 학자들의 학설을 의식한 나머지 '침략'이나 '정복'에 초점을 맞추어 '來' 자를 경직되게 이해한 데서 비롯된 것이라 하겠다.

'渡海破'에서 주어를 왜가 아닌 고구려로 본 것도 순리에 따른 것이라 하기 어렵다. 이 문장에서 주어는 생략되었다고 치자. 그러나 목적어까지 생략된 문장이 있을 수 있을까? '渡海破之' 정도는 되어야 정인보의 주장에 무게가 실릴 수 있을 것이다. '以爲臣民'의 주어를 광개토태왕으로 본 것도 문맥상 자연스럽지 않기는 매한가지다. 1930년에는 '以爲臣民'에서 주어를 왜로 보았던 그가 「석략」에서는 고구려로 보았다. 앞서 글을 잘못 본 것일까? 아닐 것이다. 비문 해석에 목적성이 강하게 개입되다보니 주어를 고구려로 보기에 이른 것이다. 1930년 발표한 글에서 '이위'가 결정사決定詞가 아니라는 논지를 펴면서 논리적 객관성을 잃지 않으려 했던 것과 비교가 된다.

정인보의 위 주장에서 가장 의미 있는 부분은 '百殘□□新羅'에서 주어를 왜가 아닌 백제로 본 것이다. 문리상 그렇게 보아야 고구려가 백제를 정벌한 이유가 분명해지기 때문이다. 이것은 비문의 전후 문장에 비추어 보면 더욱 확실하게 뒷받침된다. '□□' 두 글자는 서술어, 신라는 목적어가 되어야 온당하다. 일본인 학자 가운데 일부는 '□□'를 '가야'로 추정하기도 하지만, 이것은 잘못을 논할 가치조차 없다. 본디 병신년조 기사가 백제와 신라가 고구려에 조공을 바치는 관계였음을 전제한 것으로부터 출발했다는 점을 간과했거나 무시했기 때문이다. 사리에 비추어 보면 가야가 끼어들 일이 전혀 아닌 것이다.

　태왕릉비와 관련한 정인보의 두 글을 보면 차이가 있다. 1955년에 발표된 「석략」의 경우 일본인 학자들의 주장에 대한 반대 논리가 치밀하고 역사학적 지식이 해박하다. 이것은 인정하지 않을 수 없다. 다만 연구의 객관성에서는 1930년의 글에 미치지 못한다. 정인보가 당대의 저명한 한문학자였음에도 한문 문장의 작법과 리듬을 무시하면서까지 비합리적이고 부자연스런 단구斷句를 한 것은 뒷날 한국 역사학계에 좋지 않은 영향을 끼친 것으로 생각한다. 한문 특유의 구법, 사의詞義, 어기語氣 등에 대한 정밀한 검토 없이 자기 논리에 따라 구두 끊기를 예사로 하고, 자신의 논리에 장애가 될 경우 편의적인 추정을 빈번하게 하는 학계 일각의 풍토가 그것이다. 이점은 반성의 여지가 크다고 생각한다.

　이제 왕건군의 주장을 살펴볼 차례다. 그의 연구 성과에 대해서는 앞서 살펴본 바 있으므로 곧장 본론으로 들어가기로 한다. 결론적으로 말해서, 병신년조와 관련한 왕건군의 해석은 일본인 학자들과 거

의 같다.[30] 다른 점이라면 '倭以辛卯年來' 구절에서 '來'를 뒷구절의 '渡
海'와 연결시켜 보지 않고, 앞 구절로 붙여 '신묘년 이래'로 해석한 것
이다.[31] 종래에는 신묘년(391)에 왜가 바다를 건너와 백제와 신라를 쳐
서 신민으로 삼았다고 해석했다. 그렇다면 왜의 침략과 백제·신라 복
속이 모두 신묘년 한 해에 이루어진 셈이다. 광개토태왕의 백제 정벌
(396)과는 5년이라는 시간적 거리가 있는 것이다. 이에 비해 왕건군의
해석은 391년부터 396년까지 왜의 지속적인 침략 행위가 있었고, 이
를 참다못한 고구려가 왜와 연결된 백제를 쳤다는 내용이다. 이 문제
는 한문 작법상 후자의 해석이 타당하다고 할 수 있다. 더욱이 '渡海'
에서의 '海' 자가 기실 '每' 자라는 점에 비추어 보면, '신묘년 이래'라고
해석하는 것이 지극히 당연하다. '每' 자는 '늘', '항상'이라는 뜻이니 왜
의 침략 행위가 다년간 지속되었음을 분명하게 뒷받침한다. 이렇게 볼
때 앞의 '以來'와 뒤의 '每'는 선조후응先照後應이 잘 이루어진 것이라
고 본다.

　왕건군의 비문 판독은 정밀한 것으로 평가가 높다. 그런데 '每破'를
여전히 '海破'로 판독한 이유를 알기 어렵다. '海' 자가 아니라 '每' 자임
은 근자에 중국의 학자 경철화耿鐵華(1947~)가 강력히 주장한 바이지
만, 기실 그에 앞서 일본인 학자 후지타 토모지[藤田友治: 1947~2005]와
후쿠슈쿠 다카오[福宿孝夫: 1930~]가 이미 '每' 자로 판독한 바 있다. 정

30　왕건군, 『광개토왕비연구』, 304쪽 참조.

31　이것은 왕건군에 앞서 한국의 鄭杜熙, 일본의 미카미쯔기오(三上次男:
　　1907~1987)가 주장한 바 있다.

간선井間線 안에는 분명 '每' 자가 안정되게 자리잡고 있다. 삼수변 氵은 선 밖으로 부자연스럽게 삐져나와 있다. '每' 자를 '海' 자로 고친 흔적이 역력하다. 이런 사정을 누구보다 잘 알았을 왕건군이 이에 대해 의심 없이 '海' 자로 본 것은 무슨 이유일까? 혹여 일본을 의식한 것은 아닐까?

왕건군의 해석은 문리상 자연스러운 것이 특징이다. 다만, 그는 '이위신민'을 미래형으로 해석하지 않고 완료형으로 기정사실화하였다. 여기에 사리상의 모순이 있다. 왜가 신묘년 이래로 5년 동안 지속적으로 백제와 신라를 쳐서 신민으로 삼았다는 것은 단순한 침략 전쟁이나 노략질이 아닌 식민지화를 의미한다. 그러나 역사상 실제 식민지화가 이루어진 일이 없다. 다년간 정복 전쟁을 통해 지속적으로 영토를 넓히고 식민지로 만들었던 일은 더 말할 나위 없다. 또 자기 나라의 속국이 왜적에게 정복되는 것을 5년 동안이나 속을 끓이며 지켜보았을 광개토태왕도 아니다.

태왕릉비의 문장을 보면 춘추필법春秋筆法에 견줄 바는 아니라 하더라도 나름대로 필법筆法에 엄정함이 엿보인다. 자기 나라의 일은 상세히 적고 다른 나라의 일은 간단하게 적는 '상내약외詳內略外'의 정신이라든지, 자기 나라를 위해 수치스러운 일은 숨긴다는 '위국휘치爲國諱恥'의 정신에 철저함을 느끼게 한다. 고구려에게 속국인 백제와 신라가 왜의 식민지가 되었다면, 능비에서는 무엇이 기뻐서 '신민으로 삼았노라'고 대서특필했을까? 왜의 전공을 특별히 기록할 이유도 없겠지만, 실제 정복 전쟁이 있었다 하더라도 '신민으로 삼았다'고 기술하지는 않았을 것이다. 이것은 문리나 사리를 떠나서 상식에 속하는 문제다.

'이위신민'은 왜의 야욕을 있는 그대로 표현한 것에 불과하다.[32] 고구려 입장에서는 그 야욕의 실현 여부는 그리 중요하지 않다. 왜의 야욕을 부각시키고 거기에 왜와 화통和通하는 백제의 미덥지 못한 행동을 연결시켜야 백제를 정벌할 이유가 자연스럽게 드러나는 것이다. 이렇게 볼 때 완료형 사실로 해석하는 것은 문리로 보나 사리로 보나 합리성이 떨어진다.

왕건군의 해석을 보면, 고구려가 침략자인 왜를 정벌하지 않고 백제를 정벌하였는지 그 이유가 분명히 드러나지 않는다는 데 또 다른 문제가 있다. '百殘□□新羅' 구절에서 '□□'에 무슨 글자가 들어가느냐에 따라 병신년조 기사 내용이 사뭇 달라지는데도 그는 이에 대해 별다른 언급을 하지 않았다. 주지하는 바와 같이 태왕릉비의 정복 기사를 보면 정복한 이유를 빠짐없이 기록하고 있다. 병신년조도 예외일 수 없다고 본다. 정복한 이유를 대기 위해 '신묘년 이래' 운운하는 기사를 덧붙인 것임에도, 왕건군은 무슨 이유에서인지 이점에 유의하지 않고 그냥 넘겼다.

영락 9년 기해己亥조 기사를 보면 첫머리에 '백잔위서百殘違誓, 여왜화통與倭和通'이란 구절이 나오고, 이어 '신라견사백왕新羅遣使白王, 귀왕청명歸王請命'이 대비적으로 나온다. 이것은 광개토태왕이 백제를 정벌하고 신라를 보호한 이유를 잘 설명한다. 이 내용이 앞에 나오는 '百殘□□新羅' 구절에서 빈 '□□'에 반영되었을 것임에 틀림없다. 사

---

32 왕건군은 이를 '단지 하나의 과장된 말이다'고 하였다(위의 책, 236쪽). 고구려가 왜와 백제를 정벌한 이유를 대기 위해 과장된 표현을 했다는 것이다.

리가 이렇다면 백제가 왜의 세력과 영합하여 신라를 치려했다는 정인
보의 해석은 타당성이 있는 것이라 하겠다.

　고구려의 위정자들은 백제와 왜국을 끊임없이 불신하고 미워하였
다. 두 나라는 사실상 한 통속으로서, 언제든지 힘을 합쳐 고구려를 침
략할 수 있다는 것이 저들의 한결같은 생각이었다.[33] 고구려는 왜보다
백제를 더 불신하고 증오하였던 것 같다. 백제는 본디 고구려와 한 뿌
리임에도 의리를 저버리고 침략을 일삼았다는 것이다. 특히 백제는
371년에 근초고왕이 고구려 평양성을 공격하여 고국원왕을 전사에 이
르게 하였다. 이로써 양국의 대립은 격화되었고 고구려의 감정은 극에
달하였다. 고국원왕은 광개토태왕의 할아버지다. 할아버지의 비참한
죽음은 광개토태왕이 백제에 대해 절치부심하며 원한을 품게 하기에
충분하였다.[34]

　'백잔'이란 두 글자는 고구려가 백제를 왜 증오했는지를 알게 하는
핵심 단어다. 종래 왕건군을 비롯한 태왕릉비 연구자들은 '백잔'이란
말이 어디에 근거한 것인지 확실하게 파헤치지 못하였다. 대개 멸칭蔑
稱이라고만 설명할 뿐이었다. 필자는 '백잔'이란 말의 근거가 멀리 있
지 않고 비문 안에 있다고 본다. '잔불복의殘不服義' 넉 자가 바로 그것
이다. '백제가 의에 복종하지 않았다'고 함은 '의로운 군대(고구려 군대)

---

[33] 9년 기해조 기사에 백제와 왜의 화통을 말하는 '與倭和通'이란 문구가 나오고, 14
년 갑진조 기사에 왜와 백제의 화통을 말하는 '和通殘兵'이란 문구가 보인다. 이것
은 고구려가 백제와 왜를 불신하는 이유를 단적으로 알려준다고 하겠다.

[34] 이런 사무친 원한이 대대로 이어져 475년 고구려 장수왕이 백제의 수도 한성을 공
격, 개로왕을 죽임으로써 앙갚음을 하기에 이르렀다.

에 복종하지 않았다[35]는 의미만은 아니다. 이것은 『맹자』에 이른바 "인을 해치는 자를 적賊이라 하고, 의를 해치는 자를 잔殘이라고 한다"[36]는 말과 연결시켜 보아야 한다. 이 '잔'의 의미를 제대로 파악해야 고구려가 백제 정벌을 의전義戰이요 성전聖戰으로 여겼음을 알 수 있는 것이다. 고구려가 백제에 대하여 '백잔'이라는 멸칭을 사용한 고전적 근거가 비문 안에 있음은 주목해야 할 바가 아닐 수 없다.

고구려는 백제가 의를 저버린 세력이라 하여 '백잔'이라 하고, 왜에 대해서는 인을 해치는 무도無道한 집단이라 하여 '왜적倭賊'이라 하였다.[37] 고구려는 '잔殘'과 '적賊'을 구별하여 썼다. 백잔을 '백적百賊'이라 하거나 왜적을 '왜잔倭殘'이라 하지는 않았다. 다만 용어의 구별에도 불구하고 '잔'이나 '적'은 정도正道로써 상대할 대상이 아니라는 점에서는 같다. 저들은 그저 인간 이하의 집단일 뿐이다. 태왕릉비에서 고구려가 왜와 백제의 영토를 '과窠'니 '혈穴'이니 하여 짐승들의 과구窠曰(巢窟)처럼 취급한 것은 저들에 대한 인식이 어떠했는지를 짐작하게 한다.

왕건군은 병신년조 기사를 고석考釋하면서 가장 많은 분량을 할애

---

35 왕건군, 『광개토왕비연구』, 303쪽 참조.

36 『맹자』, 「梁惠王 下」"齊宣王問曰: 湯放桀, 武王伐紂, 有諸? 孟子對曰: 於傳有之. 曰: 臣弑其君, 可乎? 曰: 賊仁者, 謂之賊; 賊義者, 謂之殘. 殘賊之人, 謂之一夫. 聞誅一夫紂矣. 未聞弑君也."

37 '倭賊'이란 말은 광개토태왕릉비 '영락 10년 庚子條'에 "官軍方至, 倭賊退"라 하여 처음 보인다. 우리나라 역대 문헌 가운데 '倭賊'이란 용어가 사용된 최초의 사례라고 생각한다.

하였다.[38] 그는 시종일관 자신의 해석이 "어법에 비추어 문제가 없다"고 강조하면서, 어법과 문리에 따른 일차적 해석과 역사적 사실에 부합하는 합리적인 해석은 별개의 것이라는 인식을 보였다. 그는 비문의 해석에서 일본인 학자들과 같은 인식을 보이면서도 임나일본부설에 대해서는 "목적이나 방법을 막론하고 반드시 비판을 받아야 한다"고 목소리를 높였다. 과장된 서술이라든지 역사적 진위 여부가 분명하지 않은 내용은 역사학적 연구를 통해 철저히 가려내면 된다는 것이다.

왕건군의 이런 인식에 대해 이 글에서 길게 논평할 필요는 없다. 다만, 그 자신의 해석에 대한 자부의 정도가 지나치지 않았는지는 생각해볼 여지가 있다. 또 태왕릉비에서만 언급되고 다른 역사서에 전혀 나오지 않은 사실에 대해서는 무슨 방법으로 과장이나 진위 여부를 가릴 수 있을지 의문시된다. 필자는 비문의 정확한 해석만으로도 임나일본부설과 같은 근거 없는 설을 충분히 변파할 수 있다고 본다. 굳이 역사학에서 힘을 빌 것이 없다. 왕건군의 위와 같은 견해는 수긍하기 어렵다.

---

38   왕건군, 『광개토왕비연구』, 233~259쪽 참조.

IV. 류승국의 연구와 제4설로서의 定礎

류승국 교수는 광복 이후 동양철학의 체계화에 앞장선 사실상의 제1세대 학자다. '현대 신유가'의 대열에서 평가할 만한 인물이다. 그의 학문과 사상에 대해서는 필자가 일차로 조명한 바 있다. 자세한 사항은 그에 미룬다.[39] 그는 동양철학, 한국철학에 관계된 수많은 논저를 발표했다. 철학자이면서도 갑골학과 금석문에 대한 조예가 깊었으며 사료 고증과 분석에 뛰어났다. 한국 상고사와 관련하여 주목할 만한

류승국

논고를 발표한 바도 있다. 광개토태왕릉비 연구는 한국사상의 연원을 탐구하는 작업의 일환으로 수행된 것이다. 본령이 사상 탐구에 있다. 그럼에도 학계에서는 병신년조 기사를 재검토, 분석한 것에 더 관심을 갖는 듯하다.

사상 탐구의 관점에서 보면, 태왕릉비는 일차적으로 동명왕과 광개토태왕의

---

39 졸고, 「도원 류승국 선생의 학문과 사상」, 『유학연구』 26, 충남대학교 유학연구소, 2012 참조.

以道興治
永樂四海

乙酉 元旦
道原 柳承國

류승국 친필

통치철학,[40] 고구려의 사상과 철학을 고찰할 수 있는 중요 자료다. 류 교수는 이 논문 제2부에서 태왕릉비 내용을 가지고 한국 고대의 신앙과 철학적 사유 양상, 당시의 가치관과 사회의식을 고찰하였다. 또 이

40　류승국 교수는 이를 '以道興治, 永樂四海'로 요약하였다. 류승국, 『한국사상의 연원과 역사적 전망』, 성균관대학교출판부, 2009, 4쪽 '권두 휘호' 참조.

를 근거로 한국인의 사고방식과 특성을 이끌어냈다. 이어 태왕릉비 내용에 담긴 현대적 의의로 ①생명존중사상, ②평화애호의식, ③상생의 원리를 지목하고, 이것을 이 시대의 철학, 나아가 지구촌시대에 전 세계인이 화합할 수 있는 이념적 토대로 삼아야 한다고 강조하였다. 거시적 통찰력이 엿보이는 논술이다. 이전에 보기 어려운 큰 담론이요 미래 지향적 인식이라 하겠다.

학문 연구에서 실사구시의 정신을 추구하는 류교수의 연구 방법은 '과학성과 이념성'이라는 표현에서 엿볼 수 있다. 사상적 차원에서의 탐구가 넓게 보고 요약적으로 서술되었다면, 태왕릉비문의 판독과 분석에서는 정밀하면서도 합리적인 성격을 잘 드러냈다고 할 수 있다. 전자가 이념성과 관련이 있는 것이라면 후자는 과학성과 직결되는 것이다.

류교수는 문제의 '영락 육년 병신년'조 기사의 합리적 해석을 위해 다년간 수많은 자료를 수집하였다. 석회를 바르고 뜬 탁본이 아닌, 원석 정탁본의 열람과 수집에 집중하였다. 그 결과 1994년에는 지난날 왕건군도 미처 참고하지 못한 고탁본을 열람할 수 있었다. 북경대학 도서관에 소장된 '이용정탁 정지본李龍精拓整紙本'이 바로 그것이다.[41] 류교수는 이 탁본이 북경대학에 소장된 호태왕비 탁본 8종 가운데 가장 상태가 양호하다고 밝혔다.[42] 그는 이 정탁본을 근거로 종래 '討利殘國' 또는 '討伐殘國'으로 판독되었던 부분을 '討倭殘國'으로 판

---

41   중국 청나라 말기 금석학자 潘祖蔭(1830~1890)의 친필 題簽이 있다. 원이름은 '晉 高麗好太王碑'이고 '李龍精拓整紙本 五分第三'이란 간단한 설명이 곁들여 있다. 류승국, 『한국사상의 연원과 역사적 전망』, 159쪽.

42   류승국, 위의 책, 159쪽.

독하였다. '倭' 자로 판독한 것은 종래의 논란에 종지부를 찍는 것이면
서도 다른 차원의 논란을 초래할 개연성이 높다. 이에 대해서는 다시
논한다.

　류교수는 비문 전체에 걸쳐 정밀한 판독을 하였다.[43] 이어 그것을 토
대로 가장 논란이 많은 병신년조에 초점을 맞추어 논의를 전개하였다.
앞에서 소개한 논문 제1부의 내용이 바로 그것이다. 병신년조에 대한
검토에 앞서, 종래 논란이 되어 왔던 부분에 대한 류교수의 견해가 어
떤지 그 몇 가지 예를 확인하기로 한다. 고구려 정치사상을 엿볼 수 있
는 '이도여치以道與治'란 문구는 '이도흥치以道興治'로 판독한 학자가 많
았다. '여與' 자로 보느냐 '흥興' 자로 보느냐? 이것은 그다지 심각한 문
제가 아닐 수도 있다. 그 때문인지 논란으로부터 약간 비켜 있었지만,
류교수는 이를 중시하였고, 장백산인長白山人 영희소봉榮禧筱峯(1854
~1908), 나진옥羅振玉(1866~1940) 등의 판독을 따라 '이도여치'로 보았
다. '여' 자라는 확신의 정도가 강하였다. '여與'는 수레다. 수레는 물건을
싣는 것으로 만물을 싣는 땅에 비유할 수 있다. 그래서 '여지輿地'란 말이
생겨났다. 세계 또는 천하를 의미하는 '환여寰輿'란 말도 있다. 필자는
'여'가 '환여'의 줄임말이라고 본다. 둘 다 '도치道治'를 말한 것임에도 "도
를 가지고 세계(천하)를 다스려라!"고 한 것과 "도로써 치화治化를 일으키
라!"한 것 사이에서 뉘앙스 차이가 적지 않음을 느끼게 한다.

　'渡海破' 구절에서 '海' 자가 아니라 '每' 자임을 다시금 확인한 것도
소중한 성과다. 또 '軍至窠□' 또는 '軍至窠南'으로 판독되던 구절을

43　류승국, 위의 책, 164~171; 640~656쪽 참조.

'軍至窠臼'로 판독한 것은 최초이자 유일한 사례다. '과구'는 본디 새 나 짐승 또는 곤충이 사는 보금자리란 뜻이지만,[44] '소굴'이라는 의미로 많이 사용되어 왔다. '軍至窠臼'에 이어 나오는 '殘兵歸穴'이란 구절과 결부시켜 볼 때 '소굴'이란 뜻임에 분명하다. '백잔'과 '과구'는 고구려 가 백제를 낮추어 보려는 의도를 강하게 내비친 것이라 하겠다.

왕건군은 '軍至窠南'으로 보았다. 그는 '南' 자가 확실함을 강조하였 다. 그러나 '南' 자가 맞다치더라도 '적의 소굴 남쪽'이 과연 어느 방향 을 가리키는 것인지는 불분명하다.[45] '南' 자에 대해 의문을 표하는 이 유가 여기에 있다. 또 '軍至窠□' 부분에서 '□'를 '首' 자로 판독한 이 들도 있었다. 그들은 "軍至窠, 首攻取壹八城 ……'으로 구두를 떼고 '首' 자를 '攻取'에 붙여서 읽었다. 그러나 '일팔성' 다음에 57개의 성 이 름이 일련번호처럼 나열되어 있으므로, 고구려가 차지한 58개의 성 모두를 '먼저 공취했다'고 해석할 수는 없는 일이다. 실로 어불성설이 다.[46] '과구'는 사용이 오래된 단어다. 또 글자 모습을 보면 '南'이나 '首' 가 아닌 '臼'일 가능성이 높다고 본다.

류교수의 판독에서 가장 주목을 받는 부분은 종래 '토벌잔국討伐殘 國'이라고 한 구절이다. 류교수는 1994년, 이용 정탁본(고탁본) 및 장 명선張明善 탁본(1963), 주운대周雲臺 탁본(1978, 1981), 현지 구입 탁본

---

44 뒤에 가서는 '틀에 박힌 패턴'의 의미로 사용되었다.

45 백제 영토를 '소굴'로 보았을 때 남쪽은 南海로 해석될 수도 있기 때문이다. 그렇다 면, 고구려가 수군을 통해 왜적의 본토를 치고 백제로 방향을 돌려 남해로부터 그 영토를 공격한 것으로 설명될 수 있어, 논란이 예상된다.

46 왕건군, 『광개토왕비연구』, 251쪽 참조.

(1994)을 비교 검토하고, 현지 조사를 거쳐 '토왜잔국討倭殘國'이라는 판독 결과를 내놓기에 이르렀다.[47] 이는 1백년 연구사에서 처음 있는 것으로, 특필할 일이라 하겠다. 이 '왜' 자의 판독은 고구려가 침략자인 왜와 백제를 정벌함으로써 명분 있는 정벌임을 분명히 했다는 데 큰 의의가 있다. 고구려가 백잔은 정벌하면서도 왜에 대해서는 납득할 만한 조치를 취하지 않은데 대해 이런저런 해석을 내놓았던 학계의 논란을 일거에 잠재울 수 있는 쾌거라 하겠다.

이제 병신년조에 대한 류교수의 석문과 구두, 해석을 보기로 한다.[48]

百殘新羅, 舊是屬民, 由來朝貢. 而倭以辛卯年來①, 渡每②破百殘 □□新羅, 以爲③臣民, 以六年丙申, 王躬率水軍, 討倭④殘國. 軍至 窠臼⑤, 攻取壹八城⑥.

백잔과 신라는 본시 고구려의 속민屬民으로서 옛적부터 조공을 바쳐 왔다. 왜가 신묘년 이래로 매양 바다를 건너 백잔과 □□ 신라를 파破하여 신민을 삼으려고 하였다. 그래서 영락 6년 병신에 광개토대왕이 친히 수군水軍을 거느리고 왜적과 잔국을 토벌함에, (태왕의) 군대가 왜적의 과구窠臼에 이르러 열여덟 개의 성을 취하였다.

위에서 ①은 왕건군, ②는 경철화, ③은 정인보의 주장을 수용한

47   류승국, 『한국사상의 연원과 역사적 전망』, 163쪽 참조.

48   류승국, 위의 책, 160쪽 참조.

것이며, ④와 ⑤와 ⑥은 류교수의 독자적인 판독이요 해석이다. 이를 보면 기존의 설 가운데 합리적인 것을 수용하면서 자신의 판독 성과를 보태어 표준 해석을 이끌어 내려 했음을 알 수 있다. 문리상, 사리상의 소통을 최우선으로 삼았음을 엿보게 한다. 역사학적 소양보다도 한학적 소양을 제1차적인 것으로 여겼다는 점에서 일단 왕건군의 주장과 통하는 면이 있다고 본다.

①의 '以來'와 ②의 '每', 그리고 ③의 '以爲'가 하나로 연결됨은 앞서 말한 바 있다. 이 세 가지를 일관시켜야 문장에 어색함이 없고 사리에 합치됨을 볼 수 있다.[49] 특히 정인보가 1930년에 제기하였던 ③의 문제를 재점화시킨 것이 돋보인다. 관견管見으로는 류교수의 이 해석은 지금까지 나온 해석 가운데 가장 합리적인 것으로 판단된다.

④의 경우, '왜' 자로 판독한 것은, 고구려의 정벌이 백제뿐만 아니라 왜에게도 이루어졌음을 알게 하는 대목이다. 정인보 등이 '百殘□□新羅' 구절에서 '□□'를 사실상 '聯侵'으로 추정하여 고구려의 백제 정벌 원인을 애써 찾으려 했던 것과 비교된다. '倭' 자로 판독함으로써, 추정에서 비롯된 다소 옹색한 측면은 완전히 해소되고 문장의 수미首尾가 상통하는 비문으로 탈바꿈하였다. 그러나 '討倭殘國' 구절에

---

49 근자에 李道學은 "백잔과 신라는 예부터 (고구려의) 속민이다. 때문에 조공하였다. 왜가 신묘년 이래 건너 왔으나 매번 깨뜨려졌다. 백잔이 반역하여 신라를 침범해 속민을 삼았다"고 해석한 바 있다. 왕건군·경철화의 주장을 받아들여 '以來', '每'를 해석에 반영하면서도 '每破'의 주어를 고구려, '破'의 대상을 왜로 본 것이다. 그러나 한문 작법상 주어나 목적어가 생략된 경우는 있지만 주어와 목적어가 동시에 생략된 경우는 찾아보기 어렵다. 이도학의 해석은 정인보의 경우와 비슷한 일면이 있다. 이도학, 「광개토왕릉비문의 사상적 배경」, 『한국학보』 106, 일지사, 2002 참조.

대한 판독으로 일단 의문점 하나가 사라졌다 하더라도, 그에 앞서 나오는 '百殘□□新羅' 부분에서 '□□'를 적극적으로 해석하지 않고 남겨둔 것은 아쉬운 일이다. 이것은 학문의 과학성을 중시하는 조심스런 태도와는 별개의 문제라고 본다.

류교수가 판독 또는 추정, 그리고 해석을 유보한 것은, 겉으로만 보면 일본인 학자나 왕건군 등의 경우와 다르지 않다. 그러나 이면에 담긴 사정은 다르다. 류교수의 경우, '討倭殘國'이라는 판독을 통해 고구려의 왜적 토벌이라는 당위성이 자연스럽게 드러났으므로, '百殘□□新羅' 부분에서 어떻게든 당위성을 찾으려 했던 정인보 등의 경우와는 사정이 다른 것이다. 그가 합리적인 추정까지도 유보하게 된 것은 이 때문인 것 같다. 그렇지만, '□□'에 무슨 글자가 어떻게 들어가느냐에 따라 비문의 내용, 나아가 역사적 사실이 크게 바뀔 수 있다는 점을 생각할 때, 그냥 놓아두고 넘어 가는 것이 바람직한 것만은 아니라고 생각한다. 전후 문맥을 고려하여 합리적인 추정을 함으로써, 고구려가 백제를 정벌할 수밖에 없는 당위성을 보다 확실하게 이끌어냈더라면, 뒤에 나오는 '討倭殘國' 구절과 함께 전후 조리와 맥락이 꼭 들어맞아, 편견과 억측이 더 이상 용납되지 않는 비문으로 거듭 날 수 있었을 것이다.

'討倭殘國'이라는 류교수의 판독은 사안이 실로 중차대하다. 그런 만큼 논란이 없을 수 없을 듯하다. 무엇보다도 지금까지 '왜'로 판독한 사례가 전무하다는 점, 수종의 탁본을 종합해 보아도 '倭' 자보다 '伐' 자로 볼 수 있는 여지를 지닌 것들이 많다는 점은 검증을 더 필요로 하는 부분이다. 판독상의 논란은 계속될 수 있다.

이와는 다른 차원의 문제도 예상된다. '왜'로 판독할 경우, 비문의 전

후 내용에 비추어 다음과 같은 의문점이 생길 수 있다는 것이다. '왜잔
국'이 과연 '왜국과 잔국'을 가리키는 것인가, 아니면 '왜적(왜구)과 잔
국'을 의미하는 것인가 하는 점이 문제다. 전자의 경우 큰 논란이 예상
되지만, 후자의 경우 논란의 소지가 적을 뿐만 아니라, 고구려가 남정
南征하게 된 명분과 그 정벌의 대상이 분명하게 드러난다. '왜'를 백제
와 한 통속인 왜적(왜구) 또는 왜의 세력으로 보는 것이 사리상 설득력
이 있다. 류교수의 논술도 이런 인식에 기초한다. 류교수는 '왜적' 또는
'왜구'란 표현을 사용하였다. '왜국'이라고는 하지 않았다. 왜국이라 할
경우 고구려가 왜국의 본토를 정벌한 것으로 해석되어, 사실 입증이라
는 큰 난관에 봉착할 수밖에 없기 때문일 것이다.

또 '왜국과 잔국'으로 해석할 경우에도 의심의 여지는 남는다. 왜국
을 침략했다는 사실만 기록되었을 뿐, 경로나 성과 등은 전혀 기록되
지 않기 때문이다. 공략의 경로와 성과를 빠뜨리지 않고 기록한 다
른 기사와 왜 다르냐는 기초적인 의문을 해소시켜야만 한다. 즉, '討倭
殘國'을 말하면서도 왜와 관련한 구체적인 기록은 없고 백잔을 침략하
여 얻은 성과만 기록되어 있기 때문에 그렇다.

'왜잔국'은 한반도 일부 지역에 세력 기반을 둔 왜적과 고구려의 증
오의 대상인 백제 두 세력으로 보아야 한다는 것이 필자의 생각이다.
류승국 교수는 "軍至窠臼, 攻取壹八城"에서 '과구'를 왜적의 소굴로,
일팔성을 왜적을 쳐서 빼앗은 성의 숫자로 보았다. 그런데 이와 같이
해석할 경우, 오해가 생길 수밖에 없다. 첫째, 왜국 본토를 공격하여
18개 성을 취한 것으로 오해할 수 있다는 것이다. 이에 대한 분명한
설명이 없어 오해의 소지가 있다. 둘째, 쳐서 빼앗은 18개의 성이 백

제 땅이라고 한다면, 왜가 이미 백제 땅 일부를 차지한 것이 되므로, 이른바 '以爲臣民'이란 구절은 '신민으로 삼으려 한 것'이 아니라 '신민으로 삼은 것'이다. 이 경우, '以爲臣民'과 '攻取壹八城' 사이의 해석상 모순을 피하기 어렵다. 셋째, '일팔성'을 고유명사가 아닌 열여덟 개의 성으로 본 것은 근거가 분명하지 않을 뿐만 아니라, 비문의 앞 뒤 내용과도 연결이 되지 않는다. '일팔성'은 탁본에 따라 '영팔성寧八城'으로 판독된 경우도 있다. 게다가 굳이 '一' 자가 아닌 '壹' 자를 사용함으로써 고유명사일 가능성을 높여주고 있다. 이 비문은 역사 서술의 성격을 띠고 있다. 비문에 보이는 다른 사례를 살펴보면 숫자 표현의 경우 모호한 경우가 없다. '열여덟 개 성'이라면 '십팔성十八城'이라고 분명하게 썼을 것이다.

설령 '열여덟 개의 성'이라고 해석할 수 있다 하더라도, 열여덟 개의 성 이름을 나열하지 않은 것은 다른 정복 기사와는 달라서 의문을 해소시키기 어렵다. 비문 내용을 보면, 일팔성을 비롯하여 모두 58개의 성 이름이 일련번호 매기듯 나열되어 있다. 역사학계에서는 이 58개 성을 고구려가 백잔을 공격하여 얻은 것으로 본다. 그에 대한 이론異論은 없는 것 같다. 비문의 마지막 단락에 나오는 수묘인守墓人 대목에서도 위의 58개 성 가운데 24개의 성 이름이 다시 등장한다. 이는 능역權陵域圈으로 집단 이주시킨 수묘인의 출신지를 밝히는 과정에서 나온 것이다. 여기에 나오는 '한예韓穢'[50]는 고구려에 공략된 백제 지역의 백

---

50 왕건군은 고구려가 백제인을 멸시하여 '한예'라 일컬었다고 주장하였다. 『광개토왕비연구』, 251쪽 참조.

성들을 가리키는 말로, 58개 성이 백잔을 공격하여 얻은 성임을 강력히 시사한다.

류교수는 왕건군의 연구 성과를 인용, "왜구를 공격하여 취한 18개성 외에 백잔을 공격하여 취한 성의 숫자가 그 열거한 이름대로 58개의 성이 된다는 것은 왕건군도 증명한 바 있다"고 주장하였다.[51] 그러나 왕건군은 58개의 성을 모두 백제의 성으로 보았다. 광개토태왕이 일생에 걸쳐 64개의 성을 공취攻取하는데 그중에서 58개가 백제의 것이라고 하였다.[52] 류교수의 위 인용은 착오가 아닌가 생각한다.

류교수의 논문은 지금까지 해석상의 논란이 많았던 부분을 해소시킬 수 있는 독법讀法을 제시하고 새로운 판독을 통해 표준 해석을 도출하려 했다는 데 의미가 있다. 여기서 말한 '독법'이란 다름 아닌, 문장의 맥락을 따라 문리와 사리에 어긋나지 않게 글을 보는 것이다. 과학성과 이념성이란 것도 이것이 기초가 되어야 한다는 것이다. 류교수가 판독에서 얻은 소중한 성과 역시 학계에 비익裨益되는 바 적지 않을 것으로 믿는다. 다만 '討倭殘國' 부분의 해석에서 오해의 여지는 없어야 할 것 같다. 그 내용은 위에서 설명한 바 있다. 한 가지 아쉬운 것은, 필자가 류교수의 사상 탐구 측면의 의의를 인정하면서도 그 내용을 자세히 살피지 못한 점이다. 향후 별고別稿를 통해 분석, 고찰할 기회를 갖고자 한다.

---

51 류승국, 『한국사상의 연원과 역사적 전망』, 163쪽.

52 왕건군, 『광개토왕비연구』, 251쪽 참조.

V. 맺음말

  이상에서 광개토태왕비의 병신년조 기사에 대한 제가諸家의 견해와 그 득실을 논하였다. 연구자의 국적에 따라 현격한 인식의 차이를 보였음을 확인하였다. 전근대 시기 아시아 문화권, 특히 동북아시아에서 한문은 국제 공용의 어문으로서의 구실을 하였다. 한문이 갖는 특성상 약간의 해석 차이는 있을 수 있지만, 이처럼 현격한 차이는 있을 수 없다. 보는 사람마다 해석이 다르다면 국제 공통어문로서의 구실을 할 수 있었겠는가. 필자는 국적에 따른 해석상의 차이는 자국 중심주의의 편견에서 비롯된 것이라고 본다. 그런데 편견과 억측 속에서도 보편타당한 해석과 판독을 도출해 내려 한 연구자가 없지는 않았다. 그 가운데 류승국 교수가 있다. 이 글에서 그의 설을 비중 있게 소개하고 학계의 관심을 촉구한 것은 이런 이유에서다.

  필자는 이 글을 쓰면서 종래 연구 성과 가운데 중요하다고 판단되는 것만 인용, 분석하였다. 너무 많은 참고문헌을 섭렵하면 도리어 선입견과 혼선이 생길 수 있다는 우려에서였다. 또 그 어느 것보다도 문리가 우선이 되어야 하고, 이어 사리에 비추어 문장 내용의 진위眞僞와 시비是非가 가려져야 한다고 생각한다. 역사학과 관련한 사전 지식이라든지 역사관 등 그 어느 것도 문리에 앞설 수는 없다고 본다. 한문과 한어에 대한 기본 소양 없이 자신의 논리에 맞추어 임의대로 해석하고 지나칠 정도로 자구에만 얽매이는 태도는 버려야 될 줄로 안다. 그런 류의 논문이 수백 편 나온다 하더라도 광개토태왕릉비 연구에 도움이 되지 못한다. 오히려 혼란만 가중시킬 것이다.

소위 병신년조 기사에 대한 필자의 관점은 앞의 논술에 직, 간접으로 개진되어 있다. 이제 그 내용을 수렴하고, 아울러 선학의 연구 성과를 종합, 나름대로 하나의 기준이 될 만한 단구斷句와 해석을 제시하고자 한다.

(A) 百殘新羅, 舊是屬民, 由來朝貢. 而倭以辛卯年來, 渡每破百殘, □□新羅, 以爲臣民. 以六年丙申, 王躬率水軍, 討倭殘國. 軍至窠臼, 攻取壹八城, ……, □□□□逼其國城. 殘不服義, 敢出迎戰.

(B) 백잔과 신라는 예부터 [고구려의] 속민이었다. 원래부터 조공을 바쳐왔다. 그런데 왜가 신묘년 이래로 [바다를] 건너와 매양 백잔을 치고, [백잔과 힘을 합쳐] 신라를 [침략하여] 신민으로 삼으려고 하였다. 6년 병신년 부로 태왕이 몸소 수군을 거느리고 왜적倭賊과 잔국을 토벌하였다. [고구려] 군대가 백잔의 소굴에 이르러, 공격을 하여 일팔성, … (이하 57개 성 이름 생략) …을 빼앗고 그(백잔) 국성國都 가까이에 다가갔다. 백잔은 의義에 복종하지 않고 감히 나와서 [고구려 군대를] 맞아 싸웠다.

마지막으로 언급해 둘 것은 비문 변조에 대한 문제다. 필자는 비문 변조의 가능성을 인정한다.[53] 다른 것은 그만두더라도 '渡海破'에서의 '海' 자가 본디 '每' 자였다는 한 사례만 보더라도 변조되었을 가능성은 있다. 그런데 여기에는 두 가지 풀어야 할 숙제가 있다. 변조가 어느 정도인지의 문제와 과연 일본 군국주의 세력에 의해 변조되었느냐의 문제가 바로 그것이다. 전자는 시일을 두고 원비原碑에 대한 조사와 수다한 탁본들을 비교 감정하는 작업을 통해 어느 정도 그 실체에 접근할 수 있다고 본다. 그러나 후자는 그 여부를 가려내기가 쉽지 않을 듯하다. 일본 참모본부의 악의적인 변조냐, 탁본 과정에서 정탁본精拓本을 뜨려는 탁공의 과욕이 빚어낸 실수냐 하는 점은 쉽게 판단 내리기 어려운 문제. 한·중·일 삼국의 학자가 편견을 버리고 공동 연구를 통해 밝혀내야 할 문제라고 하겠다. 현재로선 답답한 노릇이지만 후속 연구를 기다릴 수밖에 없다.

---

53 류승국 교수는 변조 가능성을 강조하였다.

제3장

'思想'의 관점에서 본 진흥왕순수비

Ⅰ. 머리말

진흥왕순수비에 대한 전문 연구가 있어온 지도 오래되었다. 추사
秋史 김정희金正喜(1786~1856)가 북한산순수비를 심정審定한 것이 순
조 16년(1816) 7월의 일이니, 이를 기점으로 잡더라도 2백년이 다 된
다. 김정희의 「진흥이비고眞興二碑攷」가 나온 이래 오늘에 이르기까지
순수비 관련 논고들이 발표되었다. 의미 있는 성과가 적지 않았다. 다
만, 연구자 대다수가 역사학 전공자이고, 연구 주제도 주로 정치사, 제
도사 등에 국한되었다는 점에서 한계가 없지는 않았다. 종합적 연구가
드문 것은 아쉬운 일이다.[01]

필자는 철학 전공자다. 한국사상사에 관심이 많다. 진흥왕순수비야
말로 사상의 관점에서 연구할 필요성이 있다고 생각해왔다. 그런데,
이점에 대해 학계에서는 이상할 정도로 관심이 없었다. 1967년에 불
교학자 김영태金煐泰(1932~) 교수가 진흥왕순수비를 진흥왕의 숭불적
崇佛的 태도와 연관시켜 해석하면서 정복왕, 교화왕으로서의 진흥왕
의 면모를 불경에 나오는 전륜성왕轉輪聖王과 결부시킨 선구적인 사례

---

01 단행본 연구서가 종합적 연구를 대변하는 것은 아니지만, 현재까지 나온 단행본으
로는 노용필의 『新羅眞興王巡狩碑硏究』(일조각, 1996)가 유일한 것 같다.

가 있지만,[02] 의미 있는 후속 연구가 나오지 못하였다. 이러는 가운데 1970년대 중반에 류승국柳承國 교수가 순수비에 나오는 '순풍純風과 현화玄化', '명감신기冥感神祇, 응부합산應符合筭' 등의 구절이 재래의 고신도古神道 사상과 관련 있는 것이라는 주장을 하여,[03] 이 방면의 연구에 적지 않은 시사를 던졌다. 다만 단편적 언급에 그침으로써 아쉬움을 남겼다.

필자는 근자에 「최치원의 풍류사상 이해와 그 기반」[04]이라는 논고를 발표한 바 있다. '진흥왕순수비 및 『주역』 관괘觀卦·손괘巽卦와 관련하여'라는 부제를 달았다. 이 글 가운데 진흥왕순수비와 관련된 내용을 요약하면 다음과 같다. 첫째, 진흥왕순수비와 최치원이 찬撰한 난랑비서鸞郎碑序는 사상적으로 자매편과 같다. 순수비 첫머리에 나오는 '순풍'과 '현화'는 최치원이 말한 '풍류도風流道'의 역사적 실재를 밝히는 중요한 단서다. 둘째, 진흥왕순수비와 난랑비에서는 진흥왕과 경문왕의 정교이념政敎理念을 유가의 풍화론風化論으로 풀어냈다. 이 과정에서 『주역』 관괘와 손괘巽卦에 나오는 바람의 철학, 변화의 원리가 동원되었다. 셋째, 진흥왕순수비에 서술된 내용은 반고班固가 저술한 『백호통의白虎通義』 「순수巡狩」 조의 내용과 부합한다. 전반적으로 유가적 성격이 강하다. '일심봉불一心奉佛'했던 진흥왕의 신앙적 측면과 순수비의 내용은 구분해서 보아야 한다.

---

02 김영태, 「신라 진흥대왕의 信佛과 그 사상 연구」, 『불교학보』 5, 동국대학교 불교문화연구소, 1967; 『신라불교연구』, 민족문화사, 1987 참조.

03 류승국, 『한국의 유교』, 세종대왕기념사업회, 1976 참조.

04 『한국철학논집』 40, 한국철학사연구회, 2014 참조.

본고의 내용은 크게 보아 위의 세 가지 핵심 내용에서 벗어나지 않는다. 다만, 위의 논문이 '풍류도'의 실체를 구명하는 과정에서 작성된 것이기 때문에, 진흥왕순수비를 전적으로 다루는 것과는 차이가 있다. 일차적으로 비문 가운데 사상 – 사상사적으로 중요한 진흥왕의 유지論旨, 즉 본문 부분을 판독, 역주한 뒤 내용 분석을 하겠다. 이어서 사상적으로 중요한 논점들을 뽑아서 논술하기로 한다. 주로 유가사상과 전통사상의 관점에 입각하여 논의를 전개할 것이다.

II. 진흥왕순수비 撰者와 竪碑 연대

진흥왕순수비는 한국 고대 사상사, 문학사, 금석학사, 서예사 등에서 중요한 위치를 차지한다. 이는 고대 사료가 영성零星하기 때문만은 아니다.

1929년 마운령순수비를 세상에 알린 육당 최남선은 진흥왕순수비에 대해 다음과 같이 평하였다.

> …… 이것을 단순히 예술적으로 보더라도 그 문文은 반도半島 최고最古의 전표적全豹的 문장으로서, 더욱이 상당히 정제整齊한 내용 외형外形을 지녔고, 그 서書는 고졸古拙한 가운데 오히려 훌륭히 예해상교隸楷相交한 육조서법六朝書法의 신수神髓를 나타내어, 조선은 물론 일반 동방東方의 예술사상藝術史上에 유수有數한 지위를 차지할 수 있음을 인정할 것이며, ……[05]

상찬조賞讚調의 평이라 하겠다. 한편, 근대 한문학의 도미掉尾를 장

---

05 최남선, 「신라 진흥왕의 在來三碑와 新出現의 마운령비」, 『靑丘學叢』 2, 1930; 『육당 최남선 전집』 2, 현암사, 1973, 544쪽.

식한 위당 정인보는 북한산비와 황초령비에 대해 다음과 같이 평가하였다.

> …… 비봉비碑峯碑의 "산악과 제왕帝王의 감통感通이 덕형德馨에 있음"을 박서樸敍한 흔적이 간영間映함이 진진晉·송宋·제齊·양梁·진진晉수간隋間에 궁색窮索하여도 볼 수 없는 고문古文이며, 함흥 송당리松堂里에 있는 진흥왕순수비는 …… 화엽華葉이 없고 근간根幹만 세운 것이 실로 의자불의타依自不依他의 본회本懷를 상망想望할 수 있다. [06]

'전중典重'하면서도 '질박質朴'함을 문장의 특성으로 꼽았다. '전표적全豹的' 운운했던 최남선의 평가와는 거리가 있다.

　오늘날까지도 진흥왕순수비의 문장이 중국인의 손에서 나왔을 것이라고 추단하는 사람들이 있다. 필자의 생각은 이와 다르다. 순수비문은 외형상 상당히 정제되어 신라 속한문俗漢文과는 확연히 다르지만, 그렇다고 유려한 글이라 하기도 어렵다. 구법상句法上으로 매끄럽지 않은 편이며, 전후 문맥도 그다지 잘 이어지지 않는 것 같다. 정인보가 '질박'함을 말하고, '의자불의타依自不依他'[07]라 한 것은, 이 순수비가 신라인에 의해 찬술된 것임을 강조하려는 것이다. 그러나 내용을 뜯어보면 사상적 맥락과 수사修辭의 수준이 상당하다고 본다.

06　정인보, 『담원 정인보 전집』 1, 연세대학교출판부, 1983, 296쪽 참조.

07　정인보 '주체 이론'의 슬로건이다. 본디 淸末의 학자 章炳麟(1868~1936)이 한 말이다. 정인보는 '저는 저로서 함'이라고 풀이하였다.

그렇다면 비문의 찬자撰者는 누구일까? 최남선에 따르면, 당시 문사文史의 자루가 승려의 손에 쥐어 있었던 실정에 비추어 볼 때, 수가인원隨駕人員의 벽두에 오른 사문도인沙門道人 법장法藏·혜인慧忍 가운데 한 사람일 것이라고 하였다.[08] 이는 실학자 유득공柳得恭의 설을 따른 것으로 보인다. 일찍이 유득공은 「신라진흥왕북순비新羅眞興王北巡碑」라는 제목의 고금체시古今體詩를 지으면서 그 주석에서 "문장에 결락이 많은데, 그 가운데 '어가御駕를 따른 사문도인 법장·혜인'이라 한 것이 있다. 생각

황초령비 탁본(서울대규장각 소장)

건대 이들이 글을 짓고 글씨를 쓴 사람들인가 한다"[09]고 한 바 있다.

유득공·최남선에 의해 제기된 이 주장은 현재까지 학계에서 통설처럼 인정되어 왔다. 그러나 이제 다시 생각해볼 때가 되었다. 당시 어가

---

08 최남선, 「조선상식문답 속편」, 『육당 최남선 전집』 3, 현암사, 1973, 169쪽.

09 유득공, 『泠齋集』 권5, 23b, 「新羅眞興王北巡碑」 "注曰: 文多缺. 有曰隨駕沙門道人法藏慧忍, 意卽撰書者."(문집총간 260, 89쪽)

를 따른 사람의 명단 가운데 승려가 벽두에 나온 것은 분명 의미 있는 것이지만, 그렇다고 해서 지나칠 정도로 의미 부여할 필요는 없다고 본다. 제왕이 순수관경巡狩管境하는 목적이 사방을 돌아다니며 백성들의 삶을 살피고 왕도王道로써 신민臣民을 교화하는 데 있다고 할 때, 국가적으로 이름 있는 고승의 동행도 필요했을 것이다. 교화에는 유교와 불교가 따로 없기 때문이다.[10] 교정승敎政僧으로서의 그들의 위치가 일반 시종신侍從臣과는 차이가 있으므로 벽두에 기록했을 것이다. 이른바 '사문도인'의 위치에 대한 해석은 이쯤에서 그치는 것이 좋다고 본다. 순수비의 내용은 대부분 유교사상과 관련 있는 것들이다. 그럼에도 승려가 순수비문을 찬술했다고 하는 것은 쉽게 납득하기 어렵다. 순수비 내용을 파고들면 들수록 유교사상에 대한 찬자의 이해 정도가 깊다. '찬자 승려설'은 재고되어야 할 것이다.

진흥왕순수비 4기 가운데 창녕비를 제외한 3비가 공통점이 있다. 내용이 거의 같다는 점이다. 황초령비와 마운령비는 같고 북한산비는 본문과 수가인원에서 차이가 있지만 문장으로 보면 한 사람의 손에서 나온 것이라고 할 정도다. 결락이 가장 적은 마운령비를 보면, 순수 당시 어가를 따른 사람 가운데 '거칠부居柒夫'가 보인다. '居枚夫'로 표기되어 있지만 학계에서는 진흥왕 6년(545)에 왕명으로 국사國史를 편찬했던 거칠부와 같은 사람으로 보고 있다. 필자는 순수비의 찬자를 거

---

10 '一心奉佛'했다고 하는 진흥왕이기에, 沙門道人의 隨駕는 어쩌면 당연한 것이기도 하다.

칠부로 추정한다.[11]

『삼국사기』에 의하면, 진흥왕 6년에 이찬伊湌 이사부異斯夫가 임금에게 "국사란 군신君臣의 선악善惡을 기록하여 만대에 포폄褒貶을 보이는 것입니다. 이를 기록하여 놓지 않으면 후세에 무엇을 볼 수 있겠습니까"[12]라고 아뢰니, 임금이 대아찬大阿湌 거칠부에게 문사文士를 널리 모아 국사를 수찬修撰하도록 했다 한다. 이사부가 임금께 아뢴 내용은 당시 식자층의 역사의식을 대변한 것이라 할 수 있다. 이사부의 말에 담긴 역사의식은 유교의 춘추사관春秋史觀에 입각한 것이다. 유교의 수훈사관垂訓史觀은 춘추사관에 바탕을 두고 있으며, 춘추사관은 '포폄정신褒貶精神'을 기본으로 한다. 유교에서 역사 서술은 '옛일을 거울삼아 오늘의 일을 경계한다'는 '감고계금鑑古戒今'에 근본 취지가 있다. 이는 전통적으로 왕도정치를 구현하는 한 방편으로 여겨져 왔다. 당시 신라에서 정사正史의 성격을 지닌 『국사』를 편찬한 것은 그만큼 자의식自意識이 고조되고 문화적 역량이 성숙되었음을 의미한다. 자의식의 형성에 유교사상이 지대한 영향을 끼쳤음은 재언의 여지가 없다.[13]

당시 국사 편찬의 총책임자인 거칠부와 공동 편찬자인 여러 문사들

---

11 본고를 마무리 짓는 과정에서 우연히 인터넷 검색을 통해 2013년에 서강대 조범환 교수가 '찬자 거칠부'설을 제기하였다는 사실을 확인하였다. 필자와 생각이 같다는 점에서 반갑다. 조범환, 「진흥왕 순수비에 대한 몇 가지 의문과 새로운 이해」, 『신라사학보』 27, 신라사학회, 2013 참조.

12 『삼국사기』 권4, 신라본기, 진흥왕 6년조.

13 최영성, 『한국유학통사』 상권, 심산출판사, 2006, 130쪽 참조.

은 당대 최고의 문필가라 할 수 있다. 거칠부는 그 정점에 있었다. 그는 문학적 기량에서 뿐만 아니라 유가적 소양에서도 첫손에 꼽히는 인물이었을 것이다. 더욱이 순수비의 구성이 강목체綱目體 역사 서술과 흡사하다는 점에서(後述), 역사를 편찬한 경험이 있는 거칠부를 진흥왕 순수비의 찬자로 보는 것이 사리상 합당하다고 생각한다.

거칠부는 어려서부터 원대한 뜻이 있었다. 스님이 되어 사방을 유람하다가, 고구려를 정탐하려고 국경을 넘었다. 고구려에서 혜량법사惠亮法師에게 배웠고, 나중에는 혜량법사를 신라로 인도, 귀화시켜 승통僧統으로 삼도록 했다. 문무를 겸전했던 거칠부는 국사를 편찬했을 뿐만 아니라 고구려를 정벌하여 여러 성을 복속시킨 바 있으며, 후일 군국軍國의 사무를 도맡았다.[14]

거칠부가 문한文翰을 맡아 역사서를 편찬한 원동력은 혜량법사에게 수학한 데 있다고 본다. 원광법사圓光法師가 귀산貴山·추항箒項 같은 걸출한 인재를 길러낸 것이라든지, 혜량법사가 거칠부를 신라의 국기國器로 만들어낸 것은 신라 학술사에서 특기할 만한 일이다. 순수비 수가인원 명부에 사문도인을 앞에 내세우고, 대소관원을 뒤에 배열한 데에는 이런 배경도 깔려 있었음직하다.

다음으로 입비立碑 연대를 논할 차례다. 조선금석학의 비조鼻祖인 추사 김정희는 진흥왕의 '순수'와 순수비의 '입비'가 같은 해(568)에 이루어진 것이라고 보았다. '진흥태왕'이 시호가 아니라 생전 칭호라는 점을 강조하는 김정희로서는 당연한 주장이라 하겠다. 이에 대해 추사

---

14 『삼국사기』, 권44 참조.

학파 내부에서도 반대 이론이 있었다. 김정희의 문인 우선藕船 이상적
李尙迪(1804~1865)은 북한산비를 진흥왕 당대에 세운 것이라는 김정희
의 견해에 찬동하지 않았다. 그는 "비록 비를 세운 연대를 뒷받침할 만
한 근거는 없지만 진흥왕이 순수할 적에 세운 것이 아님은 확실하여
의심이 없다"고 하면서, 뒷날 진지왕이나 진평왕 때에 가서 선왕이 순
방巡方한 자취를 추술追述하여 구지舊址에 세운 것이라 하였다.[15] 역시
김정희를 따랐던 어당嶢堂 이상수李象秀(1820~1882) 역시 비슷한 견해
를 표한 바 있었다.[16]

  필자는 2007년에 「추사 금석학의 재조명: 史的 '고증' 문제를 主眼
目으로」[17]이라는 논문을 발표한 적이 있다. 이 논문에서 필자는 진흥왕
이 순수한 해와 비를 세운 연대는 구분해서 보아야 한다고 주장한 바
있다. 순수한 뒤 상당한 시차를 두고 세워졌을 것이고, 이것은 진흥왕
북순비의 모델로 짐작되는 진시황 순수비의 경우에서 그 선례를 찾을
수 있다고 하였다. 따라서 무자(568) 8월 21일은 진흥왕이 봉강封疆을
위해 순수를 떠난 역사적 사건이 있었던 날이요, 비는 후대에 이를 기
념하기 위해 세워졌을 것이라는 결론에 도달하였다.

---

15 『恩誦堂集』속집 文卷1, 18a~18b, 「新羅眞興王巡狩碑拓文書後」(총간 312, 244
   쪽). 이상적은 이 글에서 "著錄家以爲此碑建於眞興王二十九年戊子, 在中國爲陳
   光大二年也. 以巡狩之時, 訂建碑之歲"라 하여, 스승 김정희의 성명을 忌諱한 대
   신 "往在道光辛卯秋, 亡友劉燕庭方伯見示手輯海東金石苑八卷, 首載此碑, 亦稱
   陳光大二年建"이라 하여 유희해를 자신이 말한 '저록가'로 지목하였다. 유희해의
   견해가 곧 김정희의 견해를 수용한 것임은 말할 것도 없다.

16 『嶢堂集』(규장각소장본) 권15, 「眞興王北狩碑跋」 참조.

17 『동양고전연구』29, 동양고전학회, 2007.

비의 허두에서 '진흥태왕眞興太王' 운운한 것과 본문에서 '짐역수당
궁朕歷數當躬' 운운한 것을 연결시켜 보면 일단 순수와 동시에 비를 건
립한 것으로 볼 수 있음직하다. 그러나 진흥왕이 생전에 자신을 높여
'태왕'이라 일컬었을까? 의문이 제기될 수밖에 없다. 당시 신라가 유교
이념에 입각한 정치 체제를 점차 갖추어 나가고 있었음을 감안한다면
생전에 자칭하여 '태왕'이라 했다는 것은 무리라고 본다. 진흥왕 이후
후왕後王이 비를 세우되, 진흥왕이 생전에 반포한 성지聖旨를 본문에
새긴 것으로 보는 것이 설득력이 있다. 그렇게 본다면, 다음 대인 진지
왕이나 진평왕 때 세웠을 가능성이 높다고 할 것이다.

이와 관련하여, 북한산비 서두에 '……眞興太王及衆臣等巡狩□□
之時記'(진흥태왕 및 중신들이 관할 국경을 순수할 때의 기록이다)라 한 대목이
있다. 순수 당시에 진흥왕이 반포했던 유지諭旨 내용을 기록한 것이라
는 의미다. '之時記' 3자를 군이 넣은 것을 보면 그 기록을 후대에 새긴
것이라는 뉘앙스가 강하게 풍긴다.[18]

같은 북한산비 제6행으로부터 2행에 걸쳐 "□可加□□□以□□
心引□□衆路過漢城陟□□□……見道人□居石窟□□□□刻石誌
辭"라 한 대목도 중요한 시사를 던진다. 이것의 구두를 뗀 뒤, 내용을
보완하거나 유추하여 풀이하면 대개 다음과 같을 것이다.

　　　□可加□□□, 以□□心. 引□□衆, 路過漢城, 陟□□□ …… 見道

18　'……할(했을) 때의 기록'이라는 말은 다른 비에는 보이지 않지만, 창녕비 이외의 3
　　비에 공히 해당되는 말이라고 할 것이다.

人□居石窟, □□□□, 刻石誌辭.

…… 작물爵物로 상을 주어 백성들의 마음을 격려하는 것이 좋겠다. 어가를 이끄는[引駕] 무리가 한성漢城을 경과하다가 □□□(지금의 북한산)에 올랐다. …… 도인이 석굴에 조촐하게 거처[燕居]하는 것을 보았는데, (그들에게 지시하여) 돌에 새겨 유사諭辭를 적도록 하였다.

문맥상 '도인道人'과 '각석지사刻石誌辭' 사이에 연결 고리가 있음은 분명한 것 같다. 이를 미루어보면, 순수비 각석은 순수를 마친 뒤 현장 에서 관계자들에게 지시하여, 뒷날 세웠을 것으로 짐작된다.[19] 이것은 진시황순수비에서 그 선례를 찾을 수 있다.[20]

한편, 서자書者의 경우, 위에서 말한 '도인'과 '각석지사'를 운운한 대 목으로 미루어 북한산비의 경우 '사문도인'이 직접 글씨를 썼을 법하 다. 신라 당시에 서법書法에 능한 승려가 많았던 사실에 비추어 보면 새삼스런 일은 아니다. 서법과 서풍에 대해서는 '예해상교隸楷相交한 육조서법六朝書法의 신수神髓를 나타냈다'는 최남선의 평이 있다. 간결 하지만 할 말을 다했다고 본다. 서법은 필자의 전공 영역을 벗어나는 것이므로, 전공자에게 미룬다.

---

19 진흥왕이 순수를 마친 뒤, 서라벌에서 비를 만들어 현장에 보내 세웠을 것이라는 주장도 있다. 그러나 교통이 불편한 시절에 장거리를 운반하여 세운다는 것은 사 리상으로 납득하기 어렵다.

20 자세한 것은 최영성, 「추사 금석학의 재조명」, 『동양고전연구』 29, 동양고전학회, 2007 참조.

Ⅲ. 진흥왕순수비의 역주 및 분석

체계 있는 논의를 위해 먼저 진흥왕순수비의 역주를 하고, 이어 문단별로 분석과 해설을 가하고자 한다. 결락이 가장 적은 마운령순수비를 대본으로 한다.[21] 배면背面에는 당시 어가御駕를 따랐던 사문도인沙門道人 및 서정庶政을 담당하는 관리, 궁중 업무를 담당하는 관리들의 직함과 인명이 새겨져 있다. 그러나 중간 결락이 심할 뿐더러 사상적 관점에서 접근하려는 본고의 취지와 관련이 적다고 판단, 생략하였다.

이 순수비에 대한 판독과 역주로는 역사학자 노중국盧重國·노용필盧鏞弼의 것이 주로 인용된다.[22] 노중국의 역주는 지금까지 나온 역주 가운데 모범적인 것이라 할 수 있다. 역사학자들은 역사학적 관점에서 사료를 번역하는 경우가 많아 한문이 지닌 결[文理]을 무시하는 예가 적지 않은데, 노중국의 번역에서는 이런 점을 찾기 어렵다. 노용필은 노중국과의 차별화를 시도하였다. 다만 문자의 다의적多義的 측면에 천착하여 본의本義를 놓친 부분이 적지 않다. 두 학자 모두 한문학

---

21 마운령비에 결락이 있는 부분은 황초령비로써 보충하였다.

22 『역주 한국고대금석문』 2, 한국고대사회연구소, 1995, 85~96쪽; 노용필, 『신라 진흥왕순수비 연구』, 일조각, 1996, 225~235쪽 참조.

적 소양의 측면에서는 지적 받을 대목이 없지 않다. 특히 사상적 측면
에 소홀한 것은 아쉬운 점이라 하겠다.

1. 역주陽面

【원문】

(A) 太昌元年歲次戊子八月廿一日癸未眞興太王巡狩管境□石[23]
     銘記也。

(B) 夫純風不扇，則世道乖眞，玄[24]化不敷，則耶[25]爲交競。是以，
     帝王建號，莫不修己以安百姓[26]。然朕歷數[27]當躬，仰紹太祖
     之基，纂承王位，兢身[28]自愼，恐違乾道。又蒙天恩，開示運

---

23 刊石: 돌을 깎다. '刊石勒文'의 준말. '刊石'(간석)으로 쓰기도 한다.

24 玄: 황초령비를 보면 '玄'자, 마운령비를 보면 '旨'자처럼 되어 있다. 旨자에서 '日'
    부분을 뜯어보면 '日' 또는 '8'자 같지만 사실은 '幺'를 변형한 것이다. 字體로 보거
    나 文理로 보더라도 '玄'자가 맞다고 생각한다. 황초령비와 마운령비는 일부 몇글
    자가 다를 뿐 내용이 거의 같다. '玄'자가 '旨'자로 달라질 이유가 없다고 본다. 추
    사 김정희는 '玄'으로 판독하였고(『추사문집』권1, 「眞興二碑攷」), 이후 후학들은 대
    개 김정희의 설을 따르고 있다.

25 耶: 사특함. '邪'와 통용된다.

26 『論語』, 「憲問」편에 나온다.

27 帝王들이 서로 계승하는 차례. 歲時 및 節氣의 先後와 같기 때문이다. 『論語』, 「堯
    曰」"咨爾舜，天之曆數在爾躬，允執厥中." '曆'은 '曆'과 통용된다.

28 兢身: 몸을 삼가다.

記, 冥感神祇[29], 應符[30]合笇[31]。因斯四方託境[32], 廣獲民土, 隣

國誓信, 和使交通。府[33]自惟忖[34], 撫育新古黎庶[35], 猶謂"道化

不周, 恩施未有"。於是, 歲次戊子秋八月, 巡狩管境[36], 訪探

民心, 以欲勞賚[37]。如有忠信精誠, 才超察厲[38], 勇敵强戰, 爲

國盡節, 有功之徒, 可加賞爵物[39], 以章[40]勳效。

(C)　　引駕日行[41], 至十月二日癸亥。向[42]涉是達, 非里□[43]廣□因諭

29　神祇: 天神과 地祇(地神).

30　笇(산): '算'의 古字. '筭'과 통용된다.

31　應符: 符籙에 호응한다는 말. '洛水應符' 즉, 중국 상고대 임금인 禹가 9년 治水할
때 낙수에서 신령한 거북이 나타나 그 등에 文書를 전하였다는 전설(『書經』, 「洪範」
참조)을 가리키는 것으로 볼 수도 있으나, '應符合算'에서 '應'과 '合'은 동사로 보아
야 한다.

32　託境: 국경을 맡기다.

33　府: '아래로는'. 俯와 통용된다.

34　惟忖: 생각하고 헤아림. 불교 『법화경』에 많이 나온다.

35　黎庶: 많은 백성. 黎民. '黔首'와 같은 말이다.

36　管境: 관할 국경.

37　勞賚: 격려하다. 힘을 돋우다. 현대 중국어에서도 이런 의미로 사용된다.

38　察厲: 나라의 위태로움을 잘 살피다.

39　爵物: 벼슬과 물건.

40　章: 드러내다. '彰'과 통한다.

41　日行: 날마다 길을 떠남. '하루 동안 걷는 걸음', 또는 '하루에 …를 가다'라는 의미
가 있으나, 여기서는 전자의 의미를 취하였다.

42　向: '間' 자로 판독한 예도 있다(김창호, 『고신라 금석문의 연구』, 서경문화사, 2007, 83
쪽). 그러나 최남선의 판독 이래 대부분 '向'으로 보고 있다.

43　□: '城' 자로 추정된다.

邊堺矣。

【번역】

(A) 태창 원년 세차 무자 8월 21일 계미에 진흥태왕께서 관할 국경을 순수하시고 돌을 깎아 그 내용을 새겼다.

(B) "무릇 순박純樸한 바람이 불지 않으면 세도世道[44]가 참[眞]에서 어그러지게 되고, 오묘한 감화(교화, 변화)가 펴지지 않으면 사특함[邪]이 서로 다투게 되는 법이니라. 이 때문에 제왕帝王이 연호를 세움에, 자신을 수양함으로써 백성을 편안케 하지 않음이 없도록 하느니라. 그런데 짐朕은 역수曆數(정해진 운명)가 나에게 당함에, 우러러 태조의 기업基業을 소술紹述하여 임금의 자리를 계승하였는 바, 나 자신을 삼가 스스로 신중을 기하였고 천도를 어길까 두려워하였노라. 또 하늘의 은혜를 입어 운명의 기록[45]을 열어서 보임에, 그윽한 가운데 천신天神, 지기地祇와 통하였으며, 부록符籙[46]에 응하고 '천산天第'[47]에 합치되었노라. 이에 따라 사방에서 자기 나라의 국경國境을 들어 맡겨옴으로써 백성과 영토를 널리 얻게 되었고, 이웃나라가 신의信義를 맹세함으로써 화호和好의 사절이 서로 통하게 되었느니라. 허리를

---

44 세상을 다스리는 도리. 세상의 형편. '世道人心'의 준말.

45 연호 '太昌'(크게 창성하리라는 뜻)을 가리킨다. '帝王建號'와 조응되는 말이다.

46 뒷날 일어날 일을 미리 알아서 몰래 적어 놓은 글.

47 하늘이 점지한 운명.

굽히고 스스로 생각하고 헤아려보나니, '옛 백성과 새 백성들을
잘 무육撫育(사랑으로 정성껏 키움)하였는가.' 그럼에도 여전히 '도
화道化가 두루 미치지 못하여 아직 은시恩施(은혜 베풂)가 없다'고
말하노라. 이에 세차 무자년(진흥왕 29년, 568) 가을 8월에 관할
국경을 순수巡狩하여 민심을 탐방함으로써, 백성들을 격려하고
자 하노라. 만약 충신忠信과 정성精誠이 있고, 재주가 세상에서
뛰어나 나라의 위태로움[厲]을 잘 살피며, 용감하게 대적對敵하
여 강렬하게 싸움으로써, 나라를 위해 충절을 다하여 공이 있
는 무리들에게는, 상으로 벼슬과 상품을 주어 공훈[勳效]이 잘
드러나도록 해야 될 것이니라."

(C) 인가引駕[48]가 날마다 길을 떠나 10월 2일癸亥에 이르렀다. 섭시
달涉是達(지명)을 향하다가 비리성非里城[49]에서 널리 (사람들을 모
아) 국경선인 변두리 지역에 효유曉諭(알아듣게 타이름)를 하였다.
(이하 隨駕人員 생략)

2. 분석 및 해설

마운령순수비는 크게 세 단락으로 나눌 수 있다. (A)는 사실상 '서

---

48 의장 행렬에서 御駕를 안내하던 직책.

49 광개토태왕비와 진흥왕창녕순수비에 나오는 '碑利城'과 같다고 본다. 지금의 함경
    남도 安邊으로 추정된다.

序'에 해당한다. 짧지만 비의 머리말이다. 대개 머리말의 끝, 본문의 맨 앞에 '기사왈其詞曰'이란 말을 넣어 머리말과 본문을 구분하지만 이 순수비에서는 그것을 생략하였다. (B)는 진흥태왕의 유지諭旨를 기술한 것이다. 역사학계에서는 이 부분을 '기사紀事'로 파악하는데 '기사'가 아니다. (C)는 568년 8월 21일에 떠난 임금의 어가가 40일 만인 10월 2일에 비리성非里城에 도착하였음을 밝힌 것이다. 이어 '수가인원'의 명단이 음면으로 이어진다.

(A)의 첫 부분에 나오는 8월 21일은 순수를 떠난 날이고 10월 2일은 마운령비를 세울 비리성에 도착한 날이다. 순수비에 10월 2일 일정까지 기록된 것을 보면, 이 순수비가 568년 8월 21일 같은 날에 여러 곳에서 동시다발적으로 세워진 것이 아님은 분명하다. 그럼에도 순수비에서 '8월'이라 한 것은, 제왕의 순수는 '사중월四仲月'에 행하는 것이 전통이었기 때문에 그에 맞추기 위함이었다. 이에 대해서는 뒤에서 다시 논한다.

이 순수비의 구성을 보면 강목체綱目體 역사 서술과 흡사하다. (A)가 '강'이라면, (B)와 (C)는 '목'에 해당한다고 할 수 있다. 확실히 예사 비문과 다르다. 필자는 이점을 들어 찬자가 역사 서술에 능한 사람이고, 그에 합당한 사람으로 거칠부를 꼽을 수 있다고 본다.

이 순수비는 전반적으로 유가사상을 밑바탕에 깔고 있다. 선학들이 말한 바와 같이 고신도古神道 사상도 엿보인다. 수가인원의 첫머리에 '사문도인'을 적고 있지만, 진흥왕의 유지諭旨 내용만 보면 불교사상은 표면적으로 드러나 있지 않다. 그럴 수밖에 없을 것이다. 제왕의 '순수'라는 것이 본디 유가의 정치이념을 구현하는 일과 직결되어 있기 때문이다. 그렇다면, 일심으로 부처를 받들었다는 진흥왕의 일생 행적에 구애되어 순수비 내용까지도 불교적 관점에서 이해하려 한 김영태 교수의 주장은 재고할 필요가 있다.[50]

비의 서序에 나오는 '태창원년'과 '순수관경巡狩管境', 그리고 진흥왕의 유지論旨에 나오는 '제왕건호帝王建號'는 진흥왕이 연호를 반포하고 어엿하게 제국帝國임을 표방한 뒤 그를 기념하기 위해 순수를 단행했음을 알리는 것들이다. 진흥왕은 재위 중에 연호를 몇 차례 고쳤다. 551년에는 친정親政과 함께 '개국開國'으로 고쳤고, 568년에는 '태창太昌'으로, 572년에 다시 '홍제鴻濟'로 고쳤다.[51] 태창으로 연호를 바꾼 것은 개원改元이다. 그럼에도 군이 '제왕건호'를 표방하고, 수기안인修己安人을 제자帝者의 도리로 강조한 것은 이유가 있다. 사방순수를 계기로 정치를 일신一新하고 모든 것을 원점에서 다시 시작하겠노라는 진흥왕의 의지가 강하게 반영된 결과라 하겠다. 이 밖에 '방채민심訪採民心', '도화道化', '은시恩施', '창훈彰勳' 등은 순수의 목적을 엿보게 하는 단서들이다.

이제 비의 본문인 '진흥왕의 유지' 부분을 자세히 보자. 첫대목에서는 순풍純風과 현화玄化를 말하고, 그것을 진사眞邪(正邪)의 문제로 접근하였다. 유지의 벽두에서 바람의 철학과 교화(감화, 변화)의 원리를 이끌어 제왕의 정치 이념을 논하고 제왕의 위업을 서술한 것을 통해

---

50 김영태, 「신라 진흥대왕의 信佛과 그 사상 연구」, 『불교학보』 5, 동국대학교 불교문화연구소, 1967 참조.

51 만년으로 갈수록 진흥왕이 불교에 심취하였음을 엿볼 수 있다. '鴻濟'는 '널리 구제한다'는 의미다.

유교사상이 확고하게 자리잡고 있음을 본다. 유가에서는 풍화론風化論으로 치도治道를 논하는 것이 예사다. 풍화론과 관련하여 우리는 순수비 내용에 『주역』 관괘觀卦의 사상이 바탕에 깔려 있음을 주목하지 않을 수 없다. 관괘에는 제왕이 사방을 순행하여 두루 살피고 백성의 풍속을 관찰하여 교화를 베푼다는 내용이 있다. '순수'와 '바람', 이것이 관괘의 주된 내용이다. 이에 대해서는 뒤에서 자세히 논하기로 한다.

다음, '진眞'과 '사邪'의 문제를 보자. '진사'는 '정사正邪'로 바꾸어 쓸 수 있는 용어다. '정사'는 '파사현정破邪顯正', '척사위정斥邪衛正' 등의 말에서 볼 수 있듯이 주로 종교·사상과 관련 있는 말이다. 각 종교에서 자교自敎에 대한 강한 신념을 드러낼 때 동원되는 개념이다. 진흥왕이 '진사'의 개념을 가지고 민족 고유사상인 순풍을 바라보았다는 점에서 순풍에 대한 관심이 어느 정도인지를 짐작할 수 있게 한다. 진흥왕은 이어서 『논어』 「헌문」 편에 나오는 말을 이끌어 우리 고유의 순풍으로써 수기修己와 안인安人의 바탕으로 삼을 것임을 우회적으로 밝혔다.[52] 순풍에 대한 지대한 관심이 아닐 수 없다.

'짐역수당궁朕歷數當躬'으로부터 '공위건도恐違乾道'까지의 대목에서는, 당초 왕위 계승권자가 아닌 자신에게 천명天命이 부여되어[53] 시조

---

52 '是以, 帝王建號, 莫不修己以安百姓' 구절에서 '是以'는 앞의 純風·玄化를 말한 구절과 인과 관계에 있음을 나타낸 것이다. 단순하게 '修己安人'이라는 유가의 정치이념을 『논어』에서 인용한 것이 아니다. 그리고 '帝王建號'는 진흥왕이 568년 帝者로서 太昌이라는 연호를 반포한 것을 계기로, 수기안인의 이념을 다시 한 번 재확인한다는 의미를 담고 있다.

53 534년 출생, 7살 때인 540년 즉위하였다. 아버지는 법흥왕의 아우인 立宗葛文王, 어머니는 법흥왕의 딸인 智炤夫人이다. 백부이자 외조부인 법흥왕이 正妃에게서

박혁거세 이래의 왕통을 이어 받았음을 밝힌 뒤, 자신은 매사에 신중을 기하였고 천도를 어길까 두려워하였노라고 술회하였다. 또 수신修身 없는 안백성安百姓이 있을 수 없음을 천명하였다.

'우몽천은又蒙天恩'으로부터 '응부합산應符合筭'까지는, 진흥왕 자신이 하늘의 은혜를 입어 즉위한 만큼, 이제 신라가 나아갈 운명의 기록을 열어서 보일 터이니 자신을 믿고 따라달라는 내용을 담았다. 재래의 천신사상天神思想과 유교의 천사상天思想이 혼효混淆되어 있다. 신비적 색채가 풍기기는 하지만 강한 자신감의 발로를 엿볼 수 있다. '사방탁경四方託境'부터 '화사교통和使交通'까지는 진흥왕이 사방을 정복한 뒤 교화 활동을 전개함에 따라 달라진 변화상을 서술한 것이다.

'탁경'은 전탁경토展托境土의 줄임말이다. 즉 '국경 안에 있는 한 나라의 영토를 펴서 맡겼다'는 말이다. 진흥왕의 정복 활동을 합리화한 것이다. 제후가 황제의 덕화에 감복하여 귀부歸附한 예는『서경』등 유가경전에서 자주 보이지만, 불가의『세기경世紀經』에서 전륜성왕의 위업을 기린 다음의 대목과도 통한다.

　…… 때에 모든 소왕小王들은 이 가르침을 듣고 곧 대왕을 따라 모든 나라를 두루 다녀 동해가에 이르렀다. 다음에는 남방·서방·북방으로 수레가 가는 곳을 따라갔다. 제국諸國의 임금이 각기 국토를 바치

아들을 얻지 못한 채 죽자 遺命으로 즉위하였다. 초창기에는 어머니 지소부인이 섭정을 하였다.

는 것 또한 동방의 여러 소왕小王들과 같았다.[54]

한편, '이웃나라가 신의를 맹세함으로써 화호和好의 사절이 서로 통하게 되었다'고 한 표현을 통해 사실상 동북아의 맹주를 자부한 진흥왕의 위상이 느껴진다. 이 대목에서 놓칠 수 없는 중요한 포인트는 바로 '신라 중심의 천하관'일 것이다.

한편, 제왕의 위엄은 '정복'만으로는 제대로 세울 수 없다. 적극적인 교화 활동과 국민통합을 위한 꾸준한 노력이 뒤따라야 한다. 제왕의 권위와 함께 민생을 위한 세심한 보살핌이 필요하다. 그기에 "본래 신라 백성과 새로 편입된 백성들을 얼마나 잘 무육撫育했는지를 머리 숙여 생각해보고, 나아가 '도화道化가 두루 미치지 못한 까닭에 (이곳 백성들에게) 아직 은시恩施가 없었다'고 겸손한 선언을 하게 된 것이다. '도화부주'는 따뜻한 아랫목과 불기운이 덜 드는 윗목의 논리로 이해할 수 있다. '은시미유'는 제왕들이 신민臣民에게 반포하는 글에 자주 등장한다. '무육'이란 유가의 위민사상과 관련하여 흔히 볼 수 있는 말이다.[55]

유지의 마지막 단락에서는 순수하게 된 목적을 밝히고 치도에서 신상필벌信賞必罰이 중요함을 강조하였다. 여기서 '충신정성忠信精誠', '위국진절爲國盡節' 운운하며 유가적 가치관을 드러내 권장하고 있음을

54 『世紀經』, 「轉輪聖王品第三」 "時, 諸小王聞是敎已. 卽從大王巡行諸國, 至東海表. 次行南方西方北方, 隨輪所至. 其諸國王, 各獻國土, 亦如東方諸國小王比."
55 유교 관계 문헌을 보면 '撫育民物', '撫育之仁', '撫育之恩' 등의 말이 많이 나온다.

본다.

(C)에서는 진흥왕이 순수를 떠나 40일 만인 10월 2일에 비리성에 도착, 그곳 백성들을 효유曉諭하였음을 밝혔다. 이 대목은 황초령과 마운령의 순수비가 568년 8월에 건립되었다고 보는 종래의 설[56]이 잘 못되었음을 증명하는 확실한 단서다.

이 순수비를 보면, 천명天命과 천도天道에 대한 자각, 뚜렷한 국가 관, 최고 지도자로서의 넘치는 자신감과 겸손함, 왕도정치와 위민爲民 에 대한 강한 신념, 신상필벌에 대한 확고한 인식 등을 엿볼 수 있다.

---

56 이병도, 『한국고대사연구』, 박영사, 1987, 682쪽.

IV. 순수비를 통해 본 진흥왕의 사상

순수비를 보면 유교사상이 두드러진다. 『논어』 「헌문」 편에서 '수기 이안백성修己以安百姓'을 인용함으로써 비문 전체에 유교적 분위기를 불어넣었다. '세도世道', '천도天道', '천은天恩' '도화道化' 등의 말에서 볼 수 있는 것처럼 '천'과 '도'에 관한 내용이 주를 이룬다.[57] 또 '충신정 성忠信精誠', '용적강전勇敵强戰', '위국진절爲國盡節' 등과 같이 유교적 덕목을 강조하는 내용이 그 뒤를 이었다.

진흥왕의 유지에서는 불교와 관련된 내용을 찾아보기 어렵다. 아무 리 신불적信佛的 경향이 강했던 진흥왕이라 하더라도 정치와 관련해서 는 유교사상에 의지하지 않을 수 없었을 것이다. 당시 수행했던 사람 들 가운데 사문도인 법장法藏과 혜인慧忍이 맨 먼저 기록된 것은 당시 불교 내지 승려의 비중이 그만큼 컸음을 의미하는 것으로 해석할 수 있겠지만, 대민 교화, 특히 종교적 교화의 측면에서 승려들의 역할이 중요함을 시사한 것이라 하겠다. 이들 승려들은 종교적 교화를 맡음과

---

57 '道化不周', 즉 "도리로써 교화함이 두루 미치지 못하였다"는 표현에 나오는 '도'가 어떤 '도'냐에 따라 불교사상과의 연관성도 짐작할 수 있음직하다. 그러나 '恐違天 道'라 한 데서 엿볼 수 있듯이 순수비에서 말하는 '도'는 천도와 관련이 깊다. 천도 는 유교사상의 근간이 되는 중요한 개념이다.

동시에 전륜성왕에 비유되는 진흥왕의 신성한 권위를 백성들에게 전파하는 역할도 맡았을 것으로 짐작된다.[58] 불교와 관련된 내용을 유지 속에 직접 담지 않은 대신 사문도인을 수가인원의 맨 앞에 내세움으로써, 불교적 교화를 소홀히 하지 않았음을 시사한 것이라 하겠다.

우리나라 역사에서 진흥왕은 불경에 나오는 전륜성왕을 지향한, 가장 두드러진 군주로 꼽힌다. 그는 불교와 떼려야 뗄 수 없는 배경에서 성장하였고 불교 이념을 정치에 반영하였다. 말년에는 머리를 깎고 스님이 되기도 하였다. 승려가 된 대표적인 임금이다. 그런 그가 정복 활동을 통하여 영토를 넓히고 이어서 교화 활동을 통해 국민 통합에 앞장섰다. 진흥왕 앞에는 어떤 장애물도 있을 수 없었다. 따라서 '자신의 전차바퀴를 어디로나 굴릴 수 있는' 즉, 어디로 가거나 아무런 방해를 받지 않는 통치자요, 제왕이면서도 정의와 도덕을 수호하는 '성왕'으로서의 전륜성왕에 비유되는 것은 이유가 있다. '성왕'이란 성자聖者이면서 제왕의 위치에 있는 사람이다. 유교에서 가장 이상적인 제왕상으로 꼽는 요순堯舜 역시 성왕이다. 또 불교에서 말하는 정법치국正法治國 사상은 유교의 왕도정치 사상과 다를 바가 없다. 유교와 불교 어느 한 쪽으로만 보아서는 안 될 것이다.

순수비에서는 진흥왕이 국경 지역을 순수한 목적에 대해 '방채민심訪採民心'이라 하여 민심탐방에 있음을 분명히 밝혔다. 이것은 반고의 『백호통의』에서 순수의 목적에 대해 '민을 지키고 돌보는 것이다'고 명

---

58 최남선은 이에 대하여 "······ 이들 인물이 敎政을 겸한 國師이었던 때문일 것이며 ······"운운하였다. 『육당 최남선 전집』 2, 544쪽 참조.

언한 것과 궤軌를 같이 한다. 『백호통의』「순수」조 일부를 보자.

도덕으로 태평한 세상을 열었지만 왕은 먼 곳과 가까운 곳이 똑같이 덕화를 입지 않았을까, 깊숙하게 숨겨진 것이 각각 제자리를 잡지 못했을까 염려한다. 그래서 예의를 상고하고 법도를 바르게 하며, 율력律曆을 같게 하고 시월時月을 계산하니, 모두가 백성을 위하는 것이다.[59]

이를 보면 '순수'가 유가에서 입버릇처럼 말하는 왕도정치를 실현하기 위한 정치행위임을 짐작할 수 있다.

순수와 성격이 비슷하면서 한층 격이 높은 것으로 '봉선封禪'이 있다. 『백호통의』에 「봉선」과 「순수」조가 따로 있다. 그에 의하면 '봉선'은 왕자王者가 역성易姓하여 천명을 받은 뒤 천지에 제사지내는 국가적인 의식이다. 봉제封祭는 태산泰山에 단을 쌓고 하늘의 공에 보답하는 것이요, 선제禪祭는 태산 아래 양보산梁父山에 터를 닦아 땅의 은혜에 보답하는 것이다. 본래 높았던 것에 높이를 더하고 넓었던 것에 넓이를 더한다는 의미다. 이 두 제사 때에는 비석을 깎아 제왕의 연호를 새겨 넣는 '각석기호刻石紀號'[60] 의식을 행한다. 이 '각석기호'는 봉제와 선제에서 뿐만 아니라 순수 때에도 있었다. 진시황秦始皇의 순수비가 그 증

---

59 『백호통의』 권하, 「巡狩」 "道德太平, 恐遠近不同化, 幽隱自不得所, 考禮義, 正法度, 同律曆, 計時月, 皆爲民也."

60 『백호통의』 권하, 「封禪」 "刻石紀號者, 著己之功跡也, 以自效倣也."

거물이다. 진흥왕순수비는 진시황순수비의 선례를 따른 것으로 볼 수
있다. 일부 학자는 봉선대전封禪大典의 예를 모방했을 것이라고 추정
하기도 한다.⁶¹ 순수의 전통은 이미 요순堯舜 시대부터 있어 왔다.『서
경』「순전舜典」,『예기』「왕제王制」 등에서는 순수가 제왕의 통치 행위에
서 매우 중요한 것이라고 적고 있다. 이후 순수는 유교의 왕도정치 실
현과 밀접한 관계를 가지면서 후대에 전통으로 내려왔다. 이에 비해
봉선은 황로사상黃老思想과 음양오행사상의 영향을 많이 받았으며 종
교적 색채가 강하다는 데서 차이점이 있다.

　황초령비와 마운령비 허두 부분을 보면 '歲次戊子八月卄一日癸未,
眞興太王巡狩管境, 刊石銘記也'⁶²라 하였다. 여기서 8월 21일은 진흥
왕이 순수를 떠난 날이다. 순수가 8월에 행해진 것은 고대 제왕帝王들
의 순수가 중월仲月(四仲月)에 이루어졌던 전례를 따른 것이라고 본다.
『사기정의史記正義』,「진시황본기」 29년조를 보면 "옛날에 제왕의 순수
는 언제나 중월에 있었다"(古者帝王巡狩, 常以中[仲]月)고 하였다.『백호
통의』「순수」조에 의하면, 중월 가운데 2월과 8월은 춘분과 추분이 있
어 낮과 밤의 길이가 같고, 5월과 11월은 하지와 동지가 있어 음과 양
이 정점에 이르러 다시 시작하기 때문이라고 한다.⁶³

61　김태식,「봉선대전, 그 기념물로서의 진흥왕순수비」,『백산학보』 68, 백산학회,
　　2004 참조.
62　이 부분이 결락된 북한산비도 이와 같을 것으로 추정된다. 비문 가운데 南川軍主라
　　는 말이 나온다.『삼국사기』에 의하면, 진흥왕 29년(568) 10월에 남천군이 설치되
　　었다고 한다. 이를 미루어 보면 북한산비의 건립은 568년 10월 이후라야 된다.
63　최영성,「최치원의 풍류사상 이해와 그 기반」,『한국철학논집』 40, 한국철학사연구
　　회, 2014, 20쪽 참조.

돌이켜보면, 진흥왕의 순수는 568년 이전에도 두 차례 있었다. 진흥왕 12년(551) 3월, 16년(555) 10월에 각각 순행巡幸(巡狩)이 있었다. 사중월이 아니었다. 당시 순행의 목적은 낭성娘城(지금의 청주) 지역의 민정 시찰, 북한산 구역의 강역疆域 획정이었다. 제자帝者로서의 자부심을 내외에 과시하려는 의도는 없었던 것 같다.

그러나 29년(568) 8월에 있었던 순수는 이와 달랐다. 이전에는 법흥왕의 예를 따라 연호를 사용하기는 했지만 황제의식은 뚜렷하지 않았다. 순수비에서 '찬승왕위纂承王位' 운운하여 '왕위'라 표현한 것을 보면 저간의 사정이 느껴진다. 그러다가 29년 무렵에 영토가 북쪽으로 크게 확장됨에 따라 이전과는 의식이 사뭇 달라졌다. 이해에 연호를 '태창'으로 고치고 관할 국경의 순수에 나선 것은 자신감과 자부심의 표현이라 하겠다. 황초령비·마운령비에서 '태창'이란 연호와 '제왕건호帝王建號'를 특필하고 '팔월순수八月巡狩'를 강조한 점이라든지, 자칭 '짐朕'이라 하고 시조始祖를 '태조太祖'라 한 점, 그리고 '사방탁경四方託境'이라 하여 신라 중심의 세계관을 천명한 점 등으로 미루어 보면, 제자帝者로서의 위엄 과시 측면에서 전과 확연히 달랐음을 엿볼 수 있다. 따라서 이때에 이르러 『백호통의』에 보이는 '순수'라는 정치 행위를 제대로 구현하려 했다고 평가할 수 있다.

순수를 한 뒤 순수비를 세운 곳이 네 군데다. 이 가운데 창녕비는 진흥왕 22년(561) 2월, 나머지 세 비는 동 29년(568) 8월에 순수하였다. 모두 사중월에 해당된다. 유가 계열의 고전에 포함시킬 수 있는 『백호통의』 내용이 6세기 신라에서 준행遵行되었다는 사실은, 그간 학계에서 통삼統三 이전의 신라 유교의 수준을 과소평가했던 점을 재고하게 한다.

순수비가 유교적 정치 행위와 관련이 있다는 점은 앞서 말하였다. 진흥왕은 유지論旨 첫머리에서 '순풍'과 '현화'를 말하면서 '바람'과 '변화'의 철학을 가지고 치도治道를 논하였다. 유가에서 이른바 풍화론風化論의 관점에서 치도를 말했다는 점, 더욱이 순수비 내용이 한 마디로『주역』관괘觀卦에 나오는 '성방관민省方觀民' 바로 그것이라는 점에 주목할 필요가 있다.[64]『주역』관괘의 내용은 임금의 '순수' 행위를 철학적으로 설명하고 있다는 점에서 진흥왕순수비와 관련시켜 볼 수 있다.

풍지관괘風地觀卦는 '관풍觀風' 두 글자로 요약할 수 있다. 먼저 괘상卦象을 살펴보자.

> 상象에 가로되, 바람이 땅 위에 행하는 것이 '관觀'의 상이다. 선왕이 이를 본받아 사방을 돌면서 백성들의 소리를 관觀하여 가르침을 베푸는 것이다.
>
> 象曰: 風行地上觀. 先王以, 省方觀民, 設敎.

진흥왕이 사방을 순수했던 궁극적 목적은 바로 '풍행지상風行地上'의 본을 받아 사방에 교화를 베푸는 데 있었다. 그기에 "'순풍'이 불지 않으면 세상을 다스리는 도리가 참에서 어그러진다"고 설파하였던 것이다. 순풍으로 세상을 다스리려 했던 진흥왕의 의도가 주역 관괘 대상大象의 내용을 실현하는 것이라는 점은 다시금 주목해야 할 바다.

---

64 관괘는 8월과도 관련이 있다. 12辟卦로 따져 관괘는 8월에 비유된다.

바람의 철학과 관련하여 손괘巽卦의 내용도 간과할 수 없다. 손괘는 손상巽上(☴) 손하巽下(☴)로, 위아래가 다 바람이다. 상象은 '바람[風]' 이요 괘덕卦德은 '들어감[入]'이요 '손순遜順'함이다.[65] 바람에는 많은 의미가 있다. 그 가운데 두드러진 것으로는, 사물의 심부深部를 부드럽게[柔] 파고드는[入] 속성을 들 수 있다. 바람은 틈만 있으면 어디라도 들어가서 이르지 않은 곳이 없으므로, 상부의 명령이 아래까지 두루 전파된다는 의미가 있다. 또 바람은 사물을 움직이게 하는 힘이 있다. 그래서 '명령'의 의미를 내포한다. 바람은 하늘의 명령이면서도 제왕의 명령이기도 하다. 어디든지, 누구에게라도 파고들어 교화시키고 변화시킨다는 손괘의 괘덕이 바로 '순풍불선純風不扇'의 이면에 담긴 진정한 의미라 하겠다.[66]

그렇다면 순풍과 현화란 무엇인가? '순'과 '현'은 수식어요 '풍'과 '화'가 알맹이다. 순박한 바람과 현묘한 교화란 바로 우리 민족 고유의 사상(최치원이 말한 '풍류')을 가리킨다고 본다. '현화'는 최치원이 「난랑비서鸞郎碑序」에서 이른바 군생群生과 교접交接하여 그들을 감화시키고, 교화시키고, 변화시키는 '접화군생接化群生'의 오묘한 작용이라고 본다. 진흥왕은 풍류사상을 화랑도의 지도이념으로 내건 장본인이다. 그가 보는 풍류의 실체와 작용은 순풍이자 현화 바로 그것이었다. 우리나라

---

65 손괘는 하나의 陰爻가 두 개의 陽爻 밑에 들어가 엎드려 있는 괘상이기도 하다. 여기서 '들어가다' 또는 '따르다[隨]'라는 뜻이 생겨났다. 또 유순한 성격을 가진 백성들이 陽剛한 대인의 지도와 도움을 받아야 한다는 의미로도 해석된다.

66 최영성, 「최치원의 풍류사상 이해와 그 기반」, 『한국철학논집』 40, 한국철학사연구회, 2014, 26~27쪽 참조.

고유한 사상이자 철학이었기 때문에 '순수한 바람'이었고, 그것이 이끌어내는 변화가 표현하기 어려울 정도였기 때문에 '오묘한 변화'였던 것이다. 순수비에 나오는 순풍과 현화는 최치원이 말한 풍류의 역사적 실재를 밝히는 중요한 단서라는 점에서도 의미가 깊다.[67]

---

[67] 최영성, 위의 논문, 18쪽 참조.

V. 맺음말

이상에서 논술한 바를 간략히 정리함으로써 맺음말에 대신한다.

1. 진흥왕순수비는 신라사상사, 금석학 연구에 매우 중요한 자료다. 그간 이 자료를 제대로 활용하지 못한 점에 대한 학계의 성찰이 필요하다고 본다.

2. 진흥왕순수비는 왕도정치의 구현이라는 유교의 이상을 내외에 선포함과 동시에 제자帝者로서의 위엄을 과시하려는 목적에서 세워졌다. 신라 중심의 세계관을 엿볼 수 있다.

3. 순수비문은 신라 사람에 의해 찬술되었다. 승려 찬술설이 통설처럼 내려왔으나 필자는 이를 부정하였다. 수가인원隨駕人員에 포함된 인물로 『국사』를 편찬한 바 있는 거칠부居柒夫를 찬자로 추정하였다. 서자書者는 서법에 능했던 사문도인沙門道人일 가능성이 높다고 보았다. 순수비가 진흥왕 이후에 후왕後王들에 의해 세워졌을 것임을 여러 단서를 가지고 분석하였다.

4. 비문은 크게 (A)비서碑序, (B)진흥왕의 유지諭旨, (C)수가인원隨駕人員으로 구분된다. 종래 진흥왕의 유지 부분을 '기사紀事'로 본 것은 재고해야 될 것이다.

5. 전반적으로 유교사상이 주류를 이루는 가운데 민족 고유사상에

대한 적극적인 관심이 표명되어 있다. 최치원이 말한 '풍류'의 실재를 증언한 것이 황초령·마운령비다. 불교에서의 전륜성왕의 정법정치正 法政治 사상에 맞추어 이 순수비를 해석하는 연구가 있지만, 표면적으로 보면 불교사상은 거의 드러나 있지 않다.

6. 순수비에 나오는 내용은 유가 계열의 고전으로 꼽히는 『백호통의』 「순수」조에 나오는 것을 실천한 것이다. 순수의 목적을 '방채민심訪採民心'이라 명확히 규정하였고, 사중월四仲月인 8월에 맞추어 순수를 하였으며, 기념물을 세우는 '각석기호刻石紀號' 행사를 준행遵行하였다. 『백호통의』 내용이 6세기 신라에서 실행되었다는 사실은 당시의 유교의 수준을 다시 보게 한다.

7. 유지의 첫머리에서 '순풍'과 '현화'를 말함으로써 유가에서 말하는 바람의 철학과 변화의 원리, 즉 풍화론風化論을 가지고 치도治道를 논하였다. 진흥왕의 순수는 『주역』 관괘觀卦에서 말하는 '성방관민省方觀民' 바로 그것이다. 순수비에는 『주역』의 논리, 특히 관괘와 손괘巽卦에 담긴 바람과 변화의 철학이 배경으로 깔려 있다. 순수비와 유교사상의 관련성, 그리고 철학적 깊이가 어느 정도인지를 잘 보여준다고 하겠다.

제4장

泗沘百濟 시기의 금석문

I. 머리말

백제의 금석 자료는 고구려·신라에 비해 상대적으로 적다. 삼국시대 사료 가운데 백제의 것이 가장 적은 것과 비슷한 양상이다. 사비백제의 대표적인 금석문으로는 사택지적비砂宅智積碑, 대당평백제국비大唐平百濟國碑, 유인원기공비劉仁願紀功碑 등을 꼽을 수 있다. 이 밖에 백제 의자왕의 태자인 부여융扶餘隆과 백제부흥군 지도자 흑치상지黑齒常之의 묘지墓誌가 있다. 이들 묘지는 당시 당나라 수도인 낙양洛陽에 있을 뿐만 아니라, 인질로 끌려간 부여융과 망명한 흑치상지에게 당나라가 온갖 배려를 하고 높은 관직을 주어 여생을 편안히 살게 했다는 상투적이고 일방적인 내용으로 되어 있다. 객관성에 의심의 여지가 많다.

이 글에서는 사비시대의 백제 금석문으로, 위의 세 가지에다 사리함명, 사리감명 두 가지를 보태 그 내용과 특징 등을 간략하게 고찰하려 한다. 사택지적비를 제외한 두 비는 전쟁에서 승리한 당나라 장군들의 전공을 새긴 것이기 때문에 우리의 자존심을 상하게 한다. 그러나 치욕의 역사도 역사다. 이 두 비의 내용을 통해 우리는 치욕의 역사를 반성하고 교훈을 얻어야 한다. 유인원기공비에는 백제가 망한 뒤 도침道琛·복신福信 등을 주축으로 한 유민들의 무장투쟁이 치열하게 전개

되었음을 서술하고 있어 백제 정신사 연구에 도움이 된다. 당인唐人이 세웠다고 해서 버려둘 일은 아니다.

　필자는 학교 관계로 부여 주민이 된 지 15년째다. 사비백제에 대한 관심이 없을 수 없다. 필자가 관심 있는 금석학과 관련하여 간단한 소개의 글이라도 남길까 하여 작성해본 것이 이 글이다. 논문이 아닐 뿐더러 내용도 보잘 것 없다. 학술적 가치가 없음을 미리 말해둔다. 또한 서예적 차원의 평에서는 그 분야에 감식鑑識 있는 이은혁李銀赫 선생과 많은 대화를 나누었으며 그의 교시教示를 다수 수용하였음을 밝혀둔다.

II. 대표적 금석문

1. 砂宅智積碑

甲寅年正月九日, 奈祇城砂宅智積

慷身日之易往, 慨體月之難還, 穿金

以建珍堂, 鑿玉以立寶塔. 巍巍慈容

吐神光以送雲, 峩峩悲㹞, 含聖明以

갑인년甲寅年 정월 9일, 내기성奈祇城의 사택지적은 날이 쉬이 가버리는 것을 슬퍼하고 달을 되돌리기 어려움을 탄식하여, 금을 파서 진귀한 집(절)을 짓고 옥을 파서 보배로 장식한 탑을 세웠다. 높고 높은 자애로운 부처의 용모여! 신광神光(신이나 부처의 몸에서 발하는 빛)을 토하여 구름 속으로 보내는 듯하다. 우뚝 솟은 자비로운 모습[㹞: 貌]이시어! 성명聖明(성스럽고 영명함)을 머금어 ……

이 비는 1948년 부여읍 관북리 도로변에 쌓아둔 돌무지를 정리하면

사택지적비

서 발견하였다고 한다.[01] 전체가 아닌 단비斷碑다. 현재 남아 있는 상태로 높이가 102cm, 나비가 38cm, 두께가 29cm이며 재질은 화강암이다. 남겨진 글씨는 모두 4행 56자로 1행 14자씩이다. 가로 세로로 줄을 긋고 정간井間을 만들어 그 안에 글씨를 쓰고 음각하였다. 현재 정간 테두리를 따라 1행부터 4행까지만 남겨져 있다. 5행 이후부터는 빗돌을 2~3개로 나누어 지대돌이나 돌다리, 석축石築 등에 사용하려고 절단한 듯하다.

내용은 사택지적이란 사람이 세월이 덧없이 흐름을 탄식하면서, 종교적 신앙심으로 이를 이겨내기 위해 절을 짓고 탑을 세워 불교에 귀의했다는 것이다. 제액題額이 없어 비의 명칭을 알 수는 없다. 학계에서는 주인공 사택지적의 이름을 따서 '사택지적비'라고 한다. 그런데 이 비는 사택지적의 일생 행적보다도 그가 말년에 불교에 귀의하여 절을 세우고 탑을 세웠다는 데 중점이 있다. 그렇다면 '사택지적 건당입탑비砂宅智積建堂立塔碑'라는 명칭이 적절하지 않을까.

우리나라 사료 가운데 '사택지적'이란 사람은 이 비문 이외에는 전혀 등장하지 않는다. 비를 발견할 당시에는 어느 때 사람이며 무엇을한 사람인지, 또 '사택'이 성이고 '지적'이 이름인지도 잘 몰랐었다. 그러다가 '사택'이란 성이 백제의 8대성大姓 가운데 하나인 사씨沙氏에서온 것으로, 사타沙吒 또는 사택砂宅으로도 쓴다는 사실이 고 이홍직李弘稙 박사의 연구를 통해 밝혀졌다.[02] 『당서唐書』·『자치통감資治通鑑』,

---

01   홍사준, 「백제 사택지적비에 대하여」, 『역사학보』 6, 역사학회, 1954 참조.

02   이홍직, 「백제인명고」, 『한국고대사의 연구』, 신구문화사, 1971 참조.

『동국여지승람』 등을 보면 백제부흥군[03]을 이끌었던 지도자 가운데 흑치상지의 별부장別部將인 사타상여沙吒相如가 등장한다. 또 대당평백제비에는 백제의 대좌평인 사타천복沙吒千福이 나온다. 이를 보면 '사타'가 성임에 분명하다.

『일본서기』 권24, 황극천황皇極天皇 1년(642, 의자왕 2년) 7월 22일조를 보면 "백제의 사신 대좌평 지적智積 등에게 조정에서 잔치를 베풀었다"(饗百濟使人大佐平智積等於朝)는 기사가 있다. 여기 나오는 대좌평 지적은 사택지적으로 추정된다. 이로써 이 비에 등장하는 사택지적이라는 인물이 백제 말기 의자왕 때 사람으로, 대좌평을 역임하였고 왜국에 사신으로 다녀온 일이 있음을 짐작하겠다.

사택지적의 활동 시기는 이 비의 첫머리에 나오는 '□寅年'이라는 연대 표기로도 뒷받침된다. 『한원翰苑』이라는 중국 역사서를 보면, 백제에서는 연대를 표기할 때 중국의 연호를 사용하지 않고 육십갑자로만 표기하는 전통이 있다고 한다.[04] '□' 하단부에 'ㅣ' 획이 남아 있어 갑인년甲寅年으로 추단할 수 있다.[05] 이 해는 의자왕 14년(654)이다. 사택지적이 왜국에 다녀온 임인년(642)으로부터 12년 뒤의 일이다. 『일본서기』에 나온 기록과 거의 맞아 떨어진다.

그렇다면 사택지적은 의자왕 14년(654)에 은퇴하였을까. 비문 내용만으로는 정확히 알 수 없다. 노중국盧重國 교수는 『일본서기』 권24,

---

03 復興이란 '없어진 것을 다시 일으키고 끊어진 것을 다시 잇는다.'[興滅繼絕]는 의미다.

04 『翰苑』 권30, 蕃夷部, 〈百濟〉조 "因四仲而昭敬, 六甲以標年."

05 'ㅣ'획과 연결될 수 있는 寅年은 甲寅年밖에 없다.

황극천황 1년(642, 의자왕 2년) 2월 2일조에서 "내좌평 기미岐味를 비롯하여 이름이 높은 40여 명의 인사가 섬에 추방되었다"고 한 기록에 근거, 사택지적이 관직에서 물러나게 된 것을 의자왕의 왕권강화 정책과 결부시키고, 사실상 타의에 의해 은퇴하였음을 추론하였다.[06] 당부當否를 논하기에 앞서 흥미로운 분석이요 상황 설정이라 하겠다.

이 빗돌에는 오른쪽 윗부분에 지름 20cm 정도의 봉황[朱雀] 무늬가 음각되어 있다. 조각한 뒤 붉은 칠을 한 흔적이 역력하다. 중국에서는 비를 세울 때 대개 음양설에 따라 이수螭首와 귀부龜趺를 만들고 그 가운데 비신碑身이 들어가도록 하였다. 이수에는 반룡蟠龍을 새기는 것이 상례다. 반룡 이전에는 봉황을 새기기도 하였다. 이 빗돌에 봉황 무늬를 새긴 것은 이런 전통과 관련 있는 것으로 보인다. 현재 남아 있는 우리나라 고비古碑 가운데 이수 부분에 봉황 무늬를 새긴 예가 드물다. 어떤 사람은 금동대향로 상단부의 봉황(?)과 연결시켜보기도 한다. 중국으로부터 비의 양식이 전해져 우리나라에서 정착되기까지의 과정을 추정하는 데 도움이 될 것으로 본다.

문장은 중국 육조시대六朝時代에 유행했던 전형적인 사륙변려체四六騈儷體다. 넉자와 여섯자의 구句를 가지고 문장을 꾸몄다. 대구對句와 음조音調가 잘 이루어져 리드미컬하고 유려流麗한 느낌이 많다.

慷身日之易往
慨體月之難還

---

06 노중국, 『백제정치사연구』, 일조각, 1988, 28쪽 참조.

穿金以建珍堂

鑿玉以立寶塔

巍巍慈容 吐神光以送雲

峩峩悲貌 含聖明以□□

문학적 수준이 정상급이다. 형식미와 세련도에서 실로 일품이다. 남겨진 분량은 비록 짧지만 백제시대 한문학사 연구에서 빼놓을 수 없는 자료라 할 것이다.

 이 비는 현재까지 전하는 백제비 가운데 백제인에 의해 세워진 유일한 것이다. 글씨는 사방에 정간井間의 계선界線을 긋고 그 안에 해서楷書로 썼다. 근엄·방정한 느낌을 주면서도 결구가 소박하다. 얼핏 보면 구양순歐陽詢(557~641)의 서체에 보이는 골격이 느껴진다. 다만 살이 찐 것이 다르다. 전반적으로 북위北魏의 서체에 가깝다. 그 중에서도 묘지명墓誌銘의 서체와 흡사하다. 구양순체가 가로획과 세로획에서 모두 좌양우음左陽右陰 현상이 두드러지는 데 비하여, 이 사택지적비의 경우 가로획에서 북위 서체의 특징인 좌중우경左重右輕 현상이 뚜렷이 보이고, 또 글자꼴에서도 북위 서체의 결구 방식을 따른 듯한 일면이 있다. 그러나 북위 서체에서 흔히 나타나는 삐침[撇]과 파임[捺]의 평형은 보이지 않는 것으로 보아, 북위 서체의 범주 안에서 평가할 수만은 없을 것 같다. 이것은 당해唐楷의 영향을 받기 시작한 초기 단계라는 점과 무관하지 않다. 이러한 특징적인 부면은 사비백제 시기 서예의 독특한 한 형식이자 백제인의 미적 감각이 담긴 것으로 보아도 좋을 듯하다.

당시 신라의 각석이 아직 세련되지 못할 때, 중국과 거의 대등한 문장과 양식이 구사되고, 단아 원만한 글씨가 귀족사회에서 자리를 잡았다는 사실은 백제 문화의 수준이 어느 정도인지를 짐작하게 한다. 삼국은 물론이요 국제적으로도 비교 대상감이다.

2. 王興寺靑銅舍利函

왕흥사 청동 사리함

2007년 10월 10일, 부여군 규암면 신리 왕흥사 목탑지에서 출토되었다. 백제 제27대 위덕왕威德王 창昌[07]이 즉위 24년(丁酉: 577) 2월 15일에 이미 죽은 왕자를 위해 왕흥사 탑을 세우면서 청동사리함을 만들어 탑의 심초석心礎石 밑에 묻었다. 『삼국사기』에 의하면 왕흥사는 법왕 2년(600)에 짓기 시작하여 무왕 35년(634)에 낙성되었다고 한다. 이 사리함명과 연관시켜 보면 왕흥사를 짓기 전에 탑을 세웠음을 알 수 있다.

청동사리함 외면에는 29자의 음각 명문이 새겨져 있다.

---

07 백제 제27대 임금 위덕왕(525~598, 재위 554~598)의 이름. 聖王의 맏아들이다. 부왕이 管山城(충북 옥천) 전투에서 신라군에게 대패, 3만의 사졸과 함께 죽자 즉위하였다.

정유년(577) 2월 15일 백제 임금 창昌이 죽은 왕자를 위하여 탑을 세
웠다. 본사리[08]는 두 매였는데 묻을 때에는 신묘하게 변화하여 세 매
가 되었다.

丁酉年二月十五日, 百濟王昌, 爲亡王子立刹. 本舍利二枚, 葬時神化爲
三.

위에서 논란의 여지가 있는 것이 '입찰立刹'이다. '찰刹'을 탑으로 보
느냐, 절로 보느냐에 따라 문제가 달라진다. '절'로 보면 왕흥사 창건
연대가 위덕왕 24년(577)으로 올라간다. 이 해를 왕흥사 창건 연대로
보면 『삼국사기』의 기록과 적게는 23년 많게는 57년의 차이가 생긴다.
그래서 한 때 『삼국사기』의 기록이 잘못되었음을 주장하는 학자들이
있었고 지금도 더러 있는 것 같다. 그러나 여기서 '찰'은 불사佛寺가 아
닌 탑을 말한다.[09] 같은 용례로 정림사 평제비平濟碑에서 "이 보배로운
탑[寶刹]에 새겨 특별히 뛰어난 공을 기록한다"(刊玆寶刹, 用紀殊功)고
한 것을 들 수 있다. 필자는 『삼국사기』의 기록을 문제삼을 이유가 없
다고 생각한다. 사리탑을 먼저 세우고 뒤에 대가람인 왕흥사를 세웠을
가능성이 많기 때문이다.

석가모니 열반일인 2월 15일에 맞추어 사리를 봉안한 사례는 이 경
우말고도 더 있다. 「경주감산사미륵보살조상기慶州甘山寺彌勒菩薩造像

---

08 본래 봉안한 사리. '황룡사찰주본기'에도 '본사리'란 말이 나온다.

09 '刹柱'로 보는 사람도 있다. 다만 탑으로 보든, 찰주로 보든 탑과 관련 있는 점은 다
르지 않다.

記」, 「경주감산사아미타여래조상기」 등을 보면 역시 2월 15일에 맞추어 감산사를 짓고 두 불상을 조성하였다고 적고 있다. '2월 15일'에 행사를 치르는 것은 당시 삼국의 귀족층에서 공통된 관례로 전승되었던 것 같다. 말미에 나오는 '신화위삼神化爲三'은 「미륵사석탑 사리장엄 봉안기」에 이른바 '사리의 신통변화가 불가사의하다'(神通變化, 不可思議)고 한 것과 같은 맥락에서 이해할 수 있다. 종교적으로 신이神異함을 강조함으로써 신성성을 극대화하려는 의도라고 생각된다.

서체는 전반적으로 무령왕릉 지석誌石이나 매지권買地券의 것과 비슷하다. 위爲·월月·자子·시時·화化 등에서 한간漢簡[10]과 예서의 기미가 엿보이고, 정丁·이利 등의 갈고리[鉤]에서는 해서의 특징이 뚜렷하다. 잘 쓴 글씨라고 하기는 어렵다. '졸박拙朴' 두 글자로 평하는 것이 적당할 것 같다. 조각 역시 각고刻稿를 붙인 뒤 새긴 것과 차이가 있다. 조각칼[刀子]로 곧장 새긴 까닭에 노봉露鋒이 많다. 자간을 불규칙하게 배열하여 참치미參差美가 있다. 그러면서도 행간을 뚜렷하게 구분한 것은 내용 전달을 의식하였다는 증거다.

3. 大唐平百濟國碑

갖춘 이름은 '대당평백제국비명'이다. 줄여서 '당평제비唐平濟碑' 또는 '평제비'라고 한다. 백제를 멸망시킨 당나라 장수 소정방蘇定方의 공

---

10 중국 한나라 때 발달했던 필사체. 竹簡과 木簡이 있다.

을 주로 기록한 비석이라 하여 '소정방비'라고도 한다.[11] 또 5층 석탑에
새겼기 때문에 '당평제탑비', '평제탑비'라 하기도 한다. 그러나 '탑비'
는 대개 고승들의 탑을 세운 뒤 그 내력을 새긴 비를 가리키기 때문에,
탑비라는 명칭은 오해의 소지가 많다.

현재 부여군 부여읍 동남리 정림사지 5층 석탑 제1층의 네 면에 비
문이 새겨져 있다. 능주장사 판병부陵州長史判兵部로 있던 하수량賀遂
亮[12]이 글을 짓고 하남河南 사람 권회소權懷素가 글씨를 썼다. 전서篆
書로 된 제액題額도 뚜렷하다. 세운 연대는 당나라 고종 현경顯慶 5년
(660) 8월 15일이다. 소정방은 그해 7월 18일 사비성에 입성하여 9월
에 당나라로 되돌아갔다. 귀국하기 전에 정림사 석탑에 새긴 비문을
확인하였을 것이다. 서둘러 각석刻石한 것은 소정방의 귀국과 관련 있
을 것이다. 백제 멸망 직후 비문이 곧바로 새겨졌음을 생각할 때, 글을
지은 하수량이나 글씨를 쓴 권회소가 소정방을 따라 종군從軍했을 가
능성이 높다.

옛 부여 관아官衙에 있었던 사비백제 시기의 석조石槽(보물 제194호)
에도 평제비 비문 일부가 새겨져 있다. 이에 따라 평제비가 과연 하나
였는가 하는 점이 의문으로 제기되었다. 또 어느 것이 원각原刻이고
어느 것이 복각覆刻인가, 아니면 원비原碑는 따로 있고 두 가지 모두

11　權文海, 『草澗集』 권4, 「雜記」 "……　住見蘇定方碑. 碑在野田中, 乃石塔浮屠也.
　　下層四方刻碑文, 世久風磨, 字不可辨. 大槪記定方伐百濟事也."

12　당나라 고종 때의 문신. 생몰년 미상. 顯慶 연간에 벼슬이 侍御史에 올랐다. 현경
　　5년(660)에 외직으로 나가 陵州長史가 되었다. 『全唐詩』에 '贈韓思彦' 시 1수가 전
　　한다. 『大唐新語』 권8, 『金石萃編』 권53 참조.

복각인가, 내용은 같지만 전혀 다른 양식의 것인가, 문제가 복잡해졌다. 또한 비문을 새기기 위해 5층 석탑을 세운 것인가, 아니면 이전부터 있었던 석탑에 새긴 것인가 하는 점을 놓고 설왕설래하였다.

정림사지 5층 석탑은 선유先儒들 사이에 소정방이 세운 것으로 알려졌다. 따라서 '평제탑'으로 불려왔다. 그러다가 1942~1943년, 1979~1983년에 있었던 발굴 작업 등을 통해 석탑이 백제시대에 이미 있었고, 이 석탑에다 비문을 새긴 것으로 최종 판명되었다.

그러나 이런 논란은 사실 의미가 없는 것이었다. 이 비의 명문銘文만 제대로 읽었어도 의문은 생기지 않았을 것이다. 굳이 고고학적 발굴을 기다려서야 판명될 사실은 아니었던 것이다. 관련 대목을 인용, 새겨보기로 한다.

威惠一臨　　위엄과 은혜로 한결같이 임해서

邊隅已定　　변방 모퉁이가 이미 평정되었네.

嘉樹不翦　　좋은 나무 베지 않아

甘棠在詠　　팥배나무 아래서 공덕시[13]를 읊으리.

花臺望月　　낙화대落花臺에서 달을 바라보니

貝殿浮空　　패전貝殿(화려한 궁전)이 공중에 떠있는 듯.

疎鍾夜鏗　　막힘 없는 종소리는 밤중에도 울리고

清梵晨通　　청아한 독경소리 새벽까지 계속되네.

---

13 '甘棠之愛'의 고사. 周나라 召公의 善政에 감격한 백성들이 그가 일찍이 쉬었던 팥배나무를 소중히 여겼다는 『시경』의 시에서 나왔다.

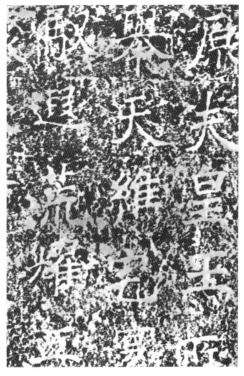

대당평백제국비

刊玆寶刹　　이 보배로운 탑에 새겨

用紀殊功　　특별히 뛰어난 공을 기록하나니

拒天關以永固 천관天關(북두칠성)과 겨루어 길이 견고하고

橫地軸以無窮 지축地軸을 가로질러 끝이 없기를.

위에서 '막힘없는 종소리', '청아한 독경소리' 운운한 것은 백제의 고찰(정림사)과 관련 있는 내용이다. '간자보찰刊玆寶刹, 용기수공用紀殊功' 운운한 대목은 이미 있는 석탑에 비문을 새겼음을 밝힌 것이다. 간刊

은 '새긴다[刻]'는 뜻이요 찰刹은 절이 아니라 탑이라는 의미다. 고대로 올라갈수록 '찰'자는 '탑'이란 의미로 사용하는 경우가 많다. 여기서도 탑이란 의미로 사용되었다. 전후 문맥을 보면, 백제 고찰에서 울려 퍼지는 종소리, 독경소리와 함께 백제를 평정한 당나라 장수들의 무공武功, 나아가 대당제국大唐帝國의 은택恩澤이 널리 울려 퍼지라는 의미에서 이 절 5층 석탑에 비문을 새겼다는 것이다. 이렇게 해석한다면 천년의 의문이 말끔하게 가시는 것이다.

육당 최남선은 1947년에 펴낸 『조선상식문답 속편』에서 이 문제와 관련하여 다음과 같이 말한 바 있다.

> …… 귀로歸路 바쁜 당군唐軍이 적당한 석재를 얻지 못하여 편의상으로 여기 있는 탑면塔面을 이용한 모양입니다. 모르는 이는 혹 당군이 탑을 세우고 비문을 새긴 것처럼 알고서 평제탑이라는 말을 쓰기도 하지마는 탑은 순연한 **백제 어느 절**의 유물이요, 비문은 이것을 이용한 것에 불과합니다.[14]

최남선은 1942년에 있었던 일본인 고고학자 후지사와 가즈오[藤澤一夫: 1914~2004] 일행의 발굴 조사 결과를 들어서 알고 있었을 것이다.[15] 또 그것을 위 내용에 어느 정도 반영하였을 것이다. 그런데 그는

---

14 최남선, 『조선상식문답 속편』, 〈제14 금석〉 ; 『육당 최남선 전집』 3, 현암사, 1973, 135쪽.

15 당시 발굴조사보고서는 발간되지 않았다.

'정림사定林寺'라는 절 이름을 사용하지 않고 '백제 어느 절'이라고 하였다. 무슨 이유에서일까? 발굴 당시 강당지에서 '太平八年戊辰定林寺大藏當草'라는 명문이 새겨진 기와가 발견되었다. 이로써 고려 현종 19년(1028) 무렵에 정림사라고 불렸던 사실이 증명되었다. 그렇지만 정림사가 창건 당시의 절 이름인지는 확실하지 않다. 아마도 그 때문이 아니었을까.

백제는 불교를 숭상하였다. 정림사는 사비백제를 대표하는 중요한 사찰이었고, 5층 석탑 역시 당시의 대표적인 석탑이었다. 완성도 높은 이 5층 석탑은 백제의 탑 가운데 오늘날까지 유일하게 제자리를 지키고 있다. 당나라는 당시 백제인들이 종교적으로 신성시하였던 사찰의 석탑에 자신들이 백제를 평정하였다는 사실을 새겼다. 이런 당나라를 과연 세계제국이며 문화대국이라고 말할 수 있을까? 문명국가가 취할 자세는 아니었다고 본다. 혹여 백제와 사이가 나빴던 신라의 충동으로 인한 것은 아닐까.

한편, 『신증동국여지승람』을 보면, '현 서쪽 2리'에 소정방비가 있다고 하면서 "당나라 고종이 소정방을 보내 신라의 김유신과 더불어 백제를 쳐서 이를 멸망시키고, 이곳에 돌을 세워 그 공적을 기록[立石紀功]하였다"고 밝혔다.[16] 선유들은 소정방비를 평제비와 같은 것으로 보았다. 그런데 평제비는 '관아의 남쪽 2리'(縣南二里)[17] 지점에 있다. 기

---

16 『신증동국여지승람』권18, 부여현, 〈古跡〉 참조.

17 조선 영조 때 나온 『輿地圖書』, 충청도 부여현, 〈古跡〉 "平濟塔, 在縣南二里校村前."

록대로라면 두 비는 서로 다른 위치에 있다. 별개의 것이라고 볼 수 있다. 당시 소정방의 휘하 장수였던 유인원의 비가 따로 있는 점으로 미루어 소정방비가 따로 있었을 가능성을 완전히 배제하기는 어렵다. 그러나 필자가 보건대, 평제비가 현의 서쪽에 있으냐 남쪽에 있느냐에 따른 혼란에서 비롯된 것일 뿐, 소정방비와 평제비가 서로 다른 것은 아니다. 방향 표기의 잘못일 가능성이 높다. 조선 후기 실학자 성해응 成海應(1760~1839)은 평제비가 곧 소정방비라고 하면서도, 그 비는 부여현 서쪽 2리에 있다고 하였다.[18] '서쪽 2리'라 한 데서 기록에 따른 오류의 답습음을 짐작하게 한다.

평제비 내용은 다른 석물에도 새겨져 사비성 여러 곳에 분산되었던 것 같다. 현재 국립부여박물관 경내 있는 백제 하대의 석조石槽(石蓮池)에 평제비 내용 일부를 새긴 것을 보면[19] 미루어 짐작할 수 있다. 즉, 소정방을 비롯한 당나라 장수들의 전공과 당나라 제국의 위용을 널리 알리고 자랑하기 위해 평제비 내용을 여러 형태의 비에 새겨 당나라에 대한 반감이 강했을 사비성에 주로 배치하였던 것 같다.

서자書者는 권회소다. 당나라 때 서예가로 초서의 명인이었던 '회소 懷素'[20]와 혼동하기 쉽지만 두 사람은 활동 연대가 다르다. 권회소의 필

---

18 『研經齋全集』外集 권61, 〈高麗碑〉"蘇定方碑, 在扶餘縣西二里. 定方伐百濟滅之, 立石紀功. 賀邃良製, 權懷素書."

19 『역주 한국고대금석문』1, 474쪽 참조.

20 중국 당나라 때 서예가·승려(725~785). 자는 藏眞, 俗姓은 錢氏다. 湖南省 長沙에서 태어났다. 일찍이 불문에 들어갔으며 서도를 좋아하여 연찬 끝에 일가를 이루었다. 초서로는 그 당시 張旭 다음으로 이름이 알려졌다. 술을 좋아하였는데 만취하게 되면 흥에 못이겨 붓을 종횡으로 놀려 連綿體의 초서, 즉 狂草를 잘 썼다

법은 '곧고 힘이 있다'[蒼勁]는 평을 받는다. 그의 행적을 알 수 있는 자료는 전하지 않는다. 그러나 안진경顔眞卿(709~784)이나 유공권柳公權(778~865)보다 전대 사람임에는 틀림없다.

금석문에 관심이 많았던 이계耳溪 홍양호洪良浩(1724~1802)는 다음과 같이 말했다.

> 권회소는 그가 활동했던 세대로 보아, 초서를 잘 썼던 스님(上人: 僧懷素)은 아니었다. 그러나 필법이 곧고 힘이 있으며[蒼勁] 결구結構가 엄격하게 정돈되었다. 육조시대의 서체를 확 바꾸었으니, 간가間架(글씨의 짜임새)의 법이 이미 안진경·유공권 이전에 있었고, 정신精神과 풍운風韻(풍류와 운치)이 구양순·저수량에 비해 조금 손색이 있음을 비로소 알겠다. 그러나 당시 글씨 잘 쓰기로 이름 났던 사람들을 상상할 때 동방의 고적 가운데 으뜸으로 일컬을 만하다.[21]

또 다산茶山 정약용丁若鏞(1762~1836)은 평제비에 대해 '결구삼활結構森豁'[22]이라 평하면서 특별히 다음과 같은 시를 읊은 바 있다.

고 한다.

21 『耳溪集』권16, 「題平濟塔」 "今按權懷素, 考其世代, 乃非善草書之上人也. 筆法蒼勁, 結構嚴整, 一變六朝之體, 始知間架之法已在顔柳之前. 而精神風韻, 少遜於歐褚, 然想是當世善書名者, 可稱東方古蹟之首矣."(문집총간 241, 293쪽)

22 『여유당전서』제1집, 권14, 「跋平百濟塔」 "右平百濟塔一卷, 唐馬懷素之書也. …… 結構之森豁, 猶可識也. 若予之中國之好事者, 亦必珍惜而愛玩之矣."(문집총간 281, 304쪽)

千年多風雨　천년 세월 하많은 비바람으로

剝落不可讀　긁히고 떨어져서 읽을 수 없네.

作者賀邃良　글 지은 사람 하수량인데

奇文有遺馥　좋은 문장 향기가 배었구나.

懷素總能書　회소는 모든 글씨를 잘 썼지마는

姓權故多肉　권씨라서 그런지 군살이 많네.[23]

　몽예夢囈 남극관南克寬(1689~1714)과 육교六橋 이조묵李祖默(1792~1840)도 다음과 같은 평을 남겼다.

　권회소의 글씨는 팔분체八分體다. 정재定齋 박태보朴泰輔(1654~1689)가 배웠다고 한다.[24]

　평백제탑 대해大楷는 힘차고 굳세며 높아서 범할 수 없다. 마음을 놀라게 하고 넋을 뒤흔든다. 해동에서 제일가는 괴관瑰觀(아름다운 경관)이다.[25]

　청나라 금석학자 담계覃溪 옹방강翁方綱(1733~1818)은 「평제탑탁본제발平濟塔拓本題跋」이란 글에서 "평백제탑비명은 …… 낙주洛州 하남

23　『여유당전서』 제1집, 권2, 「讀蘇定方平百濟塔」(문집총간 281, 41쪽)

24　南克寬, 『夢囈集』, 坤, 「謝施子」 "平濟塔銘, 賀邃良撰, 權懷素書. …… 權書筆意, 類八分, 朴定齋學之."(문집총간 209, 324쪽)

25　李祖默, 『羅麗琳瑯攷』, 〈平百濟塔〉 "大楷遒勁尊嚴, 驚心動魄, 海東第一瑰觀也."

河南의 권회소가 쓴 것이다. …… 비석의 대해大楷를 통해 보건대 당
나라 초기에도 고예古隸의 유의遺意가 남아 있던 것 같다. 해동의 석묵
石墨 중에서 옛 글씨에 가장 가까운 것이다"[26]라고 하였다.

전액篆額에는 장식적 측면이 강조되었다. 당대唐代의 전액에서 그런
기풍을 엿볼 수 있다. 비문 글씨는 그 자형이 북위 서체와 흡사하고,
아울러 삐침[撇]과 파임[捺]의 균형이 대칭적으로 안정감을 이룬다. 팔
분서八分書의 특징적인 면이 잘 드러난다. 얼핏보면 전형적인 북위 서
체인 것 같지만, 뜯어보면 초당初唐 해서의 전형에 비길 만큼 완정完整
된 결구 형태를 보인다.

4. 劉仁願紀功碑

조선 후기 실학자 서유구徐有榘(1764~1846)의 『임원십륙지林園十六
志』에 인용된 『부여지扶餘志』를 보면 "유인원 기공비는 부소산 중대中臺
에 있다"[27]고 하였다. 이 비는 조선 후기 실학자들의 저술에 자주 인용
되었다. 탁본이 청나라에까지 전해지기도 하였다. 조선 말기에 두 동
강이 나서 버려졌다가 1909년에 발견되었다. 일제강점기 때 복원하고
비각을 세워 보존하였으나, 광복 이후 부여박물관 서쪽 뜰로 옮겨져
방치되었다. 현재 다시 비각을 세워 보존하고 있다. 이처럼 수난을 당

26　韓致奫, 『海東繹史』 권46, 藝文志五, 〈碑刻〉 재인용.

27　『임원십륙지』, 「怡雲志」 권5, 〈附東國金石〉 "[扶餘志] 在扶蘇山中臺."

유인원기공비

한 것은 백제를 멸망시킨 당나라 장수의 전공戰功이 새겨져 있어 우리
의 자존심을 상하게 하였기 때문이리라.

　비가 세워진 연대는 당나라 고종 용삭龍朔 3년(663)이다. 신라 문무
왕 3년에 해당한다. 평제비보다 3년 뒤에 세워졌으니, 유인원이 백제
부흥군의 지도자 부여풍扶餘豊을 완전히 평정한 해다. 현경 연간에 세
워졌으므로 선유들 사이에서 '현경비顯慶碑'라고도 불렸다.[28]

----

28 『研經齋全集』 권14, 「顯慶碑跋」; 동 권63, 「小華古蹟」 참조.

비문에는 당나라 낭장郎將 유인원이 백제 멸망 후 사비성에 유진留鎭해서 잔당殘黨을 평정한 사실이 기술되었다. 비문의 찬자는 알 수 없지만, 문장이 전아典雅하여 당대의 일류 문장가임에는 분명하다고 하겠다. 비문에서 시종일관 유인원을 '군君'이라 일컫고 있음이 주목된다.

이수螭首와 비신碑身은 한 몸으로 되어 있고, 귀부를 따로 만들어 그 위에 비를 세웠다. 현재 귀부의 소재는 알 수 없다. 비의 몸체는 왼쪽 부분에서 세로로 갈라져 두동강이 났으나 보존처리를 거쳐 비각 안에 옮겨 세웠다. 비의 재질은 담흑색淡黑色 대리석으로 회백색 얼룩무늬를 띤다. 비신의 높이는 237.9cm, 두께 30.9cm이며 이수는 높이 113.6cm, 폭 133.3cm다. 이수 부분에 새긴 반결형蟠結形 용무늬 조각이 섬세하고 사실적이다. 한반도에 있는 삼국시대 이전의 고비古碑 가운데 이처럼 석비의 양식을 제대로 갖춘 것은 그 수가 적다. 당나라 사람이 세운 것이기에 가능하였으리라고 본다.

글씨는 해서楷書다. 글자의 획과 수식이 잘 되어 있다. 모두 34행으로 1행에 69자가량이다. 현재 제20행까지는 판독이 거의 가능하고, 제21행은 18자 정도를 판독할 수 있다. 제22행부터는 마멸된 정도가 심하여 판독이 어렵다. 제액題額은 자경 6cm의 전서篆書로 양각되었는데 마모되어 판독이 불가능하다. 『임원십육지』 등에서 '유인원기공비劉仁願紀功碑'라 명명하였으며, 『조선금석총람』(1919)에서는 이를 그대로 따랐다. 성해응은 '유인원비'라고 하였다.[29]

비의 내용은 유인원의 평생 공적을 기린 것이다. 백제 평정과 관련

---

29 『研經齋全集』 外集 권61, 〈高麗碑〉 참조.

한 유인원의 공적은 대체로 다음 대목에 요약된 듯하다.

현경 5년(660)에 우이도행군대총관嵎夷道行軍大摠管을 제수 받고 형국공邢國公 소정방을 수행하여 백제국을 완전히 평정하였다. 그 나라 임금 부여의자扶餘義慈와 태자 융隆 및 좌평佐平·[달]솔([達]率) 이하 7백여 명을 사로잡았다. 외수령外首領 고로도□古魯都□, 봉무□부여생奉武□扶餘生, 수연이보라受延尒普羅 등이 아울러 기미幾微를 보고 일을 벌여 공을 세우고 귀순함으로부터, 혹은 맞아들여서 강궐絳闕(대궐)에서 내달리게 하고, 혹은 들어오게 해서 …… 하도록 하였다. 국경을 합쳤음에도 백제 유민遺民들이 안도하는 것이 예전과 같았다. 관직을 만들거나 나누어서 각각 유사有司(담당자)가 있게 하였다. 이에 (황실에서) 군君을 도호都護 겸 지유진知留鎭으로 삼았다. 신라 임금 김춘추金春秋 또한 작은 아들 김태金泰를 파견하여 함께 성을 굳게 지키게 하였다. 비록 오랑캐와 중국의 다름이 있고 어른과 아이의 현격한 차이가 있었으나, 군君이 마음 편하게 대접해 주어 그 은혜가 형제와 같았다. 공업功業을 잘 성취할 수 있었던 것은 대개 여기에서 말미암은 것이었다.

五年, 授嵎夷道行軍大摠管, 隨邢國公蘇定方, 平破百濟. 執其王扶餘義慈, 竝太子隆及佐平□率以下七百餘人. 自外首領古魯都□奉武□扶餘生受延尒普羅等, 竝見機而作, 立功歸順, 或入趍絳闕, 或入□□□, 合境遺黎, 安堵如舊, 設官分職, 各有司存. 卽以君爲都護兼知留鎭, 新羅王金春秋亦遣少子金泰, 同城固守. 雖夷夏有殊, 長幼懸隔, 君綏和接待, 恩若弟兄, 功業克就, 盖由於□.

유인원의 상관인 소정방도 자신과 관련된 비를 따로 세운 일이 없
다. 이에 비추어 보면, 휘하 장군이 별도의 기공비를 세웠다는 점은 실
로 이례적이다.

이 비문을 보면 보통 사람의 상식과 거리가 있는 몇 가지 사실이 눈
에 띈다. 첫째, 명실상부한 통일제국의 건설을 염원했던 태종·고종의
명령을 받들어 중국 각지를 정벌했던 유인원의 전공을 상세히 기록하
였다. 백제 평정에 관한 사실은 오히려 부차적인 것이다. 둘째, 유인원
집안의 족보를 옮겨놓은 듯 가문 내력에 대해 지나칠 정도로 자세히
서술하였다. 셋째, 시종일관 유인원을 '군'이라 표현하였다. 이 세 가지
점은 비문의 찬자를 추정하는 단서가 될 수 있다고 본다.

널리 알려진 바와 같이 당나라 장군 유인궤劉仁軌(601~685)[30]와 유인
원은 같은 시기에 활동했던 무장이다. 함께 백제를 멸망시키고 부흥군
을 격퇴한 뒤 나당연합군을 이끌고 고구려를 쳐서 멸망시켰다. 두 사
람은 출신지는 다르다. 유인궤는 지금의 하남성 개봉開封인 변주汴州
출신이요, 유인원은 지금의 섬서성陝西省 감천현甘泉縣 경내인 조음雕
陰이 그 원적지다. 그러나 성이 같고 이름도 비슷하다. 마치 형제와 같
다. 같은 집안 사람으로 인식하기에 알맞다. 두 사람은 고종의 명을 받

30 당나라 고종 때 사람. 자는 正則. 汴州 尉氏 출신. 어릴 때부터 학문을 좋아했다.
태종 貞觀 연간에 給事中이 되었다가 모함을 받아 靑州刺史로 좌천되었다. 고종
龍朔 원년(661) 소환되어 신라와 함께 백제 정벌에 나섰고 백제 멸망 뒤 帶方州刺
史가 되었다. 귀국하여 乾封 원년(666) 左相에 올랐다. 總章 3년(670) 太子左庶子
에 오르고, 同中書門下三品과 監修國史를 지냈다. 나중에 公으로 進爵되고, 다시
尙書左僕射 겸 太子賓客이 되어 정사를 보좌했다. 玄宗 開元 연간에 '文獻'이라 追
諡되었다. 저술로『劉氏行年記』가 있다.『구당서』, 권148;『당서』, 권108 참조.

아 백제와 고구려를 멸망시키는 과정에서 풍찬노숙風餐露宿을 함께 하였다. 웅진도독 유인원이 백제부흥군 세력에 밀려 위험한 지경에 빠졌을 때 검교대방주자사檢校帶方州刺史로 있던 유인궤가 원군을 보내 구원하였다. 둘은 누구보다도 서로 상대를 잘 아는 사이라 할 수 있다. 비문에서 '군'이라 호칭한 것은 이런 사정과 관련되어 있을 것이다.

유인궤는 무장으로 이름을 날렸으면서도 문필에 뛰어났다. 그가 남긴 글 가운데 회맹문會盟文 한 편이 『신증동국여지승람』, 『문헌통고文獻通考』 등에 전한다. 신라 문무왕 5년(665), 8월에 당나라 칙사 유인원이 신라왕 및 부여융扶餘隆과 함께 웅진의 취리산就利山에서 회맹을 하였다고 한다. 이때 회맹문을 지은 사람이 유인궤다.[31] 회맹문은 문장이 전아하면서도 기품이 있다. 문장 실력의 측면에서 유인원기공비의 찬자로 추정하는 것은 무리가 아닐 성 싶다.

한편, 유인원기공비에서 유인궤와 관련된 내용이 기술되지 않은 것은 비문을 찬술한 사람이 유인궤였을 가능성을 더욱 높여준다. 비문을 짓는 사람이 남의 기공비에 자신의 공을 기록할 수 없음은 상식에 속하는 일이다. 유인원의 가계를 그토록 자세하게 기술할 수 있었던 것도 유인궤와 같은 절친切親한 사람이 아니면 어렵다고 생각한다. 사정이 이렇다면 비문의 찬술자는 유인궤일 가능성이 높은 것이다.

돌이켜볼 때, 660년 7월 18일에 의자왕이 항복함으로써 백제는 개전 1개월도 못되어 멸망하고 말았다. 9월에는 소정방이 낭장 유인원

---

31 『東史綱目』 제4상, 신라 문무왕 5년(665)조; 『신증동국여지승람』 권17, 충청도 공주목, 〈古跡〉조 참조.

에게 군사 1만을 주어 사비성을 지키게 하고 자신은 고구려를 치기 위해 의자왕과 태자, 대신, 장사將士, 일반 백성 등 인질과 포로를 이끌고 당나라로 돌아갔다. 그 뒤 유인원은 4년에 걸친 백제부흥군의 끈질긴 무장 투쟁으로 인해 여러 번 곤경에 빠졌다. 사비성이 부흥군에 포위를 당한 적도 있었다. 이때 그를 구원해 준 사람이 대방주자사 유인궤였다. 백제부흥군 지도자 복신 등은 고립된 성에서 원병도 없이 지내는 유인원 등에게 사자를 보내 "대사大使들은 언제 서쪽으로 돌아가려는가? 사람을 보내 전별餞別해야 되겠다"고 힐난하였다 한다.[32] 사실 백제부흥군의 활동이 좌절된 것은 유인원·유인궤 등의 활약보다도 부흥군 내부의 분란이 더 큰 요인이었다. 마치 유인원 등의 혁혁한 공로로 백제 부흥운동이 좌절된 양 기록한 것은 사실 왜곡이다. 설령 백보를 양보하더라도 공으로 치자면 유인원보다 유인궤의 공이 훨씬 크다. 유인궤의 공이 더 크게 서술되어야 옳다.

『삼국사기』 백제본기, 백제 부흥운동 기사를 보면 유인궤의 공을 다음과 같이 적고 있다.

…… (고종은) 인궤에게 조서를 내려 군사를 거느리고 머물러 지키게 하였다. 전쟁의 결과로 즐비하던 가옥은 황폐하고 썩지 않은 시체는 풀더미 같았다. 인궤가 비로소 명령을 내려 해골을 묻고, 호구를 등록하고, 촌락을 정리하고, 관청의 장을 임명하고, 도로를 개통하고, 다리를 놓고 제언堤堰을 보수하고, 저수지를 복구하고, 농사와 누에에

---

32 『삼국사기』 권27, 「의자왕본기」 참조.

치기를 권장하고, 가난한 자를 진휼賑恤하고, 고아와 노인을 양육하고, 당나라의 사직社稷을 세우고, 정삭正朔과 묘휘廟諱를 반포하니 백성이 모두 기뻐하고 각기 제자리에 안주하게 되었다.

사정이 이러함에도 유인원기공비에서 유인궤의 이름은 찾아볼 수 없다. 모든 공이 유인원의 것인양 되어 있다. 그 이유는 비문의 찬자가 유인궤였기 때문이라고 본다.

(백제는) 원래부터 당나라 황실에 따라붙지 않았다. 조과雕戈[33]가 동방으로 달리고 금람錦纜[34]이 서쪽 바다에 뜬 뒤에도 요사스러운 무리들은 세력이 강성해지면 이내 반역을 도모하였다. 곧 가짜 중 도침道琛, 가짜 한솔扞率 귀실 복신鬼室福信이 그들이다. 이들은 민간에서 나와 그 우두머리가 되었는데, 사납고 교활한 사람을 불러 모아 임존성任存城에 성채를 쌓고 웅거하여, 벌떼처럼 진을 치고 고슴도치처럼 들고 일어나서 산과 골짜기에 가득 찼다. 남의 이름을 빌리고 지위를 훔쳐 모두 장군이라 일컫고서는 성을 무너뜨리고 고을을 깨뜨렸다. 점차 중부中部로 들어가 우물을 메우고 나무를 잘라버리며, 집을 헐고 오막살이를 불에 태워, 지나는 곳마다 해치고 없애버려 살아남은 것들이 조금도 없었다. 흉포한 위세가 이미 드러나니 사람들이 모두 위협에 눌려 복종하였다. 성채를 벌여놓고 진지[營]를 잇달아

---

33 무늬를 새긴 창.
34 비단 닻줄. 황제의 명령을 받은 장수들의 함선을 비유한 말.

만들어 우리 군대를 공격하고 포위해서 오래 머물렀다. 구름사다리 [雲梯]로 굽어보고 지도地道[35]까지 환히 알았다. 돌을 던지고 화살을 날렸는데, 별이 달리고 비가 쏟아지듯 하였다. 밤낮으로 연이어 싸우고 조석으로 세력을 믿고 침범하면서, 스스로 일컫기를 '망한 나라를 일으켜 세우고 끊어진 왕통을 계승한다'고 하며, …….

(그러나 우리 군대는) 한가하게 베개를 높이 베고 지내며 저들과 창검을 가지고 다투지 않고 군비와 무기를 단련하였다. 그리고 이 도적떼 弊賊(백제부흥군)가 쓸데없이 오래도록 시간만 끌다가 힘이 다하고 기운이 쇠해지기를 기다렸다. 군君(유인원)이 이에 몰래 간첩을 보내 그 병사들이 게을러진 때를 엿보아 □□□를 구축하고 틈을 타고 때를 기다려 문을 뚫고 굴을 열어 병사를 풀어서 엄습케 하여 ……

元來未附, 旣見雕戈東邁, 錦纜西浮, 妖孼侏張, 仍圖反逆, 卽有僞僧 道琛, 僞扦率鬼室福信。出自閭巷, 爲其魁首, 招集狂狡, 堡據任存, 蜂 屯蝟起, 彌山滿谷, 假名盜位, 竝□將軍, 漎城破邑, 漸入中部, 堙井 刊木, 壞宅焚廬, 所過殘滅, 略無遺噍。凶威旣逞, 人皆脅從。布柵連 營, 攻圍留連, 雲梯俯瞰, 地道旁通, 擊石飛矢, 星奔雨落。晝夜連戰, 朝夕憑陵, 自謂興亡繼絶, □□□□□□閑然高枕, 不與爭鋒, 堅甲利 兵, 以□其弊賊等, 曠日持久, 力竭氣衰。君乃陰行間諜, □其卒墮構, □□□□釁待時, 鑿門開穴, 縱兵掩襲…… 이하 판독불가

위 내용은 당나라 장수 유인원의 무공武功을 기린 것이다. 그렇지만

---

[35] 땅으로 파서 적을 치는 길.

이를 거꾸로 보면 나당연합군의 불의의 침략에 맞서 싸웠던 백제부흥군의 용감무쌍함을 엿볼 수 있는 것이기도 하다. 백제가 멸망한 뒤 유민遺民들에 의해 전개된 부흥운동은 고구려와 신라가 멸망한 뒤에는 볼 수 없었던 일이다. 이는 '충신은 두 임금을 섬기지 않는다'(忠臣不事二君)는 유교적 대의명분과 불의에 저항하는 춘추정신春秋精神의 소산이다. 유교정신이 지배계층의 이념으로 뿌리를 내렸음을 잘 보여주는 사례라 하겠다.

이 비의 글씨를 쓴 사람은 분명하지 않다. 조선 후기 금석학자 낭선군朗善君 이우李俁(1637~1693)의 『대동금석서大東金石書』에는 유인원의 글씨라고 되어 있으나 근거가 분명하지 않다. 비문의 주인공이 자신을 기리는 비의 글씨를 썼다는 것은 보통 사람의 상식을 벗어난 것으로 믿기 어려운 점이 있다. 서체는 초당初唐 해서의 전형을 보여준다. 이덕무李德懋의 『동국금석평東國金石評』에서는 구양순체라고 하였으나(率更體瘦)[36], 저수량褚遂良(596~658)과 우세남虞世南(558~638)의 필치와 흡사한 면이 더 많다.[37] 구양순체에 나타나는 엄정성과 절제미에서 벗어나 힘차고 굳센[遒勁] 필획으로 거침없는 필법과 결구를 구사하여 완성미가 돋보인다. 품격면에서 저수량의 「예관찬倪寬贊」이나 「이궐불감비伊厥佛龕碑」, 「맹법사비孟法寺碑」, 그리고 우세남의 「공자묘당비孔子廟堂碑」와 비교해도 손색이 없는 글씨라 하겠다.

---

36 위의 『임원십륙지』에서 재인용.

37 특히 낚시 바늘처럼 생긴 'ㅣ' 획의 처리에서 저수량 기풍이 풍긴다.

5. 百濟昌王銘石造舍利龕

백제 제27대 위덕왕(이름은 昌) 13년 정해丁亥(567)에 왕의 매형공주
妹兄公主(손위누이)[38]가 사리를 공양하기 위해 만든 사리감이다. 국보 제
288호다. 554년 7월, 신라군과의 전투에서 비명非命에 세상을 떠난
부왕(聖王)의 명복을 빌기 위해 조성한 것으로 보인다. 백제금동대향로
가 출토된 능산리 절터 중앙부 목탑 자리의 심초에서 발견되었다. 이
로써 능산리 절이 왕실과 밀접한 관계가 있음이 사실상 증명되었다.

사리감은 위는 둥글고 아래는 네모난[上圓下方] 터널형이다. 감실은
아치형으로 된 윗면에 바닥이 납작한 방을 만들었다. 출토 당시에 감
실의 문과 사리 용기, 장엄구 등은 없었다. 이미 도굴을 당한 상태였
다. 사리감 좌우 양쪽으로 각각 10자씩 모두 20자 명문을 음각하였다.

  百濟昌王十三秊太歲在」
  丁亥妹兄公主供養舍利」

위 내용 가운데 '백제창왕'이라 한 것은 무령왕릉 지석에서 무령왕의
본명을 빌어 '사마왕斯摩王'이라고 한 사례와 비슷하다. 그러나 왕흥사
사리함명에서 '백제왕 창'이라 한 것과는 표현이 다르다. '창'이라 한 것
과 '창왕'이라 한 것은 분명 다르다. 어떻게 보아야할까? 왕흥사사리함

---

38 매형과 공주로 보는 사람도 있지만 문리에 맞지 않다. 여기서 '妹'는 여자 형제를,
'兄'은 손윗사람을, '공주'는 신분을 나타내는 것이다. 결국 위덕왕의 손위누이라는
말이다.

석조사리감

은 위덕왕 자신이 봉안을 주관하였기 때문에 본명인 '창'을 직서直書한 것이요, 이 경우는 위덕왕의 손위누이가 사리를 공양했기 때문에 금상 今上을 친근한 표현으로 '창왕'이라 하였을 것이다.

'정해년'(567)은『삼국사기』연표에 따르면 위덕왕 14년이다. 그런데 이 사리감에서는 '13년'이라고 하였다. 무슨 이유에서일까? 왕실과 관련된 중요한 사리감에 기년紀年을 잘못 표기하는 일이 과연 있을 수 있을까? 필자는 아니라고 본다. 종래 우리가 알아왔던 위덕왕의 즉위 년에 문제가 있기 때문일 것이다.『삼국사기』권26, 성왕 32년(554)조를 보면 그 해 7월에 성왕이 신라군에게 붙잡혀 죽음을 당하고 원자 '창'이 곧바로 계승한 것으로 되어 있다.

그러나 『일본서기』 흠명기欽明記, 흠명 16년(555) 8월조를 보면, 백제의 태자 창이 출가수도出家修道하려고 하다가 제신諸臣과 백성들의 만류로 그만두었다고 하며, 이후 흠명 18년(557) 3월에 가서야 즉위하였다고 한다.[39] 『삼국사기』와 『일본서기』 사이에는 위덕왕의 즉위를 놓고 약 3년 8개월의 차이가 있다. 흠결이 많은 『일본서기』의 내용을 전적으로 신빙할 수는 없다고 하더라도, 위의 내용을 미루어보면, 위덕왕이 부왕의 뒤를 이어 곧바로 즉위한 것 같지는 않다. 성왕의 불행한 죽음으로 정신적 동요가 심했던 위덕왕의 처지를 고려할 때 최소한 몇 개월의 방황은 있었던 것 같다. 필자는 이 사리감에 나오는 연대 표기가 위덕왕의 즉위 연도를 바로잡는 중요한 단서라고 생각한다.

서체는 무령왕릉의 매지권 글씨와 비슷하다. 중국 남조南朝와 북위北魏의 서풍에 영향을 받아 소박한 듯하면서도 세련미가 있다.

---

39 『일본서기』, 권19 참조.

III. 맺음말

소개의 글 정도로 써보려던 것이 길어졌다. 본고를 준비하는 과정에서 고고학적 발굴의 중요성을 재삼 절감하였다. 왕흥사청동사리함과 창왕명사리감은 익산 미륵사지에서 발굴된 사리장엄구·봉안기와 함께 1990년대 이래 과거의 백제문화권에서 거둔 최고의 발굴 성과라 하겠다. 왕흥사청동사리함에서는 왕흥사 건립 이전에 사리탑이 세워졌음을 밝혔다. 창왕명사리감명에서는 사리를 공양한 정해년을 위덕왕 즉위 13년이라 적고 있어, 즉위년에 대한 새로운 정보가 될 것으로 본다.

사택지적비는 사비백제인이 세운 것으로 오늘날까지 남아 있는 대표적인 금석자료다. 금석학사·서예사·한문학사는 물론 백제 말기의 정치사 연구에 큰 도움이 된다. 미륵사 사리봉안기에 무왕 당시 좌평을 지낸 '사탁적덕沙乇積德'이 등장함으로써, 이 비에 나오는 사택지적이란 인물과의 관계가 주목 받게 되었다. 사택씨 집안에 대한 연구가 다시 점화될 가능성이 있어 보인다.

평제비와 유인원기공비는 당나라 사람이 세운 비라 하여 가볍게 보는 경향이 없지 않다. 배타적인 인식의 이유를 모르는 바 아니지만, 이들 금석자료가 갖는 중요성을 제대로 알지 못하는 점이 안타깝다. 다른 것은 그만두더라도 이들 비는 당시 당나라의 문화가 한반도 남부에 직수입된 사례를 단적으로 보여준다. 이후로 우리나라 서예사·금석학사에 큰 영향을 끼쳤음은 더 말할 나위 없다.

필자는 평제비를 탑비라고 말하는 것이 잘못임을 논증하였고, 세칭소정방비와 평제비가 둘이 아님도 밝혔다. 백제인이 세운 탑에다 당군唐軍의 공적을 새겼다는 내용이 평제비에 들어 있음에도 이를 지적한 사람이 없음은 아쉬운 일이다.

유인원기공비는 석비 양식에서 신기원을 이룬다. 필법상으로 후대에 끼친 영향이 컸다. 내용상으로는 백제 멸망 이후 백제부흥군의 활약상을 엿볼 수 있어 중요하다. 필자는 비문의 찬자를 유인원과 함께 백제를 원정했던 유인궤로 추정하였다. 금후 눈 밝은 학인이 나와 전후의 역사적 사실을 더 고증하여 확정을 짓기를 기대한다.

제 5 장

한국금석문의 白眉 '四山碑銘'

I. 머리말

신라 말의 홍유鴻儒 고운孤雲 최치원崔致遠(857~?)은 한국한문학사, 한국유학사에서 서장序章을 장식하는 인물이다. 현재 전하는 저술 가운데 『계원필경집桂苑筆耕集』은 우리나라 한문학사에서 최고最古의 문집이다. 『사산비명』은 우리나라 금석문의 신기원을 여는 것이자 백미白眉라고 할 수 있다. 재당시의 작품을 모은 것이 『계원필경집』이라면 『사산비명』은 귀국한 이후에 지은 득의작得意作이라 하겠다. 「대낭혜화상비문」을 보면 "만약 중국을 사모하는[西笑] 사람이 혹 비문을 소매 속에 넣어 가지고 들어가, 중국 사람들의 비웃음에서 벗어나게 된다면 매우 다행일까 한다"고 했던 무염국사 상족제자上足弟子의 말을 인용하고 있다. 이것은 최치원 자신의 생각을 간접적으로 드러낸 것으로 보아도 좋을 듯하다. 최치원이 이 '사산비명'을 비롯한 자신의 문장에 얼마나 자신감을 가지고 있었는지 짐작할 만하다.

『사산비명』은 우리나라 한문학사와 금석학사에서 중요한 위치를 차지한다. 불교사 연구에서도 빠뜨릴 수 없는 중요한 자료다. 이런 자료적 가치 때문에 일찍부터 한 권의 책으로 묶여져 내려왔다. 탁본은 오늘날까지 금석학 교재, 서예 교본으로 활용되고 있다. 한편, 17세기 초부터 주해본이 만들어지기 시작하여 20세기 말엽까지 내려왔다. 주

석의 역사가 4백년이다. 주석은 주로 호남지방에서 이루어졌다. 서산
대사 휴정休靜의 문인 중관中觀 해안海眼(1567~?)이 지리산 화엄사에서
『사산비명』을 세상에 알린 뒤 이 책은 호남 지방의 유수한 사찰에서 강
원講院의 과외독본課外讀本으로 자리잡았다. 불교사 연구와 함께 고운
사상에 대한 연구도 이어졌다. 이런 분위기 속에서 전라도관찰사로 부
임해온 서유구徐有榘(1764~1845)가 순조 34년(1834)『교인 계원필경집』
20권을 취진자聚珍字(活字本)로 박아냄으로써 최치원 숭모의 열기를
고조시켰다.

　호남지방은 고운사상 전승에서 중요한 위치에 있다. 오늘날 최치원
연구가 크게 진척된 데에는 4백년에 달하는『사산비명』주석사가 크게
기여하였다. 이점은 뒤에 다시 논하는 사람들이 있을 것이다. 이제 한
국금석학사에서 우뚝한 위치를 차지하는『사산비명』에 대해 자세히 살
피기로 한다.

II. 四山碑銘의 由來와 註解

1. '사산비명'의 유래

『사산비명』은 최치원이 찬술한 비문 가운데 신라의 불교사를 비롯하여 여러 면으로 가치가 높은 네 편을 뽑아 한 책으로 만든 것이다. 네 편의 비문이란, 곧 ①崇嚴山聖住寺大朗慧和尚白月葆光塔碑銘(并序) ②智異山雙溪寺眞鑑禪師碑銘(并序) ③初月山大崇福寺碑銘(并序) ④曦陽山鳳巖寺智證大師寂照塔碑銘(并序)을 말한다. 위의 네 군데 산사山寺 이름을 취하여 일반적으로 '사산비명'이라 일컫는다. 네 비문은 모두 왕명에 의해 찬술되었다. 최치원이 귀국한 뒤부터 은거하기 이전에 걸쳐 찬술된 것이다. 『고운선생문집』과 『해운비명주海雲碑銘註』에서는 위의 순서대로 싣고 있으나 찬술된 순서에 따른 것은 아니다. 주해본에 따라 싣는 순서는 다르다.

몽암당蒙庵堂 기영箕穎의 『해운비명주』 서문에 의하면, 만력萬曆 연간에 철면노인鐵面老人[01]이 『고운집』 10권 속에서 이 네 비문을 초출抄

---

01 조선 선조 때의 승려인 海眼(호: 中觀, 1567~ ?)의 별호. 그의 저술 『中觀集』을 보면 「大隱庵說」 등에서 '雲居鐵面中觀禪子' 또는 '鐵面中觀子' '鐵面玉井'이라 하여 海眼의 호가 中觀 또는 鐵面이었음을 밝히고 있다. 해안은 속성이 吳氏로 전라도

出하고 난해한 대목들을 골라 주석한 뒤 후진들에게 습송習誦토록 했다 한다. 여기서 '만력'이란 명나라 신종神宗의 연호다. 서기 1573년부터 1619년까지 사용되었으니, 조선의 선조 6년으로부터 광해군 11년까지의 기간에 해당한다. 철면노인이 이를 불교학인들에게 습송토록 하면서 경전을 읽는 여가의 과외독본課外讀本이 되다시피 했다. 그 뒤 몽암당 등의 주해가 있어 일반인 사이에도 퍼졌다. 또 순조·헌종 연간에 거사居士 홍경모洪景謨[02]가 주해의 내용과 체재를 일신하여 더욱 넓어졌다.[03]

『사산비명』의 원문은 원비原碑 또는 탑본搨本을 통해 접할 수 있다.[04] 대숭복사비의 비문은 비가 인멸되기 전에 베껴놓아 오늘에 전한다. 모두『고운집』에 실렸다. 판각본板刻本 및 수사본手寫本에 따른 글자의 이동異同은 적은 편이다. 다만 대숭복사비의 경우, 인멸 이전 문집 등에 전재轉載한 것이나 필사본 등에 전적으로 의지할 수밖에 없다. 다른 세 비 역시 마손磨損, 결락缺落 등으로 판독이 불가능한 부분은 온

務安 사람이다. 서산대사 휴정의 문인이다. 평생토록 臨濟宗의 正脈을 전파하는 데 힘썼다. 임진왜란 때에는 영남에서 僧兵을 일으켜 왜적과 싸우기도 했다. 저술로『中觀集』·『竹迷記』·『東國禪燈壇』등이 있다. 「金剛山乾鳳寺四溟大師碑銘」에도 그의 행적이 일부 기술되어 있다.

02 본관은 豊山. 그밖의 인적 사항 미상. 冠巖 洪敬謨(1774~1851)와 혼동하는 사람들이 많다.

03 朴漢永, 「精校四山碑銘注解緣起」, 『石顚詩艸』 참조.

04 朗慧碑 木版覆刻本1帖 52張이 규장각도서에, 眞鑑碑 木版覆刻本1帖 16張이 쌍계사에 소장되어 전한다.

전할 때 복각覆刻한 것에 의지할 수밖에 없다.[05] 보다 정확한 주해를
위해 일차로 판본·필사본에 대한 조사와 교감校勘이 필요하다.

2. '사산비명'의 주해본

『사산비명』에 대한 제가諸家의 주해는 상당수에 달한다. 현재 몇 종
이나 되는지 정확히 파악하기 어렵다. 『사산비명』이 승속僧俗을 불문
하고 얼마나 관심 있게 받아들여졌는지 짐작할 수 있다. 다만, 주해본
대다수가 주해자를 알 수 없고, 또 알 수 있다 하더라도 순전한 자기류
自己流의 주해라고 할 수 없는 것이 많다. 전배前輩들의 주해에서 잘못
되었거나 미진한 것만을 제한적으로 고치고 보탠 것이 태반이다. 어디
까지가 누구의 주해인지를 분별하기가 어렵다.

현재 수집되거나 학계에 알려진 범위 안에서 여러 주해본을 소개하
면 다음과 같다.[06]

○海雲碑銘註(필사본, 不分卷 1책)

정조 7년(癸卯, 1783) 가을에 쓴 주해자 몽암蒙庵의 주서註序가 있다.

---

05 현재 대숭복사비를 제외한 세 碑의 탑본과 飜刻本 등이 온전하게 전한다. 한 예로
　　현재 상황에서 진감선사비의 건립 연대는 비문의 일부 缺落으로 인해 알 수 없으
　　나, 조선 영조 원년(1725) 木版에 移刻한 비문에 의하면 "光啓三年七月 日建"이라
　　고 되어 있어 신라 정강왕 2년(887)에 건립된 것임을 알 수 있다.

06 김지견, 『사산비명 집주를 위한 연구』(한국정신문화연구원, 1994)에 소개된 것을 다
　　수 인용하였다.

편차는 낭혜 – 진감 – 숭복 – 지증 순이다. 국립중앙도서관 소장본(55
장), 성균관대학교도서관 소장본(82장), 연세대학교도서관 소장본(76장)
등이 있다. 성균관대 소장본에는 서문 다음에 '고운행적孤雲行蹟'을, 권
말에 부賦 '영효詠曉'를 실었다. 초기의 주해에 속하는 것으로서, 비교
적 자세한 주해에다 구결口訣까지 붙여 독자에게 편의를 제공한다. 상
당수 난해한 부분에서는 '미상未詳' 또는 '당사후고當俟後攷'라고 하는
등 신중함과 조심성을 보이고 있다. 이후에 나온 주해에 많은 도움을
주었다. 다만 원문의 오사誤寫가 적지 않으며, 주해에서도 잘못되거나
미진한 곳이 꽤 많은 편이다. 이 밖에도 제첨題簽은 다르지만 내용이
같은 것으로, 『고운집』(필사본, 1책, 동국대학교도서관 소장)과 『해운집海雲
集』(필사본, 1책, 75장, 徐首生博士 소장) 등이 확인된다.

　○四山碑銘(필사본, 4권 1책, 65장)

　주해자 및 연기年紀 미상. 표지에는 '사산비록四山碑錄'이라고 되어
있다. 또 '연당蓮塘'이라는 명기名記가 있다. 주석은 협주夾註가 아닌
말주末註 형식이다. 편차는 낭혜 – 진감 – 숭복 – 지증 순이다. 권두에
박옹朴翁이 지은 '헌강대왕송귀무염국사시집인獻康大王送歸無染國師詩
集引'과 '고운행적孤雲行蹟'을 실었으며, 권말에 '乙未肇夏釋迦齋日曹
溪佛日庵 謹書'라는 필사자의 주기註記가 있다. 근세 고종 32년(1895)
에 불일암佛日庵[07]에서 필사되었음을 짐작하게 한다. 또 권말에 '신라
국왕열대 사비입석선후도新羅國王列代四碑立石先後圖'를 실어 네 비가

07　하동 쌍계사의 부속 암자로 추정된다.

왕명으로 세워진 시기와 비문이 찬술된 시기, 세 선사의 출가出家·청
법請法·천화遷化·증시贈諡의 시기 등을 도표를 통해 일람하도록 되어
있다. 동국대학교도서관 소장

　○新羅國四山碑銘(필사본, 불분권 1책, 55장)
　주해자 및 연기 미상. 편차는 진감 – 낭혜 – 지증 – 숭복 순이다. 서울
대학교 규장각 소장.

　○洪居士註
　순조·헌종 연간의 거사 홍경모가 주해한 것이다. 이능화李能和의
『조선불교통사』에 네 비문을 전재하면서 '용홍거사주用洪居士註'라고
하여 주해를 제한적으로 소개하였으나, 그 전모를 살피기는 어렵다.[08]

　○四山碑(필사본, 불분권 1책, 48장)
　주해자 및 연기 미상. '신라국고사비新羅國故寺碑'라는 부제가 있다.
편차는 낭혜 – 숭복 – 진감 – 지증 순이다. 주해가 간략하다. 권말에 '신
라역년도新羅國歷年圖'를 부록으로 실었다. 고려대학교도서관 소장.

　○四碣(필사본, 불분권 1책, 50장)
　주해자 및 연기 미상. 편차는 낭혜 – 지증 – 진감 – 숭복 순이다. 주석

08　이능화뿐만 아니라 석전 박한영도 홍거사 주해본을 입수했던 것 같다. 현재는 전
　하지 않은 듯하다.

은 간략한 편이다. 다른 주해본과 대비할 수 있는 것도 상당수에 달한
다. 고려대학교도서관 소장.

○四山碑銘(필사본, 불분권 1책, 62장)

권두에 '두륜사문 각안주頭輪沙門覺岸註'라고 되어 있고, 권중卷中에
'光緖十八年壬辰夏 書于眞佛庵拈花室中'이라는 필서주기畢書註記가
있다.『동사열전東師列傳』의 찬자 범해梵海 각안覺岸(1820~1896)이 고종
29년(1892)에 완성했음을 알게 한다. 편차는 낭혜 - 진감 - 숭복 - 지증
순이다. 주해는 기존 주해 가운데 번쇄한 것들을 깎아 버리고 간결하
게 처리했다. 중관 해안의『죽미기竹迷記』, 다산 정약용의『대둔사지大
芚寺誌』 등을 인용하여 독특한 주해를 상당수 냈다. 원문을 전사轉寫하
는 과정에서 오사誤寫한 곳이 꽤 있고 현토懸吐와 주해에도 정확하지
못한 곳이 적지 않다. 내용이 같은 주해본으로 지곡서당芝谷書堂 소장
본인『사산비명』(필사본, 불분권 1책, 76장)이 있다.[09]

○四山碑銘(필사본, 불분권 1책, 51장)

주해자 및 연기 미상. 전 경성제국대학 교수 이마니시 류[今西龍:
1875~1932]가 1930년 목포의 고물점에서 사본을 구입하여 재사再寫한
것이다. 편차는 낭혜 - 지증 - 숭복 - 진감 순이다. 주해가 소략하고 오
류가 많다. 대흥사 백화암계白華庵系에 속한 것으로 보인다. 일본 텐리

---

09 '頭輪沙門 覺岸註'라는 名記가 뚜렷하다. 임창순,「覺岸註四山碑銘」,『圖協月報』
11, 한국도서관협회, 1970 참조.

대학도서관天理大學圖書館 소장

○桂苑遺香(필사본, 불분권 1책, 77장)

권두에 '석옹石翁'이라는 기명記名이 있다. '석옹'은 경운원기擎雲元奇 (1852~1936)의 아호다. 종래에는 '석전옹石顚翁'의 줄임말로 보아 석전 石顚 박한영朴漢永(1870~1948)으로 추측하였다. 어느 쪽이 옳은지는 자세하지 않다. 다만 『계원유향』의 내용은 박한영의 『정교사산비명주해 精校四山碑銘註解』(또는 『精註四山碑銘』)와 같은 것으로 보인다.[10] 편차는 지증 - 숭복 - 진감 - 낭혜 순이다. 종래의 주해를 두루 참고한 듯 주해가 상세하고 오사誤寫가 비교적 적다. 『문창집文昌集』과 함께 정주본精註本·정교본精校本에 속한다. 최완수崔完秀(간송미술관) 소장본을 1972년 서울대학교 문리대 국사연구실에서 '한국사료선총韓國史料選叢 제10권'으로 영인 간행한 바 있다.

○文昌集(필사본, 불분권 1책, 95장)

주해자[11] 및 연기 미상. 편차는 숭복 - 진감 - 낭혜 - 지증 순이다. 원문 필사가 정확하고 주해가 상세한 편이다. 번쇄한 느낌이 없지는 않

---

10 '石翁'이라는 서명은 후인이 가필한 듯하다. 1987년 김지견(1931~2001) 교수가 일본에서 박한영 친필본 『精註四山碑銘』(일본에 유학 중인 慧南 스님 소장본)의 소재를 파악하여 학계에 소개하였다. 양자를 대조하면 『계원유향』이 박한영이 주해한 것인지, 아니면 그의 스승 경운이 주해한 것인지 짐작할 수 있을 것이다.

11 仙巖寺의 擎雲이 주해한 것으로 알려진다. 『계원유향』과 대동소이한 것으로 미루어 보면 경운→ 박한영으로 내려오는 주해본인 것 같기도 하다.

다. 전체적으로 『계원유향』과 대동소이하다. 간혹 한글 주석이 보이는 것도 특징이다. 서울대학교 규장각 소장.

○精註四山碑銘(필사본, 불분권 1책, 89장)[12]

석전 박한영이 주해한 것이다. 편차는 권두에 사산비명주해연기四山碑銘注解緣起가 있고, 이어 진감－낭혜－지증－숭복 순으로 싣고 있다. '연기緣起'의 말미에 "불기佛紀 2958년 신미辛未 오월梧月 일 석전 정호石顚鼎鎬 근지謹識"라고 되어 있어 1931년 음력 7월에 기필起筆한 것임을 알 수 있다.[13] 부록(7장)으로 연천淵泉 홍석주洪奭周(1776~1852)의 「교인계원필경집 서校印桂苑筆耕集序」와 서유구의 「교인계원필경집 원서原序」, 「최문창후본전崔文昌侯本傳」, 「지증비중 매금주 증정智證碑中寐錦註證正」, 「사산비 교락열성지도四山碑交絡列聖之圖」, 「대낭혜전大朗慧傳」, 「지증전智證傳」, 「혜소전慧昭傳」 등을 싣고 있다.[14] 사산비 주해에서 정주본精註本에 속한다. 「진감선사비명」 첫머리에 나오는 '조선 풍산홍경모집주朝鮮豐山洪景謨集註'라는 명기를 인용한 것을 보면, 속소위俗所謂 '홍거사 주洪居士註'를 중점적으로 검토했음을 짐작할 수 있다.

---

12 김지견 교수는 일본 東京 泉岳寺의 소장자로부터 입수하였다고 밝힌 바 있다. 그러나 근자에 釋慧南에 따르면, 石顚이 그 제자 雲起에게 주고 운기가 다시 혜남에게 준 것이라고 한다. 《불교신문》 제2550호, 2009년 8월 19일자 참조.

13 이것은 『石顚文鈔』(서울: 法寶院, 1962)에 실린 「精校四山碑銘注解緣起」의 끝부분에서 '辛未七月 日'이라고 한 것과 일치한다. 주해가 완성된 것은 1935년(乙亥)으로 起筆한 지 5년만이다.

14 부록에서 「大朗慧傳」・「智證傳」・「慧昭傳」은 이덕무의 『刊本 雅亭遺稿』 권3에 실린 것을 인용하였다.

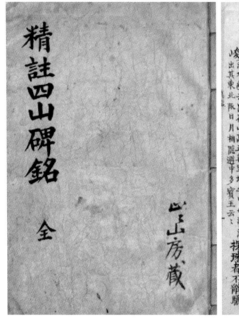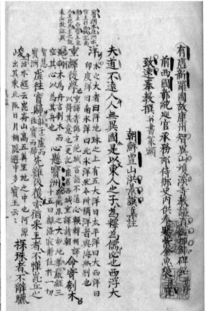

정주사산비명

○孤雲先生文集 所載 四山碑銘(목판, 3권 1책)

가장 널리 알려진 주해다. 1926년 후손 고재古齋 최국술崔國述(崔坤述(1870~1953) 등에 의하여 간행되고, 1972년 성균관대학교 대동문화연구원에서 『최문창후전집崔文昌侯全集』을 영인 간행할 때 실렸다. 제2권과 제3권이 '사산비명'이다. 편차는 낭혜 – 진감 – 숭복 – 지증 순이다. 주해는 대부분 『해운비명주』에서 옮겨 실은 듯 별 차이가 없다. 다만 찬자 최치원을 영불지인佞佛之人이라고 비판하던 조선시대의 분위기를 반영이라도 하듯, 비문의 일부 대목을 고의적으로 개찬改竄함으로써 최치원이 유학자의 본령에서 벗어나지 않았음을 보이려 한 흔적이 있다.

○碑藪(필사본, 불분권 1책)

주해자 및 연기 미상. 사산비 이외의 다른 유명한 비갈문자碑碣文字까지 포함, 모두 7개의 비명을 실었다. 민화가이자 고미술 연구가인 김호연金鎬然 소장.

○碑銘並註(사본, 불분권 1책)

주해자 및 연기 미상. 원문은 싣지 않고 난해한 어구語句에 주해를 달았다. 우리나라 사찰 강원講院에서 볼 수 있는 전통적 사기私記 형식을 갖추었다. 대흥사 내 백화암 소장.

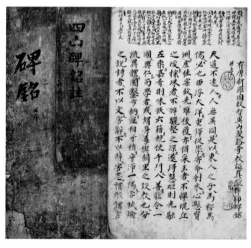

사산비명주

○ *海雲集*(필사본, 불분권 1책, 37장)

주해자 및 연기 미상. 진감선사비명과 대낭혜화상비명 원문을 싣고 상세한 주석을 달았다. 권말에 삼국의 왕명王名을 약간의 설명과 함께 부록으로 실었다. 연세대학교도서관 소장.

○ *孤雲先生文集逸稿*(石印本, 불분권 1책, 47장)

간행 연도 미상. 네 비의 원문만 실었다. 한국학중앙연구원 소장.

3. '사산비명' 역주본

한글로 번역되거나 역주譯註된 것들이 적지 않다. 이를 연대순으로 살피기로 한다. 『사산비명』에 대한 최초의 국역國譯은 1972년에 원로 한학자 월당月堂 홍진표洪震杓(1905~1991)에 의해 이루어졌다.[15] 번역의 대본은 『최문창후전집』에 실린 문집본이었다. 홍진표는 문집본의 주석을 바탕으로 번역에 충실을 기하면서 문의가 쉽게 전달되도록 하는 데 힘썼다. 난해하기로 정평 있는 이 비문을 처음으로 번역하다 보니 여러 곳에서 적지 않은 오역이 나왔다. 그러나 초역初譯이 갖는 의의와 공헌은 크다고 하겠다.

홍진표를 이어 나온 번역은 1973년 『고운선생문집』을 국역하면서

15　『韓國의 思想大全集』 제3권, 동화출판공사, 1972 所收.

이루어졌다.[16] 「대낭혜화상비문」은 홍진표, 「진감선사비문」은 성락훈成
樂熏(1911~1977), 「대숭복사비문」은 변각성邊覺性(1937~), 「지증대사비
문」은 최병헌崔柄憲(1943~)이 각각 역주하였다. 홍진표가 초역했던 것
을 기초로 하면서, 오류와 미진한 부분을 보완하여 상당한 진척을 보
였다. 이로써 고운 최치원 연구의 새로운 장章을 열게 되었다. 다만 번
역 중심인 까닭에 연구자들에게 아쉬움을 남겼다.

1987년에 최영성崔英成의 『주해 사산비명』이 나왔다. 사산비가 본격
적으로 연구 대상이 되어 학계의 주목을 받게 된 것이다. 이 책은 사산
비에 대한 종래의 주해를 기본으로 하면서도 신주新註를 시도하였다.
주해와 함께 쉬운 말로 풀어낸 번역을 곁들였다. 그러나 상당수의 오
역과 주해의 부실이 발견되어 1990년에 『최치원의 사상 연구』 부록으
로 실린 '집주사산비명集註四山碑銘'(漢文本)을 통해 시정한 바 있다.

그 뒤 1992년 한국고대사회연구소에서 한국고대금석문을 3권으로
역주하면서, 제2권에 사산비를 실었다.[17] 「진감선사비문」을 김남윤金南
允이, 「대낭혜화상비문」을 최연식崔鉛植이, 「지증대사비문」을 남동신南
東信이, 「대숭복사비문」을 정병삼鄭炳三이 각각 역주하였다. 최영성의
『주해 사산비명』을 주요 참고 자료로 하면서 약간을 손질하는 정도에
그쳤다.

같은 해인 1992년에 문경 봉암사 스님 석정광釋淨光(1942~)이 『지증

---

16 최준옥(편), 『국역 고운선생문집』 하권, 1973, 145~371쪽 참조.
17 한국고대사회연구소(편), 『역주 한국고대금석문』 제3권, 가락국사적개발연구원,
    1992 참조.

대사비명소고智證大師碑銘小考』(經書院)를 펴냈다. 대체로 종래의 주해를 집대성하는 데 중점을 두었다. 선행 역주 작업의 성과를 참조[18]한데다가 자신의 신주新註를 더하였다.[19] 서명書名과는 달리 지증대사비뿐만 아니라 나머지 세 비까지도 모두 역주하였다. 비문 역주에 필요한 자료들을 최대한 동원하여 번역, 해설을 가하였고, 참고 자료까지도 번역하여 실었다. 다만 원문과 주석, 해설, 참고 자료의 경계가 뚜렷하지 않아 고람考覽에 불편하고 번다한 느낌을 준다.

이어서 1993년에 이지관李智冠(1932~2012)이 '한국불교금석문 교감역주校勘譯註' 시리즈를 여러 권으로 펴내면서 제1권 『교감역주 역대고승비문 - 신라편』에 사산비를 실었다. 외관상으로 정제整齊되고, 또 몇몇 부분에서 전인前人이 미처 밝히지 못한 전고典故 - 특히 불교관계 - 를 해결하거나 새로운 주석을 시도하였다. 유감스럽게도 공에 못지 않게 과실이 적지 않다. 교감부터 문제다. 결락缺落 처리가 많고 오자 투성이인 『해동금석원海東金石苑』과 『한국금석전문韓國金石全文』, 특히 후자를 저본底本[20]과 같은 위치에 놓은 것은 잘못이 적지 않다. 비의 실물에다 탁본, 복각본까지 있는 대낭혜화상비와 진감선사비는 교감에 어려움이 별로 없겠지만, 대숭복사비와 지증대사비는 정확한 교감을 필요로 한다. 그럼에도 오자와 탈자, 무리하게 추정해 넣은 글자 등이

---

18   인용 출처를 밝히지 않아 학술적 가치를 떨어뜨린 점이 아쉽다.

19   한 예로, 진감선사의 법휘가 慧明이며, 민애왕이 자신의 이름인 '明' 자를 피해 慧昭로 고쳐 法號로 삼도록 했다는 주석이 독특하다. 『지증대사비명소고』, 243~244쪽 참조.

20   이 책에서는 어느 것을 저본으로 했는지 명확하게 밝히지 않았다.

많기로 알려진 『한국금석전문』을 저본인 양 사용한 것은 이해하기 어렵다.[21]

번역 역시 이미 나온 것들에 못 미치는 대목이 적지 않다. 지증대사비와 대낭혜화상비의 경우 그 정도가 더하다. 또한 원문의 구두句讀가 부실하고, 종래의 잘못된 주석에 매여 사실과 다르게 엉뚱한 주석을 낸 경우도 꽤 있다. 전반적으로 역주자의 성명盛名에 누累가 되는 것도 사실이다.

이후 1995년에 이우성李佑成(1925~)이 교역校譯한 『신라사산비명新羅四山碑銘』이 나왔다. 수년에 걸쳐 문하 제자들의 도움을 받아 이룩한 이 책은 종래의 여러 주해본을 비교 검토하여 원문을 철저히 교감하고 종합적인 집주본集註本을 만드는 데 초점을 둔 것이다. 사산비에 대한 원문의 교감에서는 지금까지 나온 것 가운데 가장 정확성을 기하였다. 제가諸家의 주해를 한 눈에 볼 수 있도록 한 것은 큰 장점이다. 그러나 번역문만 있고 한글로 풀어쓴 주해가 없어서 연구자와 학생들이 고람考覽하기에 불편하다. 또 한문주漢文註에서도 잘못이 분명한 주석까지도 상당수 싣고 있어 번거로운 느낌이다. 집주에 중점을 두어 종래의 주해를 모은 것이 대부분이라, 참신성을 인정하기 어려운 것이 사실이다. 교역자 나름의 신주新註가 극히 신중하게 제한적으로 이루어진 것은 선인들의 업적을 존중하려는 의지의 소산이라 하겠지만, 한학漢學에 밝은 구안지사具眼之士를 보기 어려운 현실에 비추어 아쉬움이 없

21　『금석전문』은 이미 1919년에 조선총독부에서 펴낸 『조선금석총람』보다 그 정확도에서 훨씬 뒤져, 사정을 아는 사람은 이용하기를 꺼려하는 터였다.

지 않다. 원문에 대한 주해와 번역에서 서로 상충되거나 모순되는 곳
도 더러 있다.

이후 '사산비명'의 번역은 10년 이상 공백기에 들었다. 2009년 한학
자 이상현李相鉉(1949~)이『고운집』을 번역하면서 문집 안에 들어 있
는 '사산비명'을 약 130쪽 분량으로 완역하였다.[22] 종래의 연구 성과를
종합적으로 반영하여 비교적 품격 있고 매끄럽게 번역한 것으로 평가
할 수 있다. 다만 한국고전번역원에서 간행한 한국문집총간 제1집 소
재『고운집』을 대본으로 한 까닭에 원문에 대한 교감이 없는 것이 큰
흠이다. 또한 약 450여 개 되는 주석은 인용된 고사를 충실하게 풀이
하는 것으로 일관했을 뿐 학술적 주석과는 거리가 멀다. 기존의 연구
성과를 반영하면서도 출처를 제대로 표시하지 않아 문제가 되는 대목
도 적지 않은 것 같다.[23]

한편, 2012년에는 재미학자 양기선梁基善(KEY S. RYANG, 1932~)이
사산비명을 영문으로 역주하였다. 제목은 'Ch'oe Ch'i-won(b.857)
and Sasan pimyong 崔致遠 四山碑銘'이다. 이우성의『신라사산비명』
을 저본으로 하였고, 그것을 권말에 영인하여 실었다. 사산비명이 영
문으로 번역되어 세계에 알려진다는 것은 고무적인 일이다. 연구사에
특기할 만한 일이라 하겠다.

이 밖에 사산비 전체를 역주한 것은 아니지만, 관심 있는 학자들에

---

22 이상현 옮김,『고운집』, 한국고전번역원, 2009.

23 한 예로 대숭복사비에 나오는, '崛忮遮' 고사는 필자가 수년을 두고 고심 끝에 찾
아낸 것인데, 인용 출처 표시가 없다. 과연 선행 연구의 도움 없이 스스로 찾은 것
인지 의문이다.

의해 몇 가지 번역과 주석이 나왔다. 1986년에 최병헌이 『사료로 본 한국문화사』 고대편(일지사)을 펴내면서, 「지증대사비문」(357~371쪽 所收)과 「대숭복사비문」(379~391쪽 所收)을 번역하여 실은 바 있다. 이듬 해에는 허흥식이 「봉암사 지증대사비 주해」[24]를 냈다. 모두 322개에 달하는 이 주해는 종래 흔히 보아 왔던 한문주漢文註 형식이 아닌, 한 글 주해라는 데 의미가 있다. 다만 주해자의 무성의와 교정의 불철저로 그 가치를 인정하기 어려울 정도다. 1990년에는 보령 출신 향토사학자 강웅길康雄吉(1939~)이 「대낭혜화상비문 역주」[25]를 냈다. 주로 최영성의 『주해 사산비명』에 실린 내용을 토대로 하면서 자신의 독특한 주해도 가하였다. 보령의 대가람이었던 성주사와 대낭혜화상에 관련된 여러 사실을 고로故老들의 전문傳聞까지 인용하여 소개한 점이 독특하다.

2010년에는 조선불교통사역주편찬위원회에서 이능화의 『조선불교통사』를 완역하면서, 그 책에 실린 사산비명을 역주하였다. 대낭혜화상비명, 진감선사비명, 지증대사비명은 완역이고 대숭복사비명은 부분 번역이다.[26] 이지관·최영성의 역주를 주로 참고하여 대동소이하다. 큰 공을 들인 것으로 평가하기는 어려울 듯하다.

---

24 한국정신문화연구원(편), 『한국학 기초자료 선집』, 1987, 535~554쪽 참조.

25 保寧郡山水洞 信川康氏門中(편), 『방솔나무』 3, 1990, 96~171쪽 所收.

26 이능화 편, 『역주 조선불교통사』 1, 328~340쪽(진감선사비명), 371~389쪽(지증대사비문), 400~424쪽(대낭혜화상비문); 『역주 조선불교통사』 제5권 520~522쪽(대숭복사비명) 참조.

III. 사산비명의 체재와 내용

1. 大朗慧和尙白月葆光塔碑銘 幷序

나대羅代의 비석으로는 최대다. 현재 충청남도 보령시 성주면 성주사 터에 남아 있다. 국보 제8호다. 세워진 연대는 분명하지 않으나 진성여왕 4년(890) 이후로 추정된다. 성주사가 있는 남포藍浦의 오석烏石은 석질이 좋기로 유명하여 예부터 지금까지 그 명성이 여전하다. 재료가 남포 오석인 이 탑비는 1천여 년의 갖은 풍상風霜을 몸으로 겪어 낸 채 남아 있어, 사정을 잘 모르는 이는 세월의 거리를 가늠하기 어려울 정도다. 성주사의 전신인 백제 '오합사烏合寺'(烏會寺) 절 이름 역시 이 남포 오석과 무관하지 않을 것이다.

이 비에는 오천언[27]의 긴 비문이 새겨졌다. 최치원이 왕명을 받아 글을 짓고 당시 '삼최三崔'의 한 사람이었던 최인연崔仁渷(無染國師의 從弟)이 왕명을 받아 글씨를 썼다. 글씨는 신라 말에 크게 유행하였던 당해唐楷, 즉 구양순체歐陽詢體다. 찬자撰者와 서자書者가 다른 탓인지 오자와 탈자가 더러 있다.

27　본문 5,022자, 註 98자, 합계 5,120자.

이 비문에서는 대낭혜화상 무염국사의 입적 사실부터 시작하여, 그에게 '대낭혜화상'이라는 시호와 '백월보광白月葆光'이라는 탑명塔銘이 내려진 것, 그리고 탑비명을 짓게 된 동기를 서술하였다. 이어 국사의 생애 및 뚜렷한 발자취에 대하여 자세하게 서술하였다. 최치원은 일찍이 여러 형식의 글들을 찬하면서, 전기는 되도록 자세하게 하고 비문은 간략하게 서술한다는 '전광비략傳廣碑略'의 서술 기조를 밝힌 바 있다. 한 비문의 분량이 5천언이라는 것은 드문 일이다. 또 오언으로 된 명銘 앞에 '논論'을 둔 것이 특색이다. 무염국사와 그의 선조인 태종 무열왕의 업적을 함께 논하면서 『춘추春秋』에 나오는 '공후지자손公侯之子孫, 필복기시必復其始'란 말과 결부시켜 입증하고자 한 의도가 주목된다.

대낭혜화상의 법호는 무염無染이다. 속성은 김씨이며 무열왕이 그의 8대조다. 신라 애장왕 원년(庚辰, 800)에 태어나 진성여왕 2년(戊申, 888)에 89세(夏臘 65세)로 입적했다. 13세에 출가하여 설악산 오색석사五色石寺의 법성선사法性禪師에게 배운 뒤, 부석사의 석등대덕釋燈大德에게 나아가 화엄경을 공부했다. 헌덕왕 13~14년(821~822) 무렵에 당나라로 건너가, 종남산終南山 지상사至相寺에서 다시 화엄을 배웠으나 곧 교학敎學의 한계성을 깨닫고 마곡사麻谷寺의 보철화상寶徹和尙에게 나아가 선禪을 묻고 인가印可를 받았다. 보철선사가 입적한 뒤 사방의 고적과 고승대덕高僧大德을 찾아보고 오랫동안 고행을 닦았다. 그 이름이 널리 알려져 '동방대보살東方大菩薩'이라고 일컬어졌다.

문성왕 7년(845)에 귀국하여 원임대신原任大臣 김흔金昕의 청으로 웅천주熊川州의 오합사에 주석駐錫하니, 법익法益을 청하는 사람들이 모여들어 선도禪道가 크게 일어났다. 이에 문성왕은 절이름을 '성주사'라 개칭하고 국사로 삼았다. 그 뒤 헌강왕 역시 국사로 받들고 예우를 다 하였다. 성주산문을 일으켜 선풍을 크게 진작시킨 그는 유학에도 조예가 있었다. 문장 또한 능했다. 문도門徒가 성하기로 유명하였다. 승량僧亮·보신普愼·순예詢乂·심광心光 같은 명승名僧을 비롯하여 2천여 명이 배출되었다고 한다. 「법경대사자등탑비문法鏡大師慈燈塔碑文」에서는 '성주천하무쌍聖住天下無雙'[28]이라 하여, 신라 최대의 선문도량이었음을 밝혔다.

찬자 최치원이 무염국사의 행적을 서술하면서 참고한 것으로는, 문제자門弟子들이 찬한 행장을 비롯하여 한림랑翰林郎 김입지金立之가 찬한 성주사비문과 헌강왕의 어찬御撰인 심묘사비문深妙寺碑文 등이 있다. 이 자료들은 오늘에 전하지 않는다. 찬자는 비문에서 "무염국사의 뚜렷한 발자취가 별처럼 많으나, 후학에게 일깨움이 되지 않는 것은 서술하지 않는다"고 하여, 상당히 요약했음을 밝혔다. 그런데도 오천언이나 되는 긴 분량이다. 여러 주해본을 보면 『무염국사 연보』를 인용한 것이 눈에 띈다. 비문에 담긴 행적 이외의 다른 것이 상당수 실렸을 것으로 추측된다.

이 비문에서 중요하다고 생각되는 몇 가지를 추리면 다음과 같다.

먼저, 무염국사의 부친 범청範淸이 진골眞骨에서 한 등급 내려 깎여 육두품이 되었다는 사실을 서술하면서, 골품에 대하여 자주自註를 달고 있어 제도사 내지 정치사 연구에 크게 도움이 된다. '족강일등族降

---

28 『조선금석총람』 상권, 152쪽.

一等'이란 말을 분석해 보면, 족적族的 구분을 중시했던 신라 사회에서도 귀족의 증가에 따르는 문제점은 해소할 길이 없어, 지배 계급 자체 내에서 도태를 하지 않을 수 없었던 것 같다. 이 '족강일등'에 관한 사실은 본 비문에서 처음으로 분명하게 언급한 것이다. 당시에 육두품을 '득난得難'이라고 불렀음도 알 수 있다. 여기에 찬자가 특별히 주석을 붙여 설명하였다.

다음, 무염국사가 인연 따라 상문桑門에 든 뒤, 처음 능가선楞伽禪을 배우다가 곧 화엄학을 익혔고, 중국에 건너가 다시 화엄을 공부하다가 마침내 선禪으로 돌아섰다고 서술하였다. 당시까지 풍미風靡했던 화엄종 등 교종의 세력이 어떻게 선종으로 전이轉移되었는지 그 과정을 미루어 짐작할 수 있다. 또 선종사상사에서 특기할 만한 구참사상鉤讖思想, 구체적으로 '대법동류지설大法東流之說'이 신라인들에게 어떻게 받아들여졌는지, 이에 대한 이해를 통해 신라 선불교의 위상을 가늠할 수 있다.

다음, 헌강왕의 이른바 "삼외三畏는 삼귀三歸에 비할 만하고 오상五常은 오계五戒와 다를 게 없다. 능히 왕도를 실천함이 곧 불심佛心과 합치되는 것이다"고 한 말을 통해 유·불 양교兩敎의 강한 융합 양상을 엿볼 수 있다. 이는 헌강왕 자신의 생각일 뿐 아니라, 당시 식자들이 위진남북조魏晉南北朝 이래 성행하였던 격의불교格義佛敎의 영향을 강하게 받아, 일반의 유불관儒佛觀이 대체로 그러하였음을 짐작하게 한다.

다음, 무염국사가 임금에게 진언하면서, 『예기』에 실린 주풍周豊의 말이라든지 『서경書經』에 나오는 '능관인能官人'이란 말을 인용한 것은 그냥 보아 넘길 수 없다. 국사는 젊어서 유가서儒家書를 많이 읽고 소양을 쌓았다. 당시의 골품 체제의 모순점을 자각하고 유교적 관료 체제를 이상적인 것으로 여겨 동경했던 것 같다. 이는 당시 육두품 계열에 속한 지식인들의 거의 공통된 경향이기도 했다.

헌강왕을 비롯한 식자층이 화려한 문장과 훌륭한 운어韻語를 풍부하게 구사했다는 사실은, 「대숭복사비문」에서 당나라 사신 호귀후胡歸厚가 반명返命할 때 토로한 말과 함께 당시 신라의 문학적 수준을 짐작하게 하는 좋은 단서다.

그 밖에 벼슬 이름이나 계보 등을 알 수 있는 자료라든지, 고어古語가 들어 있어 자료적 가치가 높다. 제약 많은 변려문 안에서도 우리 말을 짐짓 드러낸 것은, 당시의 언어 연구에 도움을 주는 데 그치지 않는다. 최치원이 『제왕연대력帝王年代曆』을 편찬하면서 거서간·차차웅 등의 명칭을 "비야鄙野한 것으로 여겨 쓰지 않고 모두 '왕'이라 일컬었을 것이다"고 한 김부식金富軾의 말을 다시 생각할 수 있도록 실마리를 제공한다.

2. 智異山雙溪寺眞鑑禪師碑銘 幷序

진감선사비는 현 경상남도 하동군 화개면 운수리雲樹里 쌍계사 경내에 있다. 국보 제47호다. 1950년 한국전쟁 때 비신碑身에 손상을 입어 균열이 상당한 편이다. 일부는 결락缺落되기도 했다.[29] 진감비는 네 비

---

29 조선 영조 때 탁본한 것을 복각한 목판본이 전해온다. 비의 전문을 고스란히 판독

중에서 분량이 가장 짧아 2,500여 자에 불과하지만 맨 먼저 이루어졌다. 최치원이 중국에서 귀국한 직후 착수하여 정강왕 2년(887)에는 비가 세워지기에 이르렀다. 글씨도 최치원이 썼다. 이른바 구양순歐陽詢의 골骨에 안진경顔眞卿의 육肉을 붙여 특색을 나타낸 것이다.[30]

비문은 크게 서序 세 단락과 명銘 한 단락으로 짜여졌다. '서'의 첫부분에서는 유·불·도 삼교사상三敎思想이 그 근본을 파고들면 서로 다를 것이 없다고 주장하였다. 이어 진감선사의 생애와 경행景行을 간명하게 서술했다. 끝부분에서는 비문을 짓게 된 경위와 찬자 자신의 심경을 적었다. '도불원인道不遠人 인무이국人無異國'으로 시작되는 '서'의 첫부분은 최치원의 삼교사상에 대한 결론이라고 할 만하다. '명'은 40구 5장으로 짤막한 편이다. 운韻을 어김이 없고 문의文義가 쉬우면서도 절실하다.

진감선사의 법휘法諱(法號)는 혜소慧昭이고 속성은 최씨다. 전주全州금마金馬 사람이다. 신라 혜공왕 10년(甲寅, 774)에 태어나 문성왕 12년(庚午, 850)에 77세(法臘 41세)로 입적했다. 일찍 부모를 여의고 구법求法의 뜻이 간절하던 차에 애장왕 5년(804) 세공사歲貢使의 배에 편승便乘, 당나라에 들어가 창주滄州의 신감선사神鑑禪師에게 득도得度했다. 얼굴이 검다 하여 '흑두타黑頭陀'라 불렸다. 도를 닦던 중, 당나라에 먼저 왔던 도의道義를 만나 도우로서 함께 각지를 편력遍歷했다. 도의가 신라로 돌아간 뒤에는 종남산終南山에 들어가 3년 동안 지관止觀

할 수 있다.

30 최남선, 『조선상식문답』 속편; 『육당 최남선 전집』 3, 현암사, 1973, 135쪽.

을 닦았다. 또 길거리에서 3년 동안 짚신을 삼아 오가는 사람들에게 보시하였다. 흥덕왕 5년(830)에 귀국하여 상주尙州 노악산露岳山 장백사長柏寺(南長寺)에 머물렀다. 곧 지리산 화개곡花開谷으로 가서 삼법화상三法和尙이 세웠던 옛 절터에 선당禪堂을 다시 지었다. 민애왕 1년 (838)에 왕이 만나기를 청하였으나 응하지 않았다. 재차 왕이 사자使者를 보내 '혜소'라는 호를 내리고 왕도王都로 나와줄 것을 청했지만 끝내 응하지 않았다. 뒤에 지리산의 남령南嶺에다 옥천사玉泉寺와 육조영당六祖影堂을 세웠다. 입적한 뒤 헌강왕은 '진감眞鑑'이라는 시호와 '대공령大空靈'이라는 탑호를 내렸다. 정강왕은 옥천사의 이름을 '쌍계'로 개칭했다.

진감선사 혜소의 법맥은 구산선문九山禪門과 같은 독자적인 선문으로 발전하지는 못하였다. 그러나, 우리나라에 전래된 이후 기성 교파敎派에 의해 배척을 받아 오던 선종의 세력을 크게 부식扶植시킨 이가 혜소다. 그는 우리나라 선도禪道의 한 중흥조中興祖다. 그의 선풍禪風을 흠모하고, 독자적인 산문山門이 형성되지 못한 것을 아쉬워한 백암화상伯巖和尙 긍양兢讓(878~956)이 자신의 법계를 혜소에 잇대어 그의 증손제자曾孫弟子가 된 것[31]은 우연이 아니라고 본다.

진감선사비문의 특성은 철학적 색채가 강하다는 점이다. 최치원은

31 兢讓은 智證大師 道憲의 孫弟子다. 최치원이 撰한 「智證大師塔碑銘」에 따르면 그의 法系는 道信 → 法朗 → 信行 → 遵範 → 慧隱 → 道憲 → 楊孚 → 兢讓으로 이어진다. 그러나 李夢遊가 撰한 「靜眞國師塔碑銘」에서는 이와는 다르게 慧能 → 懷讓 → 道一 → 神鑑 → 慧昭 → 道憲 → 楊孚 → 兢讓으로 이어진다고 하였다. 긍양에 의해 법계가 고쳐진 연유와 그 의의에 대해서는 김영태, 「희양산 선맥의 성립과 그 법계에 대하여」(『한국불교학』 4, 1979)를 참조할 것.

비문 첫머리에서 "대저 도는 사람에게서 멀리 있지 않고 사람은 나라에 따라 차이가 없다. 이런 까닭에 우리나라 사람들이 불교를 하고 유교를 하는 것은 필연적이다"고 하였다. 진리의 관점에서 보면 중국인·인도인·신라인의 차별이 있을 수 없으며, 출신국에 따라 진리와 거리가 있을 수 없다는 말이다. 진리의 보편성과 인간 본질에 대한 확고한 신념을 엿보게 한다. 국경을 넘어선 인간의 보편성, 진리의 보편성에 대한 자각, 그리고 진리를 향한 신라인의 향학열과 진취성이 선명하게 잘 드러나 있다. 이어서 구도求道하는 학인들의 열정과 고학상苦學狀이 서술되어 있다. 최치원 자신이 입당유학을 하지 않았다면 그와 같이 절실하고 호소력 있는 서술은 어려웠을지도 모른다.

최치원은 혜원慧遠·심약沈約 등의 말을 이끌어 유교와 불교의 특색을 비교한 뒤, 유교와 불교가 가는 길은 다르지만 궁극적으로 도착하는 곳은 같다고 하면서 '이로동귀異路同歸'를 주장하였다. 유교와 불교가 서로 겸수兼受하지 못하는 것은 자교自敎에 국집局執되었기 때문이라고 하면서 종교와 이데올로기에서 오는 도그마를 경계하였다. 이 비문은 신라 하대 사상계의 경향 뿐만 아니라 최치원 삼교회통론의 사상적 배경 내지 종교관을 엿볼 수 있게 한다.

쌍계사의 유래 및 불교음악인 범패梵唄가 언제 이 땅에 들어와 어떻게 발전했는지를 짐작게 하는 대목이 있어, 사찰사寺刹史와 국악사國樂史 연구에 도움이 된다. 또 삼법화상三法和尚과 육조신앙六祖信仰에 대한 연구에 단서가 될 만한 사실도 들어 있어 주목된다. 이 밖에 피휘避諱에 관한 내용도 흥미롭다. 민애왕이 선사에게 법호를 내렸는데, 선대 임금의 휘를 피해 '혜소慧昭'라고 했다는 대목이 그것이다. 이것을 보면 선사의 법휘는 '혜소'가 아니었을 가능성이 높다. 법휘가 혜소라면 또 다시 '혜소'라는 법호를 내릴 리가 없기 때문이다. 이와 관련하여 봉암사 경내에 있는 정진국사원오탑비靜眞國師圓悟塔碑에 의하면 선사의 법휘가 혜명慧明이었음을 밝히고 있다. '明' 자는 신문왕의 휘 정명政明에 저촉된다. 민애왕 자신도 휘가 '明'이었기 때문에, 이것마저 고려하여 사호賜號하였을 가능성이 높다. 종래 '昭' 자가 소성왕의 묘호라서 '혜조慧照'로 고쳐서 호를 내렸다고 한 주석은 잘못이다. '소성왕'은 묘호이지 묘휘가 아니다. 이 지면을 빌어 바로잡는다.

3. 初月山大崇福寺碑銘 幷序

대숭복사는 소문왕후昭文王后(경문왕의 母后)의 외숙이며 숙정왕후肅貞王后(경문왕의 妃)의 조부인 파진찬 김원량金元良이 세운 절이다. 화엄종 계통의 사찰이다. 절의 건립 연대는 헌덕왕 이전으로 추정된다. 절터가 경상북도 경주시 외동면 말방리末方里에 있다. 절 뒤에 고니 모양의 바위가 있어 처음 '곡사鵠寺'라고 이름하였다가 나중에 '대숭복사'라고 개칭하였다 한다. 원성왕을 추복追福하기 위해 세운 왕실의 원찰이다.

원성왕의 인산因山을 당하여 곡사 자리가 풍수지리설에 의한 길지吉地로 채택되었다. 절은 다른 곳으로 옮겨가고 본래 절터는 임금의 유택幽宅으로 바뀌었다. 『삼국유사』에 의하면 아래와 같이 기술되어 있다.

원성왕의 능은 곡사에 있다. 지금의 숭복사다. 최치원이 지은 비가
있다.

元聖王, 陵在鵠寺, 今崇福寺也. 有崔致遠所撰碑.(王曆)

왕의 능은 토함산 서쪽 골짜기 곡사(지금의 숭복사)에 있다. 최치원
이 지은 비가 있다.

王之陵在吐含岳西洞鵠寺(今崇福寺), 有崔致遠撰碑. (元聖大王)

곡사의 옛터이며 원성왕의 능소陵所이기도 한 그곳은 지금의 어디
일까. 단정하기는 어렵지만, 다음과 같은 점에서 종래 문무왕릉이라고
알려졌던 괘릉掛陵일 것으로 추정된다. 대숭복사비문을 보면, 곡사를
옮겨 짓는 광경을 두고

인연 있는 사부대중이 서로 (사람을) 거느리고 왔으며, 옷소매가 이
어져 바람이 일지 않고, 송곳 꽂을 땅도 없을 정도여서, 무시霧市가
오리五里에 급히 내닫는 듯했고, 설산雪山까지 이어진 사람들이 일
시一時에 잘 어울려 만나는 것 같았다.

有緣之衆, 相率而來, 張袂不風, 植錐無地, 霧市奔趨於五里, 雪山和
會於一時。

운운하는 대목이 있다. 여기서 장해張楷의 '오리무五里霧' 고사는 별 의
미없이 인용된 것이 아니다. 곡사의 구기舊基, 즉 원성왕릉이 새로 조
성된 곳으로부터 이건移建되는 곡사와의 거리가 '5리'임을 간접적으로

나타낸 것이다. 실제로 곡사의 후신인 대숭복사 터에서 괘릉까지의 거리는 2km 정도다. 괘릉이 원성왕릉일 가능성은 매우 높다.

이건된 곡사는 절다운 형태를 갖추지도 못한 데다, 애장왕이 시해당한 뒤로 몇 대에 걸쳐 계속되는 왕위쟁탈전과 각지에서 일어나는 반란 등으로 인하여, 1주갑이 훨씬 넘도록 버려져 퇴락하였다. 그러다가 경문왕이 즉위하고 나서 원성왕의 몽감夢感을 얻었다 하여, 곡사에서 강회講會를 열게 하고, 절을 중창重刱하여 원성왕의 명복을 빌도록 했다. 이어 헌강왕 11년(885)에 왕이 절의 이름을 '대숭복사'로 고치고, 당나라에서 갓 돌아온 최치원에게 절의 비명을 짓도록 하였다. 사비명寺碑銘은 『문선文選』에 실린 왕건王巾의 '두타사비명頭陀寺碑銘'에서 그 선례를 찾을 수 있지만 우리나라에서는 전례가 없었다. 비문은 진성여왕 때에 가서야 완성되었다. 헌강왕과 정강왕이 2년 사이에 잇달아 세상을 떠남으로써 지연된 것이다.

대숭복사가 없어진 지 오래된 지금 비의 본래 모습은 확인할 수 없다. 대숭복사가 언제 인멸되었는지 확실히 알기 어렵다. 『삼국유사』에서 그 실재를 확인할 수 있을 뿐, 이후로는 『동국여지승람』 같은 지리서에도 절의 이름이 보이지 않는다. 전하는 바에 의하면 대숭복사는 임진왜란 때 전소全燒되었다고 한다. 비 역시 이때 파괴된 것으로 보인다.

1931년부터 대숭복사의 옛 터에서 비편碑片이 여러 편 수습收拾되었다. 비문의 내용뿐만 아니라 찬자撰者 최치원이 적접 쓴 글씨까지 그 일모一貌를 대할 수 있다. 약 3,200자에 가까운 대숭복사 비문은 비가 없어지기 이전에 베껴 놓은 것이다. 탑본은 따로 전하지 않는 듯

비편(국립경주박물관 소장)

쌍귀부(국립경주박물관 소장)

하다. 선사본善寫本으로는 전라북도 순창군 구암사龜巖寺[32]에 소장된
것이 꼽힌다. 이는『조선금석총람』에 전재되기도 하였다. 이것을 비롯
한 여러 필사본과 문집 등에 옮겨 실은 것을 서로 대조해 보면, 글자
의 출입과 이동異同이 거의 없다. 어느 필사본 하나를 대본으로 하여
필사본들이 이어졌기 때문이다. 이 필사본들과 지금까지 발견된 비편
10여 개를 대조해 보면, 찬자의 자주自註가 있었음을 알 수 있다. 필사
본과 차이가 나는 글자도 몇 개 발견된다.

　이 비는 선승들의 탑비인 다른 세 비와는 달리, 신라 왕실에서 세운
원찰願刹의 내력을 담은 것이 특징이다. 이 비의 내용은 그 당시 왕실
이나 중앙 귀족들의 불교신앙을 파악하는 데 좋은 자료로 활용되어 왔
다. 게다가 풍수지리설에 관한 내용을 싣고 있어서, 도선道詵 이전의
풍수지리설 전래 초기의 역사적 고찰을 가능하게 한다.

　풍수지리설은 선禪사상과 함께 신라 말기에 널리 유행하였다. 이는
유학儒學뿐만 아니라 노장사상과도 연결을 가지면서 발전해 왔다. 인
문지리적 인식과 예언적 도참신앙圖讖信仰이 결부된 것이다. 도선에
의해 집대성되었다. 신라 중대 이전에는 교종과 연결을 가지면서, 주

32　구암사는 현 순창군 복흥면 鳳德里 靈龜山 산 94번지에 위치한다. 이 절은 조선
　　후기의 高僧으로 '湖南의 禪伯'이라고 불렸던 白坡 亘璇(1767~1852)이 禪旨를 폈
　　던 곳이다. 亘璇과 交誼가 깊었던 추사 김정희가 자주 들렀던 곳이기도 하다. 근
　　세에는 만해 한용운이 이곳에서『精選講義 菜根譚』을 펴낸 바 있고, 석전 박한영
　　이 오래 駐錫하기도 했다. 6·25 한국전쟁 당시 全燒되었다가 뒤에 일부 건물이
　　다시 세워졌다. 구암사에 따르면, 본래 이 절에 귀중한 서적이 많이 보관되어 내
　　려 왔는데, 6·25 당시 국군의 疏開作戰으로 절이 전소되는 통에 지금은 남아 있
　　는 서적이 거의 없다고 한다(1986. 12. 13, 주지 곽금화 스님 인터뷰). 대승복사비문
　　을 담은 필사본 역시 소실된 것으로 보인다.

로 왕도王都 주위의 왕실이나 중앙 귀족들에게 알려진 정도였으나, 하대에 가서는 선승들에 의해 지방의 호족들에게까지 전파되었다. 각지에 할거割據하는 호족들은 풍수지리설에 입각, 저마다 자기네의 근거지를 길지라 선전하였다. 호족으로서의 자신들의 존재를 정당화하여, 호족들의 분열을 합리화시켰다. 마침내 신라 정부의 권위는 크게 약화되었고, 고려가 삼국을 통일하는 데 유리하게 작용하였다.

이 비문에는, 신라에 왔던 당사唐使 호귀후胡歸厚가 시문에 능한 경문왕에게 제대로 화답하지 못하고, 귀국한 뒤 당시의 재상들에게 "저로부터 이전의 무부武夫들을 신라에 사신으로 보내서는 안 될 것입니다"라고 당부했다는 말이 나온다. 이는 경문왕 때를 전후한 시기의 문운文運이 어느 정도 창성했는가를 미루어 짐작하게 한다. 신라시대의 왕토사상王土思想 및 공전公田과 사전私田의 관계를 살필 수 있는 내용도 들어 있어, 「지증대사비」에 나오는 것과 함께 신라의 토지제도 등 사원 경제寺院經濟를 연구하는 데 중요한 자료로 꼽는다.

4. 鳳巖寺智證大師寂照塔碑銘 幷序

지증대사 탑비는 현재 경상북도 문경시 가은면加恩面 원북리院北里 봉암사(일명 陽山寺) 경내에 있다. 국보 제315호로 지정되었다.[33] 이 비는 마모가 심한 편이다. 또 석질石質이 나빠 판독할 수 없는 글자가 상

---

33 2010년 1월 4일, 보물 제138호에서 국보 제315호로 승격되었다.

당수에 달한다.[34] 온전할 때 베껴놓았을 것으로 짐작되는 필사본 등에 의거, 대부분 판독하거나 보충할 수 있다.

3,800여 자에 달하는 이 비의 글은 최치원이 짓고 글씨는 비를 세울 당시 83세였던 분황사芬皇寺 승려 혜강慧江이 썼다. 서자書者가 높은 나이에 글씨를 쓴 탓인지 문장이 빠진 부분, 그리고 오자와 탈자 등이 적지 않다. 다른 비문에서 좀처럼 보기 드문 예다.

원 본	교 정
五常分位 配動方者曰仁心 三敎立名 顯淨域者曰佛	五常分位 配動方者曰仁 三敎立名 顯淨域者曰佛
若甘泉金之祀	若甘泉金人之祀
智始語玄契者	始語玄契者
罷思東海東, 終遁北山	罷思東海東 終遁北山北
乎默于楊孚令子	授默于楊孚令子
有山甿爲野冠者	有山甿爲野寇者
信而假殯于賢溪 其日而遂窆于曦野	信而假殯于賢溪 朞而遂窆于曦野
國重佛 家藏僧史	國重佛書 家藏僧史
曾無魯史新意 或用同公舊章	曾無魯史新意 或用周公舊章

비는 경명왕景明王 8년(924)에 세워졌다. 최치원이 비문을 완성한 진성여왕 7년(893) 무렵부터 비가 세워지기까지 약 30년이 걸렸다. 신라 말기의 어수선한 정세를 대면한다고 하겠다.

---

34 이 탑비의 빗돌은 南海産이라고 한다. 석질이 좋지 않다. 요철이 있거나 석질이 나쁜 부분은 일부러 비우고 차례대로 글자를 내려서 새겼다. 일부러 비운 부분의 앞 뒤 문맥을 살피면, 빈칸과 관계 없이 글 뜻이 잘 통한다. 많은 필사본에서는 이를 잘 看破하였으나, 『해동금석원』이나 『조선금석총람』 등에서는 해독할 수 없는 글자로 처리하였다.

비문의 형식은 서序와 명銘, 음기陰記로 되어 있다. 여타 세 비와 다르다. 비문의 전체 내용으로 보아, 음기 부분이 '서' 안에 들어가야 될 터인데도, 부기附記처럼 처리되었다. 그 까닭을 분명히 알 수는 없다. 다만 최치원이 처음부터 음기 형식을 염두에 두고 비문을 작성했으리라고는 보지 않는다. 다른 세 비의 경우, 왕명을 받아 비문을 짓게 된 경위와 저간의 심정을 반드시 적었는데, 그것을 「지증대사탑비문」에서만 빼놓았을 리 없다. 실제 음기의 내용이 바로 그 줄거리다. 그렇다면 비를 세울 당시 타의에 의해 그처럼 어색한 형식이 취해졌다고 볼 수밖에 없다. 아마도 비문의 분량에 비해 비신碑身이 작아 앞면에 모두 새길 수 없게 되자, 비문의 얼굴격인 '명'을 앞면에 넣으려고 '서'의 일부를 뒷면으로 넘긴 듯하다.

비서碑序의 첫 부분에서는 신라의 불교사를 3기로 약술하였다. 그 가운데 제3기, 즉 도의道義가 귀국하는 헌덕왕대 이후부터 진성여왕대까지는 선종禪宗의 수용, 발전 과정이다. 이 부분은 간결하게 서술한 신라 선종사라고 할 수 있다. 다소 장황하다는 느낌이 들 정도로 선종사 서술에 할애한 것은, 그것을 통해 도당유학渡唐留學을 거치지 않고도 남선南禪·북선을 종합하여 독자적인 선맥禪脈을 형성한 지증대사의 위치가 자연스럽게 드러나도록 하려는 의도에서였다. 이어서 지증대사의 생애를 서술하였다. 평생 발자취를 '육시六是'와 '육이六異'로 나누어 서술한 것이 돋보인다. 이는 저 유명한 왕발王勃(650~676?)의 「익주부자묘비문益州夫子廟碑文」과 「여래성도기如來成道記」의 법식法式을 잘 체득한 것이라 하겠다. 이러한 서술 방식은 여느 선승들의 탑비

문에서 흔히 보기 어려운 것이다.[35] 이어서 칠언으로 된 '명' 또한 보기
드문 백량체柏梁體다. 백량체는 칠언 매구每句마다 압운押韻을 하는 이
른바 '칠언연구七言聯句'다. 여간한 재주가 아니면 능숙하게 지을 수 없
는 어려운 문체다. 더욱이 '명'의 운자韻字가 '직운職韻' 입성入聲의 험
운險韻이다. 최치원의 문재文才와 문장에 대한 자부심이 은근히 드러
나 있다.

　이 비문의 가장 큰 특징이라면 역사 서술적 성격이 짙다는 점이다.
제한된 형식과 내용 속에서도 찬자撰者 최치원의 사가적史家的 안목을
엿보게 한다. 여기에 걸맞게 많은 인명·지명·관직명·제도·풍속 등이
풍부하게 실려 있다. 다른 금석문에 비할 바 아니다. 이 가운데는 당시
의 왕토사상王土思想과 토지제도, 사원에 전지田地를 기진寄進할 때의
형식적 절차 등을 알려주는, 사원 경제와 관련된 중요한 대목이 몇 가
지 있다. 단월檀越 심충沈忠이 시사施捨한 산에 봉암사를 지을 때 풍수
지리의 중요한 기능 가운데 하나인 '비보사탑裨補寺塔'의 사고가 고려
되고 있어 신라말 풍수지리설의 연구에도 도움을 준다. 이 밖에 관제
官制의 변천을 시사하는 내용도 들어 있다. 신라 말기에 지방 호족들
이 독립하여 '대장군' 또는 '장군'이라고 자칭한 것을 보면, 그들이 많
은 사병私兵을 거느리고 있었으며, 또 조정의 명령에 복종하지 않는
경우가 잦아 상명하달上命下達이 제대로 이루어지지 못했음을 짐작할
수 있다.

35　최치원이 「法藏和尙傳」에서 賢首法藏의 생애를 십과목(十因緣)으로 나누어 서술
　　한 것도 같은 맥락에서 이해할 수 있다.

한편, 비명 첫머리에 "계림의 지경은 금오산 곁에 있으니 예부터 선仙과 유儒에 기특한 이가 많았네"(雞林地在鰲山側, 仙儒自古多奇特)라고 한 말이 나온다. 대숭복사비 명문에는 "가비라위迦毗羅衛 부처님은 해 돋는 곳의 태양이시라. 서토西土에 나타나시되 동방에서 돋으셨구나"(迦衛慈王, 嵎夷太陽, 顯于西土, 出自東方)라고 한 대목이 있다. 이 두 명문을 연결시켜 보면, 최치원이 「난랑비서鸞郞碑序」에서 우리 민족 고유의 종교이자 사상인 풍류風流가 유·불·선 삼교의 핵심적 요소를 본래부터 지니고 있다고 한 '포함삼교설包含三教說'의 부연 설명이라는 점을 알 수 있다. 풍류의 포함삼교설이 단순한 문자치레가 아니라는 점을 확실하게 못을 박은 내용이다.

지증대사의 자는 지선智詵이고 호는 도헌道憲이다. 속성은 김씨이며 경주 사람이다. 헌덕왕 16년(824, 甲辰)에 태어나 헌강왕 8년(882, 壬寅)에 59세(법랍 43세)를 일기로 입적했다. 9세에 부친을 여의고 부석사浮石寺에 들어가, 17세 때 경의율사瓊儀律師에게 구족계具足戒를 받았다. 이어 혜은선사慧隱禪師에게 선법禪法을 전해 받아 쌍봉사조雙峯四祖(道信)의 내손제자來孫弟子가 되었다. 경문왕 4년(882)에 왕이 사자使者를 보내 초빙하였으나 나아가지 않았으며, 동 6년(864)에 원주에 있는 현계산賢溪山 안락사安樂寺의 주지住持가 되었다. 입적하기 한 해 전인 헌강왕 7년(881)에 심충이란 불자佛子의 간청으로 희양산 중턱에 봉암사를 창건하였다. 임금이 사자를 보내 주위의 땅을 정하여 절에 붙여 주고 '봉암'이라는 절이름을 내렸다. 또 헌강왕이 궁중에 맞아들여 왕사王師로 삼았으나, 사양하고 돌아온 지 얼마 안 되어 입적했다. 구산선문의 하나인 희양산파曦陽山派의 개조開祖다. 다른 선문의 초조初祖

들과는 달리 당나라에 유학하지 않았다. 또 여타의 선문이 남종 계통의 선맥(南禪)을 계승한 데 비해, 그는 남선에 앞서 전래된 북종 계통의 선풍(北禪)을 이어 받고, 거기에 남선까지 수용함으로써 남·북선을 아우른 성격의 선문을 개창하였다. 시호는 지증智證, 탑호는 적조寂照다.

IV. 사산비명의 가치

『사산비명』의 자료적 가치는 크게 나누어 역사·문학, 그리고 사상 및 철학의 세 측면에서 논할 수 있겠다. 먼저 사료로서의 가치다. 본디 역사의 연구 대상이 호한浩瀚한 만큼, 『사산비명』의 역사학적 가치에 대해서는 굳이 어떤 것을 지적하여 설명할 필요가 없을 것이다. 현재까지 밝혀지지 않은 새로운 사실을 캐내는 것을 비롯하여, 여타의 사료에 미비된 것이라든지 대고待考할 문제로 남은 것을 보완 또는 확정하는 과정에서 내용 하나하나가 자료로 채택될 수 있다.

우리나라 고대사 관련 자료가 부족한 형편임을 생각할 때, 신라 하대의 역사적 사실을 생생하게 담고 있는 제1차 자료인 『사산비명』의 가치는 매우 높다고 할 것이다. 특히 신라의 불교사, 특히 선종사를 연구하는 데 필수불가결한 자료라 하겠다. 이덕무李德懋·정약용·성해응成海應 같은 저명한 실학자들이 『사산비명』을 신라시대의 귀중한 사료로 여겨 다수 인용하고 있음을 눈여겨 볼 필요가 있다. 네 비는 한국서예사 연구, 금석학 연구에서도 제1급 자료로 꼽힌다.

다음, 한문학적 가치다. 『사산비명』은 독특한 변려문체騈儷文體로 되어 있다. 변려문의 특성에 익숙해야만 그 묘미와 심지深旨를 제대로 이해할 수 있다. 변려문은 대우對偶에 의한 형식미形式美가 묘妙를 이루는 것으로서 세련된 기교가 요구된다. 글자 수와 대우, 그리고 성조 聲調에 따른 억양抑揚과 절주節奏를 중시한다. 사륙구四六句를 반복해 서 엮어 나가므로 시각적으로 전달되는 효과가 높다. 또 전고典故를 사용함으로써 짧은 글귀로도 많은 내용을 전달할 수 있다. 함축성의 측면에서는 '시'와 맞먹을 정도다.

　그러나 기교에 치우치다보면, 개인의 사상이나 감정을 자연스럽게 표현하는데 힘쓰지 않고, 일자일구의 묘를 다투거나 일언반구一言半 句의 경중을 따짐으로써, 형식적인 여구麗句와 감각적인 미사美辭만을 나열하는 폐단이 생긴다. 실제 이런 폐단이 많았던 나머지, 변려문의 제약과 폐단에서 탈피하여 개인의 사상과 감정을 보다 효과적으로 전 달할 수 있게 선진시대先秦時代의 소박하고 자연스러운 문체로 돌아가 자는 움직임이 일었다. 9세기 초엽 당나라 한유韓愈 등이 주장한 '고문 운동古文運動'이 그것이다.

　『사산비명』의 찬자인 최치원은 시기적으로 만당晚唐 무렵에 활동하 였다. 그가 지은 글은 변려문 일색이다. 시대와 문체 사이에 어떠한 관 련이 있는 것일까. 중국문학사를 통관通觀할 때, 성당·중당 시기의 문 풍은 형식적 분식粉飾을 떠나 내용과 함축미를 존상尊尙하였다. 고문 운동이 일어나 상당한 성과를 거둔 것도 이 시기의 일이다. 만당 시기 에 가서는 내용보다 조사措辭에 치중하는 육조시대六朝時代의 문풍으 로 다시 바뀌었다. 변려문체가 만연된 문학 사조의 거대한 흐름 속에 서 최치원 자신도 초탈하기가 매우 어려웠을 것이다. 이런 점에서 홍 석주가 「교인계원필경집 서」에서 세상에서 간혹 이르기를 "공의 문장은 모두가 사륙변려문이다. 도무지 옛날의 작품과 같지 않다"고 한다. 공이 중국에 들어간 시점은 당나라 의종懿宗·희종僖宗 무렵이다. 당시 중국의 문장은 바야흐로 사륙변려만을 일삼았다. 그 시대의 흐름은 실로 면할 길이 없었을 것이다.

世或謂：「公文皆駢儷四六, 殊不類古作者」, 公之入中國, 在唐懿僖之際, 中國之文, 方專事駢儷, 風會所趨, 固有不得而免者.

고 한 것은 개절凱切한 지적이라 하겠다.

변려문체인『사산비명』은 당시 국제적인 필독서로 읽혔던『문선文選』에서 힘입은 바 지대하다. 불가의 게송偈頌에서도 영향을 받았으리라고 생각된다. 또 재당 시절 문장을 수련하는 과정에서 중국의 유명한 문인·학자들이 찬한 금석문자金石文字 등을 다수 섭렵하고, 그것을 궤범軌範으로 삼아 열심히 수련하였음도 빼놓을 수 없다. 변려문체인 사산비명에는 육조풍六朝風의 기어綺語와 묘구妙句가 많고, 변려문에 구사되는 각종 수사修辭 기법과 기교가 유감없이 활용되었다. 그러면서도 기교에만 흐르거나 감각적인 서술로 장식되지는 않았다. 보다 입체적이고 생동감 있게 서술된 것이 특색이다. 문의文意가 창달, 원만하고 고사故事의 사용이 적절하며 일자일구에 내력 없는 것이 없다는 평이 있다. 실로 적실適實하다.[36] 마치 한 편의 율시律詩를 보듯 글자마

---

36 蓮潭有一,『林下錄』권2,「四山碑銘序」"今此四碑, 撰銘大浮屠行業, 內典外書, 雜糅成文, 而對偶甚妙, 引事甚廣, 無一字無來歷."；李能和,『朝鮮佛敎通史』"四山碑銘, 其文皆六朝伉儷之體, 而無一字不來歷, 詞達而意圓, 實爲海東碑文之

다 음조가 잘 맞는다는 평도 있다.[37] 이를 볼 때, 최치원의 글을 '화려함이 다분하지만 부박浮薄하지 않다'[38]고 한 홍석주의 평이야말로 뛰어난 감식안에서 나온 것이라 하겠다. 『문선』 가운데 넣어두더라도 중국의 유명한 변려문과 구별하기가 쉽지 않을 정도라고 하는 평 역시 지나친 것은 아니라고 본다.

최치원의 문장은 뒷날 고려 중기 이후로 고문古文이 점차 성행함에 따라, 중국의 문체를 답습하기만 한 몰개성적인 것으로 비판을 받고, 폄하되기에 이른다. 변려문 역시 후대로 내려오면서, 어려운 전고와 기교적인 대우를 피해 평이한 쪽으로 변화하였다. 『동문선』을 찬집纂輯할 때 총재관總裁官이었던 사가정四佳亭 서거정徐居正(1420~1488)과 용재慵齋 성현成俔(1439~1504)은 최치원의 문장을 각각 다음과 같이 비판하였다.

지금 『계원필경』에는 알 수 없는 곳이 많다. 아마도 당시의 기습氣習이 이와 같아 간혹 동방의 문체가 옛날과 같지 않은 것이다.[39]

지금 지은 글을 가지고 보면, 비록 시구에 능했지만 뜻이 정밀하지

祖, 而亦爲禪宗之史也."

37 정약용, 『牧民心書』, 禮典, 〈課藝〉 "新羅時, 崔致遠作黃巢檄及諸寺碑文, …… 皆調叶."

38 홍석주, 「桂苑筆耕集 序」 "多華而不浮."

39 서거정, 『筆苑雜記』, 권1 "今桂苑筆耕, 多有不解處. 恐當時氣習如此, 或東方文體未能如古也."

않았고, 비록 사륙문을 잘 했지만 말이 정리되지 않았다.[40]

양현의 평이 적절한지는 보는 사람이 판단할 나름일 것이다. 다만 '알 수 없는 곳이 많다'고 하거나 '말이 정밀하지 않다'고 한 것을 보면 최치원의 문장이 난삽하다는 지적인 듯하다. 이처럼 일부 후학들의 좋지 않은 평판評判 때문인지 '우리나라 비갈문자碑碣文字'의 효시요 신라 한문학의 중요 유산인 『사산비명』이 『동문선』에서 제외되기에 이르렀다.

고려 중기까지만 하더라도 최치원이 찬술한 비문들은 비갈문자의 전범典範이 되었다. 최치원 이후에 나온 비문들 중에는 심한 경우 최치원의 문장을 표절하다시피 한 것들이 없지 않았다. 최언위崔彦撝가 찬한 여러 비문이라든지 이몽유李夢遊가 찬한 「정진대사원오탑비문靜眞大師圓悟塔碑文」 같은 것은 『사산비명』의 아류亞流로 꼽을 수 있는 대표적인 예다. 이후로 여러 사람들의 폄론貶論이 있었지만, 최치원의 저술은 후세 사대부 계층의 독서자讀書子들에게 암암리에 많이 읽혀졌다. 『사산비명』의 경우, 불교 학인들에 못지 않게 문유文儒들에게도 중시되었다. 우리나라 사륙변려문의 백미인 『사산비명』의 문체를 참고, 응용하기 위함이었다. 과문科文이 사륙변려체였고, 각종 외교문서 및 표表·전箋·장狀·계啓 등이, 그리고 비문이나 서독書牘까지도 그런 형식을 빌어 썼기 때문에 참고서로 애용된 것이다.

한문을 전용하는 사람이 없는 오늘날엔, 한문으로 된 원전을 자료

---

40 성 현, 『慵齋叢話』, 권1 "今以所著觀之, 雖能詩句而意不精, 雖工四六而語不整."

로 이용하면서 문체는 도외시하고 내용만 중시하는 경향이 많다. 일면
불가피한 측면이 있다. 그러나 한문의 경우 국문國文과는 달리 독특한
문체들이 많다. 내용만으로는 한 개인이나 한 시대의 문학, 문학적 경
향 등을 논하기는 어렵다. 물론 내용이 중요하지만 문체적 특성을 고
려하지 않을 수는 없다.

　비명은 찬자의 감정을 아무 제한 없이 나타낼 수 있는 성질의 것이
아니다. 일반 시문詩文과는 성격이 다르다. 최치원이 찬술한 비문 역
시 서술상의 제약이 많았을 것이다. 문체가 사륙변려문인 데다가 왕
명을 받아 지은 글이기 때문에 더욱 그러했을 것이다.[41] 왕명을 받들어
글을 짓는다는 것이 문장가로서의 영광은 될지언정, 순수 문학의 관점
에서는 다행이라 하기 어렵다. 그러나 『사산비명』은 명銘을 비롯하여,
도처에 문학으로 접근할 수 있는 단서가 많다. '명'만으로도 문학적 가
치를 논하기에 충분하다. 또한 그 문체적 특성에서도 문학적 가치를
찾을 수 있다고 본다. 문학에서 미적 가치를 빠뜨릴 수 없는데, 그 미
적 요소에는 문체의 작용이 포함된다. 비문이라는 제약된 형식 때문
에 문학적 가치를 충분히 추출하기 어렵다 할지라도, 그 주어진 형식
에 대한 충분한 이해나 고려 없이 약점만 찾으려 해서는 안 될 것이다.
그 문체적 특성 역시 신라 당시의 문학적 경향 등을 연구하는데 중요
한 요소다.

　다음, 사상 및 철학적 측면에서의 가치다. 우선 대숭복사비를 제외

41　돌이켜 볼 때, 당나라 때 이미 名儒碩學이 高僧大德의 비문을 짓는 것이 허다하여
　　거의 관례가 되었다. 게다가 '奉敎撰' 형식을 취한 것이 대부분이었다. 당시 신라
　　에서도 이러한 전례를 따랐다.

한 나머지 세 비가 선승의 행적을 담고 있기 때문에, 선종사상에 관한 편린을 다수 엿볼 수 있음은 더 말할 것이 없다. 경문왕이 '반야의 절경絕境'을 물었을 때, 무염국사가 "경계가 이미 초절超絕한 상태라면 조리條理 또한 없을 것이다. 심인心印은 말없이 행해야 할 뿐이다"고 대답한 것이라든지, 헌강왕이 지증대사에게 '심心'에 대해 물었을 때, 지증대사가 못에 비친 달을 보고 "이것(水月)이 이것(心)이니 그 나머지는 할 말이 없다"고 말한 것, 또 최치원이 도의道義와 홍척洪陟 두 선사의 종취宗趣를 요약하여 "닦은 데다 닦은 듯하나 닦음이 없고(修乎修沒修), 증득한 데다 증득하였으나 증득함이 없다"(證乎證沒證)고 한 것 등은 좋은 본보기다. 아울러 대숭복사비에 보이는 풍수지리설 역시 빼놓을 수 없다. 이른바 '능묘陵墓'에 대해 "아래로는 지맥地脈을 재고 위로는 천심天心에 맞추어, 반드시 사상四象을 포괄함으로써, 천백 대에 걸쳐 그 남은 복[餘慶]을 보전하는 것이다"고 한 말은 능묘에만 해당되는 것이 아니다. 사찰·도관道觀·궁궐·성곽 등을 조성하는 데서도 일반적으로 통하는 것이라 하겠다.

이 네 비문은 글의 성격이나 형식상 찬자의 사상과 철학을 체계적으로 서술할 성질의 것이 아니다. 그러나 여느 비문과는 달리 찬자의 사상적·철학적 편린들을 많이 담고 있다. 비문에 보이는 일관된 흐름을 캐내다 보면, 마침내 찬자의 철학사상에 대한 추론까지도 가능할 것으로 생각한다.

『사산비명』에서는 신라 하대의 학인들이 유·불·도 삼교사상을 어떻게 관련지어 파악했으며, 또 찬자 최치원의 삼교관과 그 특질이 어떠한지에 대해서도 미루어 짐작할 수 있게 한다. 최치원은 「진감선사비

서眞鑑禪師碑序」의 첫머리에서

> 대저 도는 사람에게서 멀리 있지 않고, 사람에게는 출신국에 따른 차
> 이가 없다. 이런 까닭에 우리나라 사람들이 불교를 하고 유학을 하는
> 것은 필연적이다.
> 夫道不遠人, 人無異國. 是以, 東人之子, 爲釋爲儒, 必也.

라고 하여, 유교와 불교가 신라에서 공존하는 것은 필연적인 일이라고
했다. 또 같은 비문에서

> 공자가 문하 제자에게 일러 말하기를 "내 말하지 않으련다. 하늘이
> 무슨 말을 하더냐"고 하였다. 저 유마거사維摩居士가 침묵으로 문수
> 보살文殊菩薩을 대한 것이라든지, 석가가 가섭존자迦葉尊者에게 은
> 밀히 전한 것은, 혀끝도 움직이지 않고 능히 마음을 전하는 데 들어
> 맞은 것이다.
> 且尼父謂門弟子曰:「子欲無言. 天何言哉?」, 則彼淨名之默對文殊, 善
> 逝之密傳迦葉, 不勞鼓舌, 能叶印心.

고 하여, 비유를 통해 유교와 불교의 기본 취지가 근본적으로 다른 것
이 아니라고 주장했다. 네 비문 여러 곳에서는 선종과 노장사상에서
사용하는 용어들을 구별하지 않고 섞어 썼다.[42] 이것은 단순히 문장의

---

42 당나라 말기에 가서는 선종과 노장사상을 본질적으로 구별하는 것이 어렵게 되었

수식만을 위한 것은 아니다. 궁극적으로 삼교회통사상과 관련이 있다. 이러한 사실들은 최치원이 유·불·도 삼교사상을 종합적, 상호보완적으로 파악하였음을 드러내는 것이다. 아울러 당시 신라 지식인 계층의 사상적 경향까지도 시사한다.

『사산비명』은 찬자 최치원의 사상적 편린을 통해 그의 철학을 추론할 수 있는 중요한 자료다. 나아가 신라 하대의 일반적인 사상 경향까지도 엿볼 수 있는 단서를 지닌 자료다.

다. 선종을 '불교의 老莊的 變轉'이라고 할 만하였다.

V. 남는 말

네 비문에는 사대모화적事大慕華的 표현이 없지 않다. 또 불교문자라는 점이 문제가 되어 '부처에게 아첨한 사람[佞佛之人]'이라는 비평도 있었다. 이 두 가지 문제는 최치원을 부정적으로 인식하는 데 크게 작용하였다. 그러나 전후 사정을 도외시한 단선적인 인식은 곤란하다고 본다. 당시 신라가 당나라에 사대事大의 예를 취하는 처지에 있었고, 또 최치원이 당나라에 유학한 뒤 그 선진문화에 경도된 일면이 있었을 것이다. 일부 사대모화적인 표현들에 다른 이유가 없었음을 짐작할 수 있다.

최치원은 중국에서 귀국한 뒤『사산비명』을 찬술하면서, '동방의 위대한 군자의 나라 신라'를 강조하였다. 동방사상과 군자국에 대한 남다른 애착과 관심으로 미루어 보면, 귀국한 뒤에 그는 자기의 밑뿌리를 확인하려고 애썼음이 분명하다. 네 비문에서는 신라인으로서의 자부심을 한껏 부각시켰다. 우리는 이러한 주체의식을 '동인의식東人意識'이라고 일컫는다. 최치원을 당인화唐人化한 인물이라든지, 민족적 자긍심이나 자주성이 없는 인물로 매도罵倒하는 것은 온당하지 못하다. 동인의식은 최치원의 철학사상과 역사관 등을 살피는데 빼놓을 수 없는 중요한 것이다. 이에 관해 자료적 기초를 풍부하게 제공하는 것이 바로『사산비명』이다.

　네 비문은 고승高僧과 명찰名刹을 위해 지은 불교문자다. 그런 만큼 찬자 최치원이 불교적 지식을 총동원하여 지었을 것임은 더 말할 나위가 없다. 또한 불교에 대하여 찬사를 많이 했을 것임도 상식적인 일이다. 찬자는 이 네 비문뿐만 아니라 다른 글에서도 자신이 유자儒者임을 누누이 강조하였다. 그가 삼교의 사상적 본령을 융섭融涉하고 상호 일체적·보완적으로 파악하였지만 주체는 유교였다. 그러나 당시는 삼교의 사상을 겸섭하는 것이 시대의 풍조였다. 최치원 역시 시대의 흐름을 거부하고 어느 하나만을 고집하기 어려웠을 것이다. 사정이 이와 같은데도 그를 '영불지인佞佛之人'으로 몰아붙이는 것은, 성리학적 순수성을 고집했던 조선조 유자들의 편협한 기습氣習에서 비롯된 것이다. 이런 선입견은 불식되어야 할 것이다.

제6장

新羅 鍪藏寺碑와 書者

I. 머리말

필자는 2009년 경주시에서 연구를 의뢰한 '무장사 아미타불阿彌陀佛 조상사적비造像事蹟碑 정비 연구'에 책임연구원으로 연구를 주도한 바 있다.[01] 이때 필자가 맡은 연구 분야는 무장사비(이하 '무장사비'라 한다)의 비문 고석考釋과 비 복원에 필요한 기본 문제를 폭넓게 살피는 것이었다. 현재 남아 있는 세 덩이의 비편碑片을 상하 좌우로 맞추어 글자를 판독하고 이를 문리文理가 통하도록 번역하는 일과 글자 하나하나의 가로 세로 크기를 고려하여 비의 전체 크기를 추정함으로써 복원 또는 재현이 가능하도록 하는 일이었다.

오늘에 전하는 비편은 작은 조각이 아니고 3개의 큰 덩이이다. 이 세 덩이를 서로 맞물려 깨진 부위를 맞추면 부절符節이 맞듯이 잘 들어맞고, 또 내용이 서로 연결된다. 다행스런 일이다. 이에 비의 실물과 탁본을 대조해 가면서 비문을 철저하게 고증, 약 450여 자를 판독할 수 있었고, 비문 내용의 윤곽도 그려낼 수 있었다. 또 비신碑身의 탁본을 참조하여, 글자 한 자의 가로 세로 크기와 자간字間을 헤아리고, 신

---

01 『무장사 아미타불 조상사적비 정비 연구 보고서』, 경주시, 2009 참조. 이듬해 10월 8일에는 경주시의 지원을 받아 '신라 무장사비 국제학술회의'를 개최한 바도 있다.

라 하대에 비문을 작성하는 용례用例를 고려하여 비문의 전체 규모가
28행 51자 가량임을 추정해냈다. 비의 나비는 이수螭首와 귀부龜趺가
전하는 까닭에 파악하는 데 문제가 되지 않았다. 또 비문의 행수는 모
두 28행임이 드러났다. 게다가 정간선井間線에 맞추어 넣은 글자 한
자의 평균 크기가 3.2cm로 밝혀진 만큼, 1행에 몇 자 가량이 들어간
다는 결과만 도출하면 비의 전체 크기는 파악이 되는 것이다.

　이수와 귀부도 중요하다. 통일 신라 전기에 만들어진 태종무열왕릉
비(국보 제25호)를 제외하고는 그 이후의 것으로 머릿돌(이수)이 남아 있
는 예가 드문 상황에서, 당시 머릿돌의 변화 과정을 살필 수 있는 귀중
한 유물이요 작품이다. 현재 전체 모습은 갖추어져 있지만 마모가 심
한 편이므로 이수와 귀부의 조형 기법을 철저하게 분석 연구하여 복원
에 대비할 필요가 있다. 이미 깨진 무장사비 모형을 새로 만들어 세우
는 것은 후세를 위해서도 필요한 일이다.

　무장사비는 조선 후기, 금석학에 대한 관심과 열기가 고조되면서 국
내외로 널리 알려졌다. 중국의 상감가賞鑑家들은 이 비가 왕희지王羲之
서체의 진수眞髓를 깊이 얻은 것이라고 평가하였다. 옹방강翁方綱(1733
~1818)을 비롯한 청나라 학자들은 무장사비의 탁본을 조선 학자들에
게 요구하였다. 이는 방간坊間에 드물게 전하는 왕희지의 글씨를 얻어
습서習書에 이용하기 위함이었다. 이러한 분위기에 영향을 받아 조선
의 금석학자, 서예가들은 이 비의 탁본을 소장하는 것을 큰 자랑거리
로 여길 정도였다고 한다. 이 비의 명성이 어느 정도였는지를 짐작게
한다.

　일찍이 우리나라 금석학을 대표했던 이계耳溪 홍양호洪良浩(1724~

1802)와 추사 김정희金正喜(1786~1856)는 무장사비에 대해 다음과 같이 평한 바 있다.

> (내가 보건대 무장사비는 왕희지의 서풍書風이 있고 각간角干 김유신金庾信의 비는 구양순歐陽詢의 서법과 흡사하다. 모두 서가書家의 진품珍品으로 우리나라의 고적古蹟 가운데 이 보다 앞선 것이 없다. 중국에 있었다면 구루비岣嶁碑와 석고문石鼓文에 버금가는 물건이 되었을 것이다.[02]

> 이 비석의 서품書品은 마땅히 (金生의 글씨인)「백월서운탑비白月栖雲塔碑」위에 있어야 한다.「난정서蘭亭敍」에 나오는 '崇'자 세 점이 이 비에서만 특별히 완전하다는 것을 담계覃溪(옹방강) 선생이 이 비를 가지고 고증하였다. 동방의 문헌이 중국에서 칭찬을 받은 것으로는 이 비석 만한 것이 없다.

이 무장사비는 종래 '김육진金陸珍[03]의 찬병서撰并書'로 보는 측과 왕희지 글씨를 집자한 것으로 보는 측의 견해가 팽팽하게 대립하여 왔

---

02 『이계집』권16, 42a,「題金角干墓碑」"余觀鍪藏碑, 有右軍之風, 角干碑, 似率更之法, 皆爲書家珍品. 而東方古蹟, 莫先於此者, 在中國, 則其岣嶁石鼓之亞乎."

03 김육진에 관한 기록으로는『삼국사기』권10, 애장왕 10년(809)조에 "秋七月, 遣大阿飡金陸珍入唐, 謝恩兼進奉方物"이라 한 것이 있고, 또『구당서』에 "元和 4년(809)에 신라가 사신 김육진 등을 파견하여 와서 조회하였다"고 한 것이 있다. 이를 보면 김육진은 외교관으로서 문장에도 능했던 것 같다.

다. 한국의 선학들은 대체로 김육진의 글씨로 보았다. 왕희지 글씨를 집자한 것이라고 본 사람은 청나라 금석학자 옹방강이 처음이었다. 옹방강의 견해는 이후 식민지 시기 일본 관학자들에게 계승되었다.[04] 또 광복 이후 일본 학자들의 주장이 인습적으로 우리 학계에서 통용되면서 오늘날까지 집자비란 인식이 널리 퍼져 있다. 이에 대해 근자에 이종문李鍾文 교수가 반성적 성격의 논문을 발표하고 집자비가 아님을 강조하였지만,[05] 학계의 분위기를 되돌리려면 아직 시간이 더 필요할 듯하다.

이 교수는 위 논문에서 여러 사리事理를 들어 김육진의 글씨임을 논증하였다. 논증 내용 모두가 설득력 있는 것들이다. 다만 사리를 들어 논증하는 것에 그쳤을 뿐, 자체字體(字型)를 과학적으로 분석하고 이를 왕희지의 서체와 비교 고찰하는 데까지는 미치지 못함으로써 '육안肉眼'에 의지한 한계를 보였다. 더욱이 그는 선유先儒들의 견해를 좇아 서자書者가 김육진이라는 점을 강조하는 데 애를 쓰다보니, 서자를 밝히는 데 매우 중요한 '황룡사皇龍寺' 운운하는 대목을 간과함으로써 큰 아쉬움을 남겼다.

'□□□金陸珍奉 敎□'아래 있는 '皇龍寺……' 운운한 대목은 1914년에 발견된 비편에 희미하게 보인다. 홍양호나 김정희 당시에는 이 비편을 볼 수 없어 서자를 고증하는데 활용되지 못하였다. 필자는

---

04 葛城末治, 『朝鮮金石攷』, 京城: 大阪屋號書店, 1935 참조.

05 이종문, 「무장사비를 쓴 서예가에 관한 고찰」, 『남명학연구』 13, 경상대학교 남명학연구소, 2004 참조.

위의 대목이야말로 글씨를 쓴 사람을 밝히는 데 결정적 근거가 된다고 본다. 본고의 논지는 사실상 이것에 기초한다고 해도 과언이 아니다.

필자는 1980년대 후반부터 한국 금석학에 관심을 가지고 연구를 지속하여 왔다. 무장사비에 대한 연구 계획은 오래 전부터 있었으나 좀처럼 그 기회를 얻지 못하다가 2009년 경주시에서 의뢰한 연구 용역을 계기로 착수할 수 있게 되었다.

필자는 관심의 초점을 무장사비의 글씨를 쓴 서예가에 맞추었다. 왕희지 글씨를 집자한 것이 아니라는 확신을 가지고, 동호同好 이은혁李銀赫 씨와 누차에 걸쳐 토론을 하였고, 보다 나은 연구를 위해 역할을 분담하기로 하였다. 필자가 비문의 판독 및 심정審定, 비문의 전체 크기, 비문의 서자 등을 연구하기로 하였고, 서예가인 이은혁 씨는 무장사비 탁본과 왕희지 서체로 된「성교서비聖敎序碑」와「난정서蘭亭敍」등을 컴퓨터에 입력, 글자꼴을 하나하나 과학적으로 분석하여 대조함으로써, 무장사비가 집자비인지 여부를 확증하기로 하였다.

연구 과정에서 필자는 한결같이 집자비가 아니라 신라 황룡사 스님이 쓴 것이라고 주장하였고, 이은혁 씨는 자형字型 분석을 통해, 단순하게 집자한 것이 아니고 왕희지 서체와 비교할 때 많은 변화가 있음을 다각도로 증명함으로써, 결과적으로 집자비가 아니라는 데 견해를 같이 하였다. 본고에서 자체字體의 과학적 분석을 이은혁 씨에게 미룬 것은 이런 연유에서임을 밝혀둔다.[06]

---

06 이은혁,「무장사비와 왕희지체의 비교 고찰」,『신라 무장사비 국제학술회의 논문집』, 경주시, 2010 참조.

지금까지 한국 서예사에서 무장사비 글씨는 그 명성에 비해 많이 다루어지지 못했다. 또 높이 평가 받지도 못했다. 이제 필자에 의해 이 비문의 글씨가 왕희지 서체를 집자한 것이 아닌, 신라 사람의 빼어난 글씨라는 주장이 제기됨에 따라 한국 서예사에 획기적인 선을 긋게 되었다. 당시 신라 사람의 글씨 수준이 국제적인 것이었음은 이 비의 글씨를 통해 증명될 것이다. 이 연구를 계기로, 주체적 관점에서의 한국 서예사 연구가 이루어지기를 바라마지 않는다.

II. 鍪藏寺와 鍪藏寺碑

무장사는 현 경상북도 경주시 암곡동暗谷洞 산 1-1번지에 있다. '무장'이란 본디 신라 태종무열왕이 삼국을 통일한 뒤 병기兵器를 이 골짜기에 감추었다고 해서 붙여진 이름이라 한다.[07] 『삼국유사』에 의하면 무장사는 신라 제38대 원성왕(재위: 785~798)의 부친 대아간大阿干 효양孝讓(후일 明德大王에 추봉됨)이 자신의 숙부 파진찬波珍飡(이름 미상)을 추모하기 위해 지은 절이라고 한다. 또 절 위에 미타전彌陀殿이 있었는데, 전내殿內에는 아미타불상 1구와 신중神衆을 모셨다고 한다. 현재 3층 석탑 및 아미타불 조상비 귀부와 이수가 비교적 괜찮은 상태로 남아 있다.

무장사가 언제 폐사廢寺되었는지는 분명하지 않다. 일연一然은 『삼국유사』에서 당시에 절이 건재함을 밝혔다. 이후 조선 중기 정규양鄭葵陽(1667~1732)의 「경순왕묘전기敬順王廟殿記」(1732)에 의하면, 무장사는 당시 경주 동천동東川洞에 있었던 경순왕 영당影堂에 노동력을 제공하

---

07 閔周冕의 『東京雜記』에서는, 고려 태조가 삼국을 통일한 뒤 병기를 이 골짜기에 감추었으며, 이로 말미암아 무장사란 이름이 생겨나게 되었다고 한다(朝鮮光文會本, 권2, 3쪽). 『삼국유사』에서는 고려 태조가 아니라 무열왕이라 하였다.

는 사찰로 지정되었으며,[08] 영조 38년(1760)에는 경주부윤이었던 이계
홍양호가 아전들에게 무장사를 찾도록 하였을 때 암자와 같은 건물에
스님이 머물고 있었다고 한다.[09] 또 순조 17년(1817) 추사 김정희가 홍
양호에 이어 무장사비 잔편殘片 1개를 더 발견한 뒤 방각傍刻을 하면
서 "…… 두 조각을 한데 합쳐 묶고는 절 뒤쪽 회랑廻廊으로 옮겨 비바
람을 면하게 하였다"고 한 것으로 보아, 어떤 형태로든 김정희 당시까
지 명맥을 이어왔음을 짐작할 수 있다.

　문제의 미타전의 경우, 일연은『삼국유사』에서 "그리 오래지 않은 옛
적에 무너졌다"(寺之上方, 有彌陁古殿, …… 近古來殿則壞圮)고 하였다.
'미타전의 터만 남았다'고 하지 않은 것으로 미루어, 비록 폐허 상태이
긴 하지만 일연 당시까지 미타전이 잔존하였음을 추측하게 한다. 다만
미타전이 없어진 것을 계기로 불상이 다른 곳으로 옮겨지거나 없어지
고, 비석 역시 훼손되었을 가능성이 있다.

　세칭 무장사비는 신라 제39대 소성왕(재위: 798~800)이 즉위 1년 여
만에 세상을 떠나자 그의 비妃 계화왕후桂花王后가 부군의 명복을 빌
기 위해 세운 아미타불상의 조상造像 내력을 적은 것이다. 일종의 사
적비事蹟碑다. 1963년 문화재 지정 당시의 공식 명칭이 '무장사 아미
타불 조상사적비'다. 이것은 1919년 조선총독부가 편찬한『조선금석
총람』에서 명명한 것을 그대로 따른 것이다.[10] 본래의 정확한 명칭은

---

08 『塤篪兩先生文集』권23,「敬順王殿事實記」"於是乎, 易于之禮得矣. …… 另賜鍪
藏菴, 以供役, ……."

09 위의「경순왕묘전기」에서 '鍪藏庵'이라 한 것은 이런 이유 때문인 듯하다.

10 『조선금석총람』상권, 44쪽에 '무장사 아미타여래 조상사적비'라고 되어 있다.

알기 어렵다. 비문의 내용 일부가『삼국유사』권3, 탑상편塔像篇,「무장
사 미타전」조의 내용과 합치되는 것으로 보아,『삼국유사』를 편찬할 때
무장사 비문을 참조했을 가능성이 높다. 비를 세운 연도는 학계에서
애장왕 2년(801, 辛巳)으로 추정하지만 단언하기는 어렵다.

이 비가 언제 훼손되었으며 그 이유가 무엇인지는 정확히 알 수 없
다. 다만 무장사가 폐사되고 미타전이 없어질 때 함께 훼손되었을 것
으로 짐작된다. 그 뒤 조선 영조 때 경주부윤으로 재직하였던 홍양호
가 절터 부근에서 깨진 빗덩이 하나를 처음 발견하였고, 순조 때 김정
희가 빗덩이 하나를 추가로 발견하였다. 또한 일제강점기인 1914년 5
월 9일, 조선총독부 출장원出張員 김한목金漢睦과 나카자토 니쥬로中里
二十郞가 사지寺址에서 1리쯤 떨어진 '지연止淵'이라는 계류溪流 중에서
깨진 빗돌 하나를 더 발견함으로써[11] 모두 3개의 비편이 수습되었다.
이 비편들은 조선총독부 박물관으로 옮겨졌고 경복궁景福宮 근정전勤
政殿 회랑에 진열되기도 하였다. 현재 모두 국립중앙박물관에 소장되
어 있다.

수습된 3개의 비편을 편의상 제일석第一石, 제이석, 제삼석이라 일
컫는다.[12] 이는 발견 순서에 따른 것은 아니다. 세 개의 비편을 위 아래
로 맞추어 놓은 뒤 상하 문맥을 고려하여 명명한 것이다. 홍양호가 발
견한 제일석은 도입부, 즉 찬자撰者 김육진金陸珍 운운하는 대목이 나

---

11 이것은 조선총독부 간부 오다 간지로小田幹治郞의 지도에 의한 것으로 짐작된다.
    葛城末治,『朝鮮金石攷』, 226쪽.

12 『해동금석원』에는 제일석과 제삼석만 실려 있고,『조선금석총람』에는 제삼석까지
    모두 실려 있다.

오는 단석斷石이다. 제이석은 1914년에 발견된 것으로 제일석 밑에 붙이면 꼭 들어맞아 문맥이 잘 통한다. 크기는 가장 작다. 김정희에 의해 발견된 제삼석은 옆으로 넓게 잘린 것이다. 제일석과 제삼석에는 김정희의 방각傍刻이 있다.

깨진 빗덩이 3개에 실린 내용을 가지고 상하 좌우 내용을 따져보니 맥락이 서로 잘 통하였다. 파괴 당시 연결 부분에서 각각 두 자 정도씩 글자가 떨어져 나가기는 했지만, 상하 문맥으로 미루어 추정이 가능하다. 또한 비편 3개가 연결됨으로써 비문이 모두 28행이라는 점이 드러났다. 귀부와 이수에 비신을 세우거나 덮는 홈이 남아 있어 비의 나비를 추정할 수 있는 데다가 구체적으로 28행이라는 사실이 밝혀짐으로써 이 비의 전체 크기를 파악하는 데 큰 도움이 된다.

비의 길이는 현재로서는 정확히 알 수 없다. 세로로만 줄을 긋고 글씨를 썼지만 기실 정간선을 그은 것처럼 종횡으로 글자를 맞추어 방형方形의 칸 안에 썼다. 한 글자 크기가 어느 정도인지, 또 한 줄에 몇 글자가 들어갔는지를 미루어 짐작하면 전체 길이를 추정할 수 있을 것이다.[13]

이 비는 대개 첫 줄에서 비의 명칭만 쓰고 다음 줄에서 찬자撰者와 서자書者를 쓰는 것과는 달리, 첫줄에서 비의 명칭과 찬자, 서자를 함께 썼다. 유례가 드물다. 아마도 비의 규모가 크지 않기 때문에 부득이 취한 예일 것이다. 당시의 일반적인 용례와 현재 남아 있는 비신의 내

---

13 글씨는 가로와 세로 각각 3.2cm 정방형 안에 앉혔다. 도입 부분의 경우 정간선에서 약간 벗어나기도 하였지만, 대부분 선내에 자리를 잡고 있다.

용을 가지고 첫행을 다음과 같이 추정할 수 있을 듯하다.

1	2	3	4	5	6	7	8	9	10	11	12	13	14	15	16	17
		海	東	新	羅	國	鍪	藏	寺	阿	彌	陁	如	來	造	像
碑	銘	并	序			△	△	△	守	大	奈	麻	臣	金	陸	珍
奉		教	撰					皇	龍	寺	釋	△	△	書		

　이것으로 보면 1행에 대강 51자가 들어가는 것으로 추정된다. 그렇다면 비의 전체 글자수는 '28행×51자'이니 모두 1,428자 가량이 될 것이다. 이 가운데 남아 판독된 글자는 450여 자로 전문全文의 약 30% 정도로 파악된다.

　일찍이 홍양호는 "들으니 어떤 장서가藏書家가 일찍부터 무장사비 전본全本을 갖고 있었는데 앞뒤 면이 모두 갖추어진 것이라 하였다. 지금 내가 가지고 있는 탑본은 반 동강 난 앞면 뿐이요, 뒷면은 콩을 가느라고 망가져 버렸다. 매우 애석한 일이다"[14]고 하여, 양면비兩面碑인 것처럼 증언하였다. 이것은 전문傳聞의 착오라고 본다. 고대로 올라갈수록 양면비는 거의 없다. 또 현재 전하는 무장사비 비편 역시 이면을 보면 양면비 흔적이 없다. 양면비라면 홍양호가 발견한 제일석 말고도 제이석, 제삼석에서 양면비의 흔적이 발견되어야 한다. 게다가 실제 비의 전면 제24행에 나오는 '…… 유물혼성有物混成' 운운하는 대목 이하는 명銘으로 추정되는데, 명을 전면에 실은 이상 뒷면에 내용

---

14 『耳溪集』 권16, 42b, 「題鍪藏寺碑」 "後聞藏書家, 曾有鍪藏碑全本, 具前後面. 今與所搨, 卽前面之半, 而後面則爲磨豆所滅, 重可惜也."

무장사비편(『문자로 본 신라』, 국립경주박물관 2002, 202쪽)

守大奈麻臣金陸珎奉　教

測記于若存者教之善故歸于九

以復忘而不覺遍法界而真立

是潒塵之利沙轂之區竸禪滋言覃宗

皇龍寺

物手掌試論之佛道之

而芸橫秀大空而门

廟莒淨心者久而

能興於此乎藍藏寺者

迴泡果以削成所寄真與自生處白碧澗千尋

中宮奉為

塵芳而儼萬寒

明業継斷蠲切紫御辯連遠藏而晱寓德合天心握金鏡永

何萄天道將變書圖不永一朝晏篤中宮

身囚挺而喪禮也制度存焉必誠必信勿之省悔送終之事

窨藏醫陶研精宵求之思所以幽賛眞休先雄主福省西方

府之淨財召役名匠各有司存就於此寺奉造阿弥陁佛像一軀

見真人於石塔東南崗上之樹下西面而坐為大衆訖法既覺

崔

法臻

之巧

更

衆妙

嵬峰溪澗澂迁維石巖巖山有杉壤近去不顧咸謂不祥及

之固正瞀皷立有若天扶于時見者怫然而鴬莫不

百慮多岐一致于誠也者可以動天地

既淂亞臻其欵子朱成之其儀則

무장사비 복원도(반전, 이은혁)

을 추가할 리는 없을 것이다.[15]

이제 이수와 귀부에 대하여 살펴보기로 한다. 본디 존재 여부를 알
수 없었던 이수와 귀부는 1914년 김한목 등에 의해 발견되어 현재의
자리에 옮겨졌다. 현재 귀부가 놓인 자리의 좌향을 재보니 '묘좌유향卯
坐酉向'이다. 이것은 이유가 있다고 본다. 무장사를 세울 당시부터 자
리 이동이 없었을 것으로 추정되는 무장사 3층 석탑이 묘좌유향이다.
정동쪽에서 정서쪽을 바라보고 있다. 이는 무장사비에서 "꿈에 진인眞
人을 보았는데, 석탑 동남쪽 산봉우리 위의 나무 아래에서 서쪽을 바
라보고 앉아 대중을 위해 설법하였다"고 한 바와 같이, 아미타불이 서
방정토西方淨土의 부처님이시기 때문에, 그에 귀의한다는 의미에서 이
좌향을 택한 것이라고 본다. 이후 1914년 이수와 귀부가 놓일 자리를
정할 당시, 총독부 및 경주군 관계자들이 주위의 지세地勢를 감안하여
3층 석탑의 예에 따라 묘좌유향으로 자리를 잡은 것 같다.

이수와 귀부의 일부가 파손되고, 십이지신상十二支神像의 조각 등은
풍화작용으로 마모가 심한 편이지만, 전체의 윤곽을 파악하는 데 큰
지장이 없다. 귀부는 쌍귀부다. 쌍귀부 형식으로는 현재 남아 있는 것
가운데 시기가 가장 앞선다.[16] 귀부는 기실 용도 아니고 거북도 아닌,

---

15 전면에 銘을 새기고 序文을 뒤에 실은 경우가 있다. 聞慶 鳳巖寺 智證大師碑가
  그것이다. 이것은 이유가 있다. 碑身이 작아 비문의 내용을 전면에 다 실을 수 없
  게 되자, 序文 일부를 裏面으로 돌리고 비문의 얼굴인 銘을 앞으로 끌어온 것이
  다. 이것은 특별한 예이며 이후 유사한 예를 발견하기 어렵다.

16 이 밖에 쌍귀부로는 金生의 글씨를 집자한 昌林寺碑, 崔致遠의 撰幷書인 大崇福
  寺碑를 꼽을 수 있다.

무장사 쌍귀부(최근 발견된 거북머리)

과도기의 절충형이다. 쌍귀부 머리 부분이 다 떨어져 나갔지만, 2008
년 11월 20일 현재 이수와 귀부가 있는 부근 남쪽 계곡에서 왼쪽 귀부
의 두부頭部가 발견되어 복원에 큰 도움을 준다.

　귀부 부분의 십이지신상은 모습이 뚜렷하지 않아 제대로 알기는 어
렵다. 2009년 8월, 최공호崔公鎬 교수 등과 함께 몇 차례 답사 끝에,
십이지신상 가운데 비교적 윤곽이 뚜렷하여 확실하다고 판단되는 것
을 기초로, 다음과 같이 배열되었을 것으로 진단하였다.

후면

亥　子　丑　寅

戌　　　　　卯

酉　　　　　辰

申　未　午　巳

전면

여기서 이 비의 좌향과 관계 없이 후면을 자子, 앞면을 오午로 한 것은 이유가 있어 보인다. 임금 또는 왕실과 관련된 비이므로, 제왕은 '남면南面'이라는 원칙을 상징적으로나마 지키기 위함인 듯하다.[17]

다음, 전액篆額을 보기로 한다. 이수에 제액題額(篆額)이 앞뒷면으로 쓰였다. 앞뒤 모두 두 줄로 석자씩 여섯 자를 새겼다. 이수 앞면의 여섯 자는 마모가 심하여 전혀 판독할 수 없으나, 뒤의 여섯 자는 좌로 '阿彌陀', 우로 '佛□□'임을 확인할 수 있다.[18] 현재 학계에서는 이 비를 '무장사아미타여래조상비' 또는 '무장사아미타여래조상사적비' 등으로 일컫는다. 이는 대개 비문의 내용이 아미타불을 조성造成한 내력을 적은 것이라고 보기 때문이다. 『삼국유사』 권3, 「탑상편」, 〈무장사미타전鍪藏寺彌陁殿〉조에 근거, 아미타불을 모신 전각에 세운 비라는 점을 감안한다면 위에서 말한 '佛□□' 3자는 '불전비佛殿碑'일 가능성이 높다.

---

17 게다가 이 비를 세운 해가 辛巳年이므로 '巳' 자가 자연스럽게 전면에 드러날 수 있도록 배려한 인상이 짙다.

18 2009년 8월 12일 답사를 통해 확인하였다.

III. 3개 碑片의 발견과 朝·淸 학계의 관심

이 무장사비는 이계 홍양호, 추사 김정희와 관련이 깊다. 무장사비
는 이들을 통해 고찰하는 것이 정확하고 빠를 수도 있다. 잘 알려진 바
와 같이 조선 후기 손꼽히는 금석학자 홍양호는『이계집』권18에서,
「제신라문무왕릉비題新羅文武王陵碑」,「제신라태종왕릉비題新羅太宗王
陵碑」,「제신라진흥왕북순비題新羅眞興王北巡碑」,「제무장사비題䥐藏寺
碑」등 역대로 유명한 우리나라 금석문 10개에 제발題跋을 붙여 그 중
요성을 부각시킨 바 있다. 그는 영조 36년(1760) 경주부윤으로 부임하
였다. 평소 무장사비에 관심이 많았던 그는 부임 직후 말로만 전해오
던 무장사비 깨진 빗돌 한 덩이를 발견하였다.

이 무장사비와 관련하여, 홍양호의 선배이자 김정희의 외가쪽 어른
인 금석학자 지수재知守齋 유척기兪拓基(1691~1761)는 "내가『금석록』
수백 권을 모았으나 아직 이 비를 보지 못하였다. 두 번 영남관찰사
로 부임하여 부지런히 찾아보았으나 경상도 지방에서 (이 비에 대해) 아
는 사람이 없었다"[19]고 하였다. 유척기 이전에 낭선군朗善君 이우李俁

---

19 『耳溪集』권16, 41a, 「題䥐藏寺碑」"老夫平生, 聚金石錄數百卷, 猶未得是碑, 再
    按嶺節, 求之非不勤矣, 闔境無知者."

(1637~1693)가 편찬한 『대동금석서大東金石書』에 무장사비 탁본 일부가 실려 있지만 그 실물은 볼 수 없었다. 사정이 이러하였던 만큼 무장사비 깨진 빗돌(제일석)을 발견하고 탁본까지 한 홍양호의 기쁨은 실로 컸을 것이다.

홍양호는 무장사비 글씨를 보고는 "왕우군의 풍도가 있다"[20]고 평하였으며, 글씨를 쓴 사람을 김육진으로 보았다.[21] 또 김육진에 대해 당대의 명필로 단정하고, 「단속사 신행선사비斷俗寺神行禪師碑」의 글씨를 쓴 영업靈業 스님과 함께 왕희지의 홍복사비弘福寺碑를 배운 경우라고 주장하였다.[22] '홍복사비'란 당나라 고종 함형咸亨 3년(672)에 홍복사의 사문沙門 회인懷仁이 칙명勅命으로 왕희지의 글씨를 집자하여 세운 「대당삼장성교서비大唐三藏聖教序碑」를 가리킨다. 홍양호의 이러한 견해는 무장사비 글씨가 김육진의 것이라고 알려지는 데 단초를 연 것이라 하겠다.

그 뒤 순조 17년(1817), 홍양호에 이어 김정희가 다시 깨진 빗돌 한 덩이를 더 발견하였다(제삼석). 김정희는 일찍이 24세 때인 순조 9년(1809) 동지 겸 사은부사冬至兼謝恩副使인 생부 김노경金魯敬을 따라 연경燕京에 들어가 당대의 경학자요 금석학자인 담계 옹방강, 연경재研經齋 완원阮元(1764~1849)과 교유하면서 학문적으로 많은 감화를 받은 뒤 돌아왔다. 김정희의 금석학에 대한 조예는 그 자신의 노력도 컸지

---

20 『耳溪集』 권16, 42a, 「題金角干墓碑」 "余觀鍪藏碑, 有右軍之風."

21 『耳溪集』 권16, 41a, 「題鍪藏寺碑」 "考其文, 卽新羅翰林金陸珍書也."

22 『耳溪集』 권16, 46b, 「題尹白下書軸」 "東方之書, 祖於新羅之金生. …… 其後在羅, 則有金陸珍釋靈業, 學弘福碑."

만 옹방강 등의 영향이 지대하였다고 할 수 있다. 당시 조朝·청淸 금석
학자들 사이에서 무장사비는 특히 관심이 높았다. 하나같이 무장사비
가 왕희지 글씨의 정수를 깊이 얻은 것으로 평가하였다.

김정희는 귀국한 뒤 청나라 학자들까지도 큰 관심을 보였던 우리나
라 명비名碑의 실물을 찾으려고 노력하였다. 그는 31세 되던 순조 16
년(1816) 7월, 금석문자 1천권을 읽었다는 동호同好의 벗 김경연金敬
淵[23]과 함께 북한산 진흥왕순수비를 수방搜訪하였고 이듬해(1817) 6월,
조인영趙寅永과 함께 북한산에 가서 다시 심정審定하였다. 순조 17년
4월에는 경주 암곡동 계곡에서 무장사비 잔편 하나를 더 발견하였다.
또 그 이듬해(1818)에는 문무왕릉비 일부를 재발견함으로써 금석학자
로서의 위치를 드높였다.

순조 16년(1816) 11월, 김정희의 부친 김노경이 경상도관찰사로 임
명[24]된 것을 기화로 경주를 방문하여 이듬해 4월 무장사비의 잔편 한
개를 더 발견하고 128자를 심정하였다.[25] 김정희가 발견한 비편과 그
가 방각傍刻한 제지題識는 모두 탁본으로 만들어졌고, 옹방강의 아들
옹수곤翁樹崑(1786~1815)을 대신하여 유희해劉喜海(1793~1853)에게 전
해졌다.[26]

옹방강의 아들 옹수곤은 조선의 금석자료 수집에 열성이었다. 특히

---

23   藤塚鄰, 「阮堂集及び阮堂先生全集の檢討」, 『靑丘學叢』 21, 1934, 140쪽.

24   1816년 11월 8일 임명. 『순조실록』 16년 11월 8일 癸丑條.

25   『해동금석원』, 영인본 하권, 1007~1008쪽, 「第二石」 참조.

26   나중에 『해동금석원』에 부록으로 실렸다.

무장사비에 관심이 많아 제일석의 탁본을 본떠 '신라무장사비도新羅鍪藏寺碑圖'라는 것을 그려서 김정희에게 주기도 하였는데, 1815년에 이미 세상을 떠난 터였다. 옹방강 부자는 평소 이 무장사비 하단을 보지 못한 것을 몹시 안타까워했다고 한다. 이 하단의 일부는 1914년에 가서야 발견된다.

김정희는 탁본을 한 뒤 잔편에 발견 경위를 다음과 같이 새겼다.

> 이 비석은 옛날에 단지 한 덩이뿐이었다. 내가 여기 와서 샅샅이 뒤져 또 동강난 돌 한 덩이를 거친 수풀 속에서 찾아냈다. 너무 좋은 나머지 소리를 질렀다. 그리고 두 조각을 한데 합쳐 묶어서 절 뒤쪽 회랑으로 옮겨 비바람을 면하게 하였다. 이 비석의 서품은 마땅히 백월비白月碑 위에 있어야 한다. 「난정서」에 나오는 '숭崇'자 세 점이 이 비석에서만 특별히 완전하다는 것을 담계(옹방강) 선생이 이 비석을 가지고 고증하였다. 동방의 문헌이 중국에서 칭찬을 받는 것으로는 이 비석 만한 것이 없다. 내가 세 차례를 반복해서 문질러 닦으며, 성원星原(옹수곤)이 하단을 보지 못한 것을 매우 안타까워하였다. 정축년(1817) 4월 29일에 김정희 적다.[27]

---

27 原碑旁刻 "此碑舊只一段而已, 余來此窮捜, 又得斷石一段於荒莽中, 不勝驚喜叫絶也. 仍使兩石璧合珠聯, 移置寺之後廊, 俾免風雨. 此石書品, 當在白月碑上. 蘭亭之崇字三點, 唯此石特全, 翁覃溪先生, 以此碑爲證, 東方文獻之見稱於中國, 無如此碑. 余摩挲三復, 重有感於星原之無以見下段也. 丁丑四月二十九日 金正喜題識."(『해동금석원』 상권, 1009쪽)
옹방강의 「蘇米齋蘭亭考」에 의하면 "'崇'자는 세 점이 다 나타난 定武本이 가장 으뜸이다. 舊本에도 '숭'자가 실려 있는데, '山'자 아래에 세 작은 점이 온전한 경우로

또 홍양호가 발견한 제일석에다 방각을 하였는데 "무슨 수로 구원九
原에서 성원(옹수곤)을 일으켜 이 금석연金石緣을 함께 할까. 돌을 얻은
날에 정희가 또 쓰고 탁본하여 가다"[28]라고 적었다.

다른 서한에서도 무장사비에 대해서 다음과 같이 말하였다.

…… 또한 「무장사비」의 석문釋文도 받았는데, 아마도 (서자의) 안목
이 달처럼 밝아 (그 필법이) 팔에 나타난 듯합니다. 게다가 괘선罫線
에 맞추어 써 내려간 솜씨가 아주 정밀하고, 필획筆劃의 구성도 세밀
하여 빈틈이 없습니다. 멀리 있는 사람들(淸朝文人들)에게 자랑할 만
합니다. 참으로 다행입니다.[29]

옹방강의 『복초재전집復初齋全集』을 보면, 문집편 35권 대부분이 금
석 및 서화에 대한 제발題跋이라든지 고고考·설說·논論·기記로 되어 있
다. 옹방강이 조선의 고비古碑에 대해 고증하고 발을 붙인 것도 있다.

「跋平百濟碑」(『復初齋文集』, 권24)

「跋新羅鍪藏寺碑殘本」(同上)

는, 이를테면 趙文敏(趙孟頫)이 얻은 獨孤本, 趙子固의 落水本, 越州石氏本, 天
目山房本과 같은 것이 바로 그것이다"고 하였다.

28 「鍪藏寺碑殘片」附記 "此石當係左段, 何由起星原於九原, 共此金石之緣. 得石之
日, 正喜又題, 手拓而去."(『조선금석총람』 상권, 47~48쪽)

29 예술의전당, 『秋史金正喜名作展』, 1992, 78~79쪽 "夕陰猶淫, 無以破悶, 更從兄
文武殘字釋文, 硏朱點校, 擬再就訂, 又承鍪石之釋, 殆是眼如月, 腕有見也. 且
絲格精好, 筆劃密緻, 足以誇耀遠人也. 幸甚幸甚. 文武釋文, 茲又寄上."

「跋新羅雙谿寺碑」(同上)

「跋高麗靈通寺大覺國師碑」(同 권25)

「跋高麗重修文殊院記」(同上)

「跋朝鮮靈通寺大覺國師碑」(『復初齋集 外文』권3)[30]

　　옹방강은 김정희가 무장사비 잔편을 제2차로 발견하기 이전에 무장
사비 제일석 탁본을 입수하여 고증을 마쳤다. 탁본을 입수한 경로는
알 수 없지만, 김정희 이전에 입연入燕한 사절단, 특히 옹방강과 친교
가 있었던 초정楚亭 박제가朴齊家(1750~1805?)가 전해주었을 가능성이
없지 않다.[31]

30　藤塚鄰, 앞의 책, 121쪽. 이 가운데 「跋新羅鍪藏寺碑殘本」은 유희해의 『해동금석
　　원』에 전재되었다. 『해동금석원』(영인본) 하권, 1009~1011쪽 참조.

31　이은혁, 「추사 금석학의 성과와 의의」, 양광석 정년기념 논총, 2007 참조. 유홍준
　　교수는 김정희가 入燕 당시 이를 옹방강에게 주었을 것이라고 추정하였으나(유홍
　　준, 『완당평전』 1, 학고재, 2002, 133쪽), 사실 김정희는 입연 당시 무장사비에 대한
　　관심이나 사전 지식이 그다지 높았던 것 같지 않다. 그가 무장사비에 높은 관심을
　　보이게 된 것은 옹방강의 교시가 있은 뒤라고 생각한다.

IV. 集字碑 여부와 書者 문제

낭선군 이우가 『대동금석서』·『대동금석서목』에서 무장사비의 서자를 김육진으로 본 이래 근세 오세창吳世昌(1864~1953)의 『근역서화징槿域書畵徵』에 이르기까지 우리나라 학자들 사이에서 이 설은 거의 통설이나 다름 없이 내려왔다.

집자비설을 처음으로 주장한 사람은 청유淸儒 옹방강이었다. 그는 무장사비의 비문은 대나마大奈麻 김육진이 찬하였고, 글씨는 왕희지의 행서行書를 집자한 것이라고 주장하였다. 특히 글씨에 대하여, 왕희지의 「난정서」와 회인懷仁이 왕희지의 글씨를 집자한 「집왕서삼장성교서비集王書三藏聖敎序碑」, 대아大雅가 집자한 「흥복사단비興福寺斷碑」[32]의 행서를 뒤섞어 사용한 집자비로 단정하고는 "함통咸通·개원開元 이래 당나라 사람들이 왕희지의 글씨를 집자했는데 다른 나라에서도 복습服習할 줄 알았다. 집자에 사용한 「난정서」의 글자가 모두 정무본定武本과 합치된다"고 하였다.[33] 그의 아들 옹수곤 또한 "신라의 잔비에서

---

32 이 단비의 내용 역시 「성교서비」와 같다.

33 『해동금석원』 附錄 卷上, 「唐鍪藏寺碑」, 「翁方綱跋」 "碑行書雜用右軍蘭亭及懷仁大雅所集字, 蓋自咸亨·開元以來, 唐人集右軍書, 外國皆知服習, 而所用蘭亭字, 皆與定武本合, 乃知定武本實是唐時所刻, 因流播於當時耳."(영인본 하권, 1010~

왕희지의 좋은 글씨 283자와 반半을 얻었다"고 평가하였다.[34]

김정희는 이 무장사비에 대해 "과시 홍복사비弘福寺碑의 서체이지만 인각사비처럼 집자한 것은 아니다. 김육진은 신라 말엽의 사람인데 비의 연대는 지금 상고할 수 없다"[35]고 하였다. 비의 글씨를 말하는 가운데 김육진을 언급하였지만, 문맥으로 보아 이 비의 연대를 추정하기 위해 언급한 것이며, 서자書者를 못박지는 않았다. 다만 분명한 것은 '인각사비와 같이 집자한 것이 아니'고 한 점이다. 여기서 중요한 것은 '인각사비처럼' 운운한 대목이다. 이것은 보기에 따라서 집자를 인정하면서도 완전 집자가 아닌 부분 집자라는 의미가 될 것이요, 다른 한편으로는 글씨를 쓴 사람이 홍복사비를 본받아 썼다고 볼 수도 있다. 어찌 되었든지 왕희지 서체를 집자한 것이 분명한 인각사비와는 같지 않다는 것이 김정희의 판단인 것 같다. 여기서 「성교서비」와 「난정서」를 뒤섞어 집자한 것이라고 한 옹방강과 견해 차이를 보인다. 필자는 김정희의 감식안을 존신尊信한다. 김정희가 옹방강을 큰 스승으로 받들면서도 집자비라는 주장에 부정적 견해를 보인 것은, 그의 공

1011쪽) 난정첩의 眞本은 당태종의 무덤에 부장품으로 묻혔고, 뒤에 神龍本·定武本 등 摹本이 전해졌다. 명나라 때 宗室 益王이 새긴 정무본 蘭亭眞蹟는 당나라 때 石本蘭亭序를 번각한 것으로, 이후 왕희지의 진적 가운데 제일로 쳤다.

34 유홍준, 『완당평전』 1, 133쪽.

35 『완당전집』 권4, 35b~36a, 「與金東籬其一」 "鍪藏碑果是弘福字體, 非集字如麟角碑矣. 金陸珍是新羅末葉之人, 而碑之年代, 今不可考矣." 최완수는 '弘福寺碑'를 '興福寺碑'의 잘못이라 하였다(『김추사의 금석학』). 李匡師는 「圓嶠筆訣」에서 "二王帖字古而畫緩, 弘福興福碑畫勁而字俗, 不可曉也."(『員嶠集』 권10, 46a, 「筆訣」; 문집총간 221, 557쪽) 운운하여 弘福碑와 興福碑가 다른 것으로 보았다. 그러나 같은 사찰의 다른 이름이다.

정한 안목과 구도정신을 엿보게 하는 것이라 하겠다.

옹방강이 집자비설을 제기한 뒤 우리나라 학자들 가운데 그의 설을 따르는 경우가 없지 않았다. 대표적인 경우로 김정희의 문인 이상적 李尙迪(1804~1865) 같은 이가 옹방강의 주장을 좇아 '집자비'라고 하였다.[36] 그러다가 1910년 경술국치 이후로 집자비설이 본격적으로 일본인 학자들을 중심으로 대두되기 시작했다. 이것은 한국문화의 예속성을 강조하려는 저들의 정치적 목적과도 무관하지 않은 듯하다. 1919년에 나온 『조선금석총람』에서는 "행서로 진나라 왕희지의 글씨를 모아 새겼다"(行書晉王羲之ノ字ヲ集刻ス)고 하였다. 그 뒤 1930년대에 들어 일본인 금석학자 가츠라기 스에지[葛城末治]는 『조선금석고朝鮮金石攷』(1935)에서 "비문의 찬자는 대나마 김육진이다. 어떤 책에는 글씨를 쓴 사람도 김육진이라고 한다. 그러나 이 비는 집자비이기 때문에 김육진이 서자書者일 수 없는 것은 서체를 보아도 명백하다"[37]고 하여, 자세한 고증이나 근거 없이 집자비로 단정하고, 집각集刻에는 「성교서비」와 「난정서」를 채집한 것으로 생각된다고 하였다. 반면에 민족주의 사학자 호암湖巖 문일평文一平(1888~1939)은 「신라 명필 김육진」이라는 글에서, 선유先儒의 설을 따라 집자비설을 부정하고 김육진의 '찬병서撰竝書'라고 주장하였다.

---

36 李惠吉, 「海東金石苑題辭」(『海東金石苑』, 아세아문화사, 1976, 12쪽), "鍪藏麟角, 碎金, 集右軍之書."; 同注 "新羅鍪藏寺碑高麗麟角寺碑, 俱集王右軍行書, 頗具典型."

37 葛城末治, 『조선금석고』, 1935, 230쪽.

동방 서도書道의 연원이 김생에게서 발하였으므로, 명필을 말할 때
반드시 먼저 김생을 조술祖述하게 되나, 그러면 김생 다음 가는 명필
은 누구냐고 물을 때는 대답이 구구할 것이다. 그러나 연대의 오랜
것으로나 성가聲價의 높은 것으로나 신라에 있어서 김생 다음에 김
육진을 꼽지 않을 수 없다. …… 오늘날 남아 있는 그의 수적手蹟으
로 거의 유일唯一이요 가장 유명한 것은 경주 무장사비이니, 이 무장
사비로 말하면 김육진의 찬병서이다. 이것을 세상에서는 혹은 김생
의 글씨라고 한다. 그러나 그 비에 적혀 있는 사실에 의하여 그것이
분명히 김생의 비라고 하는 것은 오전誤傳이다.[38]

그러나 문일평 역시 글씨를 쓴 사람이 김육진이라는 주장을 뒷받침할
만한 확증은 제시하지 않아 아쉬움을 남겼다.

광복 이후에도 무장사비의 글씨를 언급한 학자들은 전공을 불문하
고 거의 대부분 집자비로 규정하였다. 근자에 와서는 잡자비란 설, 즉
왕희지 글씨를 집자한 것이라는 주장이 통설로 정착되어 가는 추세를
보여왔다.[39] 철저한 연구를 통해서 내린 결과가 아니라 일인 학자들의
설을 답습한 경향이 농후하다는 점에서 아쉬움이 크다.

글씨 쓴 사람을 밝히는 데는 우선 사리에 비추어 접근하는 것이 좋
을 성 싶다. 잘 알려진 바와 같이 통삼統三 이전부터 신라에서 각종 비

---

[38] 『호암전집』 2, 조선일보사, 1939; 『한국의 문화』, 을유총서 1, 을유문화사, 1969,
85쪽.

[39] 이종문, 앞의 논문 참조.

가 세워졌고 나중에는 선승禪僧의 탑비가 주를 이루었다. 비문들을 보면 대체로 비의 표제標題가 먼저 나오고, 비문의 찬자撰者라든지 서자書者의 직함과 이름이 이어진다. 본문이 시작되는 것은 그 다음이다. 표제와 찬자·서자는 각각 행을 바꾸어 쓰며,[40] 찬자와 서자가 같은 사람일 경우는 한 줄로 '······○○○찬병서撰并書'라고 쓰는 것이 통상적인 관례다.

이 무장사비는 찬자와 서자를 밝히는 도입 부분이 '□守大奈麻臣金陸珍奉敎'로 되어 있다. '奉 敎' 이하가 떨어져 나가 정확히 알 수는 없으나, 한 줄로 되어 있는 것으로 보아 '봉교찬병서奉敎撰并書'일 가능성이 없지는 않다. 글씨 쓴 이를 비문 끝 마지막 부분에 쓰는 경우도 있기는 하지만,[41] 이 무장사비의 경우 말미 부분에서 찾을 수 없다.

이 점은 김정희가 서자를 고증하는 데 참고 사항이 되었을 것이다. 또 여기에 글씨에 대한 감식이 병행되어 '집자한 것이 아니다'라고 말한 듯하다. 결국 김정희는 부분 집자의 가능성을 완전히 배제하지 않으면서도 김육진이 왕희지 서체를 본떠서 쓴 것으로 결론을 내린 것 같다. 유희해劉喜海의 『해동금석원』에서 김육진의 '찬병서'라고 한 것은 김정희의 견해를 대신한 것이라고 볼 수 있다.[42] 김정희의 견해는 위에서 말한 홍양호의 견해와 부합한다. 단언하기는 어렵지만 홍양호가 사

---

40   刻手(刻者)까지 기록하는 경우가 있다.

41   문무왕릉비가 대표적이다. 말미에 건립 연대를 쓰고 이어 '大舍臣韓訥儒奉□□'이라 하였다. '奉□□'는 '奉敎書'일 것이다.

42   추사학단의 한 사람인 李祖默의 『羅麗琳瑯玫』에서도 "新羅鍪藏寺碑, 守南大令金陸珍撰并書, 碑文行書, 鸞飄鳳泊, 煊赫動人." 운운하였다.

戒斷界의 선배인 만큼 그의 견해를 중요하게 참고하였을 것으로 짐작된다.

무장사비가 집자비로 인식되었던 것은 이 비의 글씨가 왕희지의 글씨와 닮아도 너무 닮았다는 점 때문이었다. 그러나 왕희지 글씨와 정밀하게 대조하였을 때 글씨꼴이 핍진逼眞한 것이 사실이지만 꼭 같지는 않다. 육안으로 볼 때 비슷해 보이지만 나름대로 변화를 도모한 것이 대다수다. 그리고 글씨가 처음부터 끝까지 고르다. 어른 손톱만한 작은 글씨가 정간선 안에 들어 있는데 그처럼 고를 수 없다. 집자비라면 실로 어려운 일이다. 「성교서비」의 예에서 보듯이, 집자비는 우선 글씨의 크기와 굵기가 고르지 않다. 이것을 참치미參差美라 하기도 하지만, 전체 조화의 면에서 완성도가 떨어지는 것이 사실이다. 이것은 집자비에 나타나는 공통적인 현상이다.

또 무장사비에는 왕희지가 남긴 글씨에서 찾을 수 없는 글자[43]가 많다. 이는 일부 변이나 획을 따서 글자를 만들거나 비슷하게 써서 넣어야 할 부분이다. 그런데 왕희지 서첩書帖에 없는 글자를 임의로 만들어 넣은 흔적이나 왕희지 서체를 억지로 본뜬 듯한 어색한 티가 거의 나지 않는다. 집자를 할 때 흔히 사용하는 방법으로 글자의 윤곽을 본뜨는 쌍구법雙鉤法이 있는데, 쌍구를 뜨면 글자의 필획筆劃이 무뎌져서 원 글씨의 모습이 제대로 살아나지 않는다. 무장사비는 쌍구를 뜬 것이 아닌, 직접 쓴 글씨라는 인상이 짙다.

물론 전면 집자가 아닌 부분 집자일 가능성이 없지는 않다. 그렇지

---

[43] 이종문은 107자, 이은혁은 104자라고 한다.

만 그 대본으로 쓰였을 「성교서비」나 「난정서」와는 글자 크기가 같지
않다. 글씨 모양이 아무리 비슷하다 해도 원본의 글씨를 키우거나 줄
이는 것은 엄밀한 의미에서 집자가 아니라고 본다. 이 무장사비는 가
로 세로 3.2cm가량의 칸 안에 작은 글씨로 쓴 것이다. 필세筆勢가 날
카롭고 살아 움직이는 듯하다. 쌍구를 떠서 집자한 것과는 이둔利鈍의
차이가 크다. 게다가 무驁·울鬱·오鼇·참巉·응鷹 등 여러 벽자僻字들은
집자가 애초부터 불가능하다. 서자가 직접 쓰지 않으면 곤란한 글자들
이다. 무장사비가 집자비라면 그처럼 벽자를 천의무봉天衣無縫하게 완
벽할 정도로 처리할 수 있을까?

가장 상식적인 것 하나 더 언급하기로 한다. 「집자성교서비」의 경우
회인 스님이 무려 25년에 걸쳐 집자를 완성하였다고 한다. 그에 비해
무장사비는 소성왕이 죽은 지 1년 만에 세운 것으로 추정된다. 이 추
정이 맞다고 할 때, 1년가량의 단시일에 이처럼 품격 높게 집자를 해
서 비를 세운다는 것은 거의 불가능에 가깝다고 보아야 할 것이다.

필자는 이상에서 말한 여러 이유를 들어 무장사비가 집자비가 아니
라고 판단한다. 이 비는 추사 김정희가 '사격絲格(罫線)은 아주 정밀하
고 필획은 치밀하다'고 한 것처럼 실로 왕희지 글씨를 능가하는 '상품
上品' 글씨라고 할 만하다. 빗돌이 화강암으로 재질이 좋지 않은데도
그처럼 살아서 움직이듯이 치밀하게 새길 수 있었던 것은, 일차로 서
자의 글씨가 좋은 데다가 각수刻手의 새기는 솜씨가 일류였기 때문이
라고 하겠다. 요컨대, 이 무장사비의 글씨는 청나라 금석학의 대가 옹
방강도 부러워할 정도로 잘 쓴 글씨임에 분명하다. 그럼에도 이를 집
자비라고 강변하는 이면에는 신라 사람의 글씨로 인정하지 않고 은근

히 문화적 예속성을 드러내려는 자들의 오만함이 도사리고 있다고 할 것이다.

이제 서자와 관련하여 중요한 사실을 말할 차례다. 필자는 비문 첫 줄에 나오는 "……□守大柰麻臣金陸珍奉　敎□□ …… 皇龍……"이라 한 대목을 눈여겨 보아야 한다고 생각한다. 이는 글씨 쓴 사람을 알 수 있는 열쇠라고 본다. 먼저 우리 선학들이 인식하였던 것처럼 김육진이 임금의 명령을 받들어 글을 짓고 글씨까지 썼다면 "奉　敎撰并書"가 되어야 할 것이다. 그러나 결락缺落된 '□□' 두 칸에는 '찬병서撰并書' 석 자가 들어갈 수는 없다. '봉교찬'은 누가 보아도 인정할 수 있지만 '병서'까지 넣어서 생각할 수는 없다. 또 그렇다고 어색하게 '봉교찬서奉敎撰書'라고 썼을 리도 없다. 이 점은 김육진이 서자가 아니라는 분명한 방증이 된다. 다시 말해서 김육진은 비문만 지었다는 결론에 이르게 된다.

종래 선학들은 이 '황룡' 운운한 것에 대해 한 마디의 언급이 없었다. 왜냐하면 이 대목은 1914년에 발견된 가장 작은 비편에 실려 있기 때문이다. 홍양호나 김정희 당시에 이 비편이 발견되었다면, 그들의 감식안으로 보아 그냥 보아넘기지는 않았을 것이다. 그 뒤 1919년에 『조선금석총람』이 나오고 1935년 『조선금석고』 등이 뒤를 이었지만, '황룡' 운운한 대목에 대해서는 전혀 논급이 없었다. 단순히 간과看過한 것인지, 아니면 당시 조선의 금석학 연구를 선도하던 일본인 학자들이 정치적 목적 때문에 애써 무시한 것인지는 제대로 알기 어렵다. 광복 이후에도 이에 착목着目한 학자가 아예 없었으니 의아하기 이를 데 없는 일이다.

김생의 글씨(석단목 집자)

중국이나 우리나라 할 것 없이 글씨에 뛰어난 스님이 비의 글씨를 쓰거나 집자를 한 예는 적지 않다. 「성교서비」를 집자한 회인 스님의 예는 유명하여 더 말할 나위 없지만, 신라의 경우만 하더라도 단속사비斷俗寺碑를 쓴 영업靈業이라든지 지증대사비智證大師碑를 쓴 혜강慧江 같은 승려 출신의 대표적 서가書家가 있다. 또 김생金生의 글씨를 취하여 태자사낭공대사백월서운탑비太子寺朗空大師白月栖雲塔碑를 집자한 석단목釋端目이라든지, 왕희지 글씨를 가지고 인각사보각국사정조탑비麟角寺普覺國師靜照塔碑를 집자한 사문죽허沙門竹虛 같은 서예에 감식 있는 승려들이 적지 않았다.

필자의 단견으로는 위에서 말한 '황룡사' 운운하는 대목은 찬자에 이어 서자를 밝히는 내용임에 분명하다고 본다. 그 내용은 전례와 사리에 비추어 '皇龍寺僧(沙門)○○書'이거나 '皇龍寺釋○○奉敎書'일 가능성이 높다. 물론 '皇龍寺沙門○○集王右軍書'일 수도 있을 것이다.[44] 이것은 사문 회인이 집자한 「성교서비」와 사문 죽허가 집자한 「인각사보각국사정조탑비」의 체례體例를 통해 추정한 것이다.

---

44 「太子寺朗空大師白月栖雲塔碑」에서는 撰者 崔仁渷에 이어 "金生書 釋端目集"이라 하여 집자한 사람을 밝혔다.

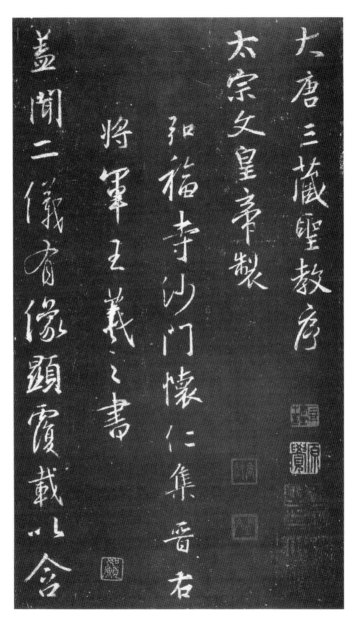

집자성교서(왕희지 글씨, 회인 집자)

(A) 太宗文皇帝御製」

　　弘福寺沙門懷仁集晉右軍將軍王羲之書」

(B) 門人沙門竹虛奉 勅集晉右軍王羲之書

　그러나 앞에서 논한 바와 같이 무장사비는 여러 가지 이유로 집자비라고 보기 어렵다. 그렇다면 자연스럽게 황룡사 스님이 서자라는 결론에 도달하게 될 것이다. 이 서자에 대한 추정은 종래 집자비니, 김육진의 글씨니 하는 논란을 종식시킬 수 있는 유력한 근거가 된다고 본다. 이 점을 부각시킨 것은 본고의 눈동자에 해당한다고 할 수 있겠다.

　여기서 황룡사의 스님이 누구인지 구체적으로 알 수는 없다. 『맹자』「만장 하萬章下」를 보면 "그 시를 외우고 그 글을 읽으면서 그 사람을 알지 못한다면 되겠는가"(誦其詩, 讀其書, 不知其人可乎)라는 말이 나온다. 무장사비 글씨를 보고 감상하면서도 서자인 황룡사 스님에 대해 일말의 정보도 갖지 못함을 애석하게 생각한다. 다만 그가 한국 서예사에 특필될 정도로 서예에 능했으며, 특히 왕희지 서체에 정통했던 것만은 분명하다. 이후라도 그에 대한 자료가 발굴되기를 바라는 마음 간절하다.[45]

---

[45] '황룡사 스님'이 누구일까? 이에 대한 추정이 요구될 수 있다. 다만 섣부른 추정은 금물이므로, 상당한 근거가 확보되고 나름의 확신이 섰을 때 발표하더라도 늦지 않다고 본다.

V. 맺음말

이 논고는 무장사비의 서자를 밝혀 신라 서예의 위상을 드높이려는 목적으로 작성되었다. 일차로 여러 차례의 답사 및 고증, 그리고 과학적인 연구 방법을 통해 450여 자의 글씨를 판독하고 자형字型을 분석하였다. 이 과정에서 이은혁 씨의 자형 분석에 힘입었음을 밝혀둔다. 연구 결과, 무장사비가 왕희지의 글씨와 흡사한 것은 사실이지만, 대다수의 글자에 미묘한 변화가 있었고, 왕희지가 남긴 글씨에 없는 글자가 많았으며, 집자비와는 달리 글씨가 너무도 고르고 조화를 이루었다. 이에 집자비가 아니라는 결론에 이르렀다.

다음으로는 글씨를 쓴 사람이 비문을 찬한 김육진이 아니라 당시 왕희지 행서체에 능했던 황룡사 스님임을 밝혔다. 이것은 1914년에 발견된 제3의 비편에 '황룡사' 운운하는 대목에 근거한다. 이 대목은 '수대나마 김육진 봉교찬' 운운하는 부분에 이어지는 것으로서, 찬자에 이어 서자를 밝히는 부분에 해당된다. 홍양호·김정희가 서자를 김육진으로 본 것은 이 제3의 비편을 보지 못하였기 때문이다. 발견 이후로 일본인 학자들은 그냥 보아 넘기거나 애써 부각시키지 않으려 하였고, 광복 이후 학계에서는 일인 학자들의 주장을 답습하기에 바빠 주목한 학자가 없었다. 이러한 분위기 속에서 필자가 이를 주목하여 서자를 신라 사람, 특히 황룡사 스님이라 규정하게 된 것은, 의미 있는 수확이라 할 것이다.

마지막으로 금후今後에는 이 무장사비의 서예 수준과 서예사적 위상을 연구할 차례라고 생각한다. 신라 사람이 손수 쓴 글씨이고, 그것도 왕희지를 본받으면서 그를 능가하는 상품上品의 작품이고 보면, 여러 가지로 연구 분석이 가능하다. 평가 또한 뒤따라야 할 것이다. 이에 대한 연구는 신라 서예의 국제적 위상을 드높이는 데 크게 기여할 것으로 생각한다. 서예 전공자들의 분발을 기대하여 마지않는다.

[부록]

碑의 釋文

필자가 선학들의 연구를 기초로 비문을 다시 정밀하게 판독, 약 450여 자를 심정審定하였다.[01] 또 판독할 수 없는 글자 가운데, 유교 경전 및 여러 고전에서 문구를 인용한 것으로, 전혀 의심의 여지가 없는 글자까지 추정하면 약간 더 늘어날 수 있을 것이다. 이하 판독문에서는 의심할 여지가 없는 글자까지 추정하여 넣었고 이에 따라 번역하였다.

문장은 9세기에 유행했던 변려문騈儷文으로 되어 있다. 유려한 편이다. 전면 제24행에 나오는 '…… 유물혼성有物混成' 이하는 명문銘文이고, 명문의 형식은 사언四言으로 보인다.

일부가 파손된 이수의 전면과 후면에 제액題額이 각각 3자 2행(6자)으로 쓰였다. 앞면은 마모되어 글자가 아예 보이지 않는다. 후면에는 좌에 '阿彌陀' 3자, 우에 '佛口口' 3자가 보인다. 비문의 내용은 아미타불을 조성한 내력을 적은 것이다.

---

01 연전에 서지학자 朴徹庠에 의해 김정희의 『海東碑攷』寫本이 공개되었으나 (2009.1) 이 비문 판독에 특별히 도움될 만한 것은 없었다.

1. 판독

螭首의 題額

前　□□□」
　　□□□」

後 阿彌陀」
　佛□□」

(1) 제일석과 제이석을 연결시킨 것(밑줄 친 굵은 글씨는 제이석)

……□守大奈麻臣金陸珍奉　敎 ……　　**皇龍寺**

……測氿兮若存者敎亦善救歸于九□□**物乎嘗試論之佛道之**……」

……□以雙忘□而不覺遍法界而冥立□□**而無機齊大空而**□……」

……是微塵之刹沙數之區競禮微言爭崇□□**廟生淨心者久而**□……」

……能與於此乎鏊藏寺者」

…… 迴絶累以削成所寄冥奧自生虛白碧澗千尋□□□塵勞而滌蕩寒……」

……中宮奉爲」

……明業繼斷鰲功崇御辭運璇璣而照寓德合天心握金鏡……」

……何圖天道將變書物告凶享國不永一朝晏駕　　　中宮……」

……身罔極而喪禮也制度存焉必誠必信勿之有悔送終之事……」

……密藏鬱陶研精寤寐求之思所以幽贊冥休光啓玄福者西方……」

……府之淨財召彼名匠各有司存就於此寺奉造阿彌陀佛像一軀……」

……見眞人於石塔東南崗上之樹下西面而坐爲大衆說法旣覺……」

……巉崒溪澗激迅維石巖巖山有朽壞匠者不顧咸謂不祥及……」

……之固正當殿立有若天扶于時見者愕然而驚莫不……」

……至百慮多岐一致于誠誠也者可以動天地……」

……□旣得匪棘其欲子來成之其像則……」

(2) 제삼석

……也當此之時崖……」

……基攘之剔之更將□……」

……歟是歟故知萬法殊……」

……伴之材畢至班石之巧……」

……普照八十種好出衆妙……」

……鋪綺檻朝日暎而炫燿□……」

……苦節潔行修身專思法……」

……□德貞順立節着于稱道……」

……□路若斯之盛乎欲比……」

……□見燕然之作便察鷹揚……」

……有物混成載我以形勞我以生……」

……慧炬用拯迷類正敎難測……」

……鼇業泰登樞位襲聲敎□……」

……□忘不忘維何思崇冥祐……」

……□寶紛敷香花周繞天人……」

2. 구두 및 주석

(1)

……□守大柰麻[02]臣金陸珍奉　敎 ……　　皇龍……」

……測, 氾兮[03]若存[04]者, 敎亦善救, 歸于九□□物乎. 嘗試論之, 佛道之……」

……□以雙忘, □而不覺, 遍法界而冥立, □□□而無機[05], 齊大空而□……」

……是微塵之刹, 沙數之區, 競禮微言, 爭崇□□, 廟生淨心者, 久而□[06]……」

……能與[07]於此乎. 鍪藏寺者」

---

02 '大南令'으로 판독한 경우(『해동금석원』)가 대부분이고 '大柰麻'로 판독한 경우는 『조선금석총람』이 처음이다. 여러 탁본을 보면 '大南令'인지 '大柰麻'인지 분명하지 않으나, 근자에 나온 가장 정교한 사진판(『문자로 본 신라』, 국립경주박물관, 2002, 202쪽)을 보면 '大柰麻'가 확연하다. 대나마는 신라 17관등 가운데 제10위이다. 그런데 行守法에 따르면 관등 다음에 行이나 守가 오고 그 다음에 관직을 기록하는 것이 상례이다. 대나마가 관등이요 관직이 아님에도 '守' 자 뒤에 오는 것은 아직 전례가 없다. 따라서 여기서 말하는 '守'는 예컨대 '□□太守'와 같은 관직명의 끝 글자일 것이다.

03 이리저리 떠돌아다님. 『老子』, 제34장 "大道氾兮, 其可左右."

04 『老子』, 제6장 "谷神不死, 是謂玄牝, 玄牝之門, 是謂天地根, 綿綿若存, 用之不勤."

05 機心이 없음.

06 '彌'(더욱)로 추정됨.

07 견주다.

……**(幽谷)**迥絶, 累以削成, 所寄冥奥, 自生虛白[08], 碧澗千尋, □□□
塵, 勞而滌蕩, 寒……」

　……中宮奉爲」

　……明業, 繼斷鼈功[09], 崇御辨[10]運, 璇璣而照, 寓德合天. 心握金
鏡……」

……何圖, 天道將變, 書物告凶, 享國不永, 一朝晏駕, 中宮……」

……身罔極[11]. 而喪禮也, 制度存焉. 必誠必信, 勿之有悔, 送終之
事……」

……密藏, 鬱陶[12]研精. 寤寐求之, 思所以幽贊冥休, 光啓玄福者, 西
方……」

……**(九)**府之淨財, 召彼名匠, 各有司存[13]. 就於此寺, 奉造阿彌陀佛像
一**(軀)**[14]

……**(夢)**[15]見眞人, 於石塔東南崗上之樹下, 西面而坐, 爲大衆說法, 旣

08　방이 텅 비면 절로 밝아진다는 뜻. 淸虛하여 욕심이 없으면 道心이 절로 생겨난다
　　는 말. 『莊子』, 「人間世」 "虛室生白, 吉祥止止."

09　바다에 사는 큰 자라[鼈]의 다리를 잘라서 세상의 받침을 삼았다고 한 女媧氏의 고
　　사에서 나온 말. 『論衡』, 「談天」 "女媧銷煉五色石, 以補蒼天, 斷鼈足以立四極."

10　두루. '辯'으로 판독한 경우가 있으나 '辨'이 옳다.

11　'終身罔極' 또는 '歿身罔極'으로 추정됨.

12　근심이 쌓인 모양. 또는 깊이 시름에 잠김. 『孟子』, 「萬章 下」 "鬱陶思君爾."

13　有司 또는 司存은 본래 담당관리 또는 담당 관청을 가리키는 것이었는데, 여기
　　서는 일을 맡음, 또는 담당자 정도로 번역한다. 『논어』, 「泰伯」 "籩豆之事, 則有
　　司存."

14　軀 : 통상적으로 불상은 '軀'로 표시한다. 『삼국유사』에도 '一軀'로 되어 있다.

15　『삼국유사』, 「鍪藏寺彌陁殿」의 내용에 따라 추정한다. 뒤에 오는 '旣覺'(꿈에서 깬

覺……」

……也, 當此之時, 崖(石)**[16]**巉崒, 溪澗激迅, 維石巖巖**[17]**. 山有朽壞, 匠者不顧**[18]**, 咸謂不祥. □……**[19]**」

……基, **攘**之剔之**[20]**, 更將□□之固, 正當殿立, 有若天扶. 于時見者, 愕然而驚, 莫不□□**[21]**……」

……歟是歟? 故知萬法殊□, □□□至, 百慮多岐**[22]**, 一致于誠. 誠也者, 可以動天地……」

……伴之材畢至, 班石之巧□□, □□□□, □□旣得, 匪棘**其欲[23]**, 子來成之**[24]**. 其像則……」

뒤)이란 말과 견주어 보아도 '夢'자가 분명하다.

16 『삼국유사』, 「鍪藏寺彌陁殿」에서는 '崫石巉崒'이라 하였다.

17 바위가 많음. 『시경』, 小雅, 祈父之什, 「節南山」 "節彼南山, 維石巖巖."

18 『장자』, 「逍遙遊」·「人間世」에 "가죽나무는 크기는 하지만 쓸모가 없기 때문에 목수도 거들떠보지 않고(匠者不顧), 櫟社의 상수리나무는 쓸모가 없기 때문에 이처럼 오래 살 수 있었다(無所可用, 故能若是之壽)"고 하였다.

19 『삼국유사』, 「鍪藏寺彌陁殿」에는 '及乎辟地' 운운하였다.

20 잡물을 제거하고 초목 등을 베어냄. '壞'자로 판독한 예가 있으나 이는 잘못이다. 『시경』, 大雅, 文王之什, 「皇矣」 "其檉其椐, 攘之剔之."

21 『삼국유사』, 「鍪藏寺彌陁殿」에 따라 '稱善'으로 추정한다.

22 『주역』, 「繫辭下」에 "子曰, 天下何思何慮? 天下同歸而殊塗, 一致而百慮, 天下何思何慮?"라 하였다.

23 빨리 하려고 서두름. '棘'은 '急'의 뜻이다. 『시경』, 大雅, 「文王有聲」에 나온다.

24 중국 고대에 文王이 靈臺를 지을 적에 백성들이 자식처럼 달려와 도움으로써 빨리 완성하였다는 고사. 『시경』, 大雅, 「靈臺」 "經始靈臺, 經之營之, 庶民攻之, 不日成之, 經始勿亟, 庶民子來."

(2)

　　……普照, 八十種好出衆妙……」

　　……鋪綺檻, 朝日暎而炫燿, □……」

　　……苦[25]節潔行修身, 專思法……」

　　……□德, 貞順立節, 着于稱**道**[26]……」

　　……□路, 若斯之盛乎, 欲比……」

　　……□見燕然之作[27], 便察鷹揚……」

　　……**有**物混成[28], 載我以形, 勞我**以生**[29]……」

　　……慧炬, 用拯迷類, 正敎難測, ……」

　　……鼇業, 泰登樞位, 襲聲敎□, ……」

　　……□忘, 不忘維何[30], 思崇冥祐[31], ……」

25　'若'자로 판독한 예가 있으나 '苦'자가 분명하다.

26　'稱首'로 판독한 예가 있으나 '首'자에 '辵'변의 일부가 있는 것으로 보아 '稱道'로
　　판독해야 한다. 『해동금석원』에서도 '稱道'라 하였다.

27　중국 후한 때 班固가 지은 「封燕然山銘」(『文選』, 권56)을 가리킴. 이 비명의 내용에
　　"鷹揚之校, 螭虎之士" 운운한 대목이 있다.

28　비편에는 "□物混成"으로 되어 있으나, 『노자』에서 인용한 것이 분명하기 때문에
　　이와 같이 추정하였다. 『노자』, 제25장 "어떤 물건이 혼연히 이루어져 천지에 앞서
　　생겨났다."(有物混成, 先天地生)

29　비편에는 "載我以形, 勞我□□, ……"으로 되어 있으나, 『장자』, 「大宗師」 편에서
　　인용한 것이 분명하기 때문에 이와 같이 추정하였다. 『장자』, 「대종사」 "대자연은
　　형체를 주어 나를 이 세상에 살게 하며, 삶을 주어 나를 수고롭게 하며, 늙음으로
　　나를 편안하게 하며, 죽음으로 나를 쉬게 한다."(夫大塊, 載我以形, 勞我以生, 佚我
　　以老, 息我以死)

30　『시경』을 보면 '□□維何'라는 문투가 10여 회나 보인다.

31　陰佑와 같은 말. 『해동금석원』에서는 '祜'로, 『조선금석총람』에서는 '祐'로 판독하였

……□寶, 紛敷[32]香花, 周繞天人[33], ……」

3. 번역

(1)

…… □수□守 대나마大奈麻 신臣 김육진金陸珍이 왕명을 받들어 글을 …… 황룡사皇龍寺의 ……」

…… 헤아리기 어려우니, 이리저리 떠돌면서도 늘 제자리에 있는 것 같다. 교敎는 역시 잘 구원하는 것이니 구□□물九□□物로 귀의케 하는 것인가 한다. 시험삼아 논하건대 불도佛道의 ……

…… 두 가지를 잊고 ……를 깨닫지 못하여, 법계法界를 편력하여 명계冥界에 섰으며, …… 하여 기심機心이 없으며, 대공大空과 나란히 하여 ……

…… 이곳은 미진微塵[34]의 세계에 있는 사찰이요 사수沙數[35]와 같은 구역인데, 다투어 미언微言에 예경禮敬하고, 다투어 □□를 높였으니,

---

다. 후자를 따른다.

32 성하고 많은 모양.

33 현재 비편의 탁본에서는 '周' 이하의 글자는 판독할 수 없다. 『해동금석원』에서 1800년대 초의 탁본을 근거로 '周繞天人'이라 판독한 것을 따른다.

34 셀 수 없이 많은 것을 이름.

35 항하의 모래알 같이 많은 부처. 인도에 항하(갠지스강)가 있는데 두 언덕이 다 모래이므로 부처가 그것을 취하여 最多의 수, 無量의 수로 비유하였음. 『金剛經』 "諸恒河所有沙數, 寧不多乎."

사묘寺廟에서 정심淨心이 피어나는 것은 오래될수록 ……」

…… 여기에 견줄 수 있겠는가. 무장사는 ……

…… 유곡幽谷은 (속세로부터) 멀리 떨어져 있는데 여러 해를 두고 깎아서 만든 것 같았다. 하늘이 맡긴 그곳은 깊숙하고 은밀하여 허백虛白한 마음이 절로 생길 만하다. 벽간碧澗은 천 길[千尋]이나 되는데, …… 티끌을 힘써 척탕滌蕩하고 한寒……

……중궁中宮[36]께서 (선대왕을) 받들어 위하느라……

……을 밝히는 업이요, 끊어진 바다거북의 다리를 잇는 공이다. 높이 변운辨運[37]을 부리며 북두칠성처럼 (자리잡고 사방을) 비추는데, 깃들인 덕은 천도에 합치되었다. 마음으로 금경金鏡[38]을 쥐고……

…… 어찌 도모하랴. 천도가 장차 변하고 서물書物이 흉사凶事를 고하니, 향국享國이 길지 못하여 하루 아침에 안가晏駕[39]하시게 되었다. 중궁中宮께서는 ……

…… 종신토록 다함이 없었다. 그러나 상례에는 제도가 있는 법이니, 반드시 정성껏 미덥게 하여 후회가 남지 않도록 할 것이다. 돌아가신 사람을 보내는[送終] 일은 ……

…… 비밀스럽게 감추어져 있는데, 근심스러운 태도로 연구를 정밀하게 하였다. 자나깨나 늘 찾으면서, 그윽히 명휴冥休[40]를 협찬協贊

---

36 소성왕의 妃인 桂花王后 金氏. 대아찬 叔明의 딸이다.

37 운이 두루 미침. 또는 그런 운.

38 구리 거울. 밝은 도리 또는 공명정대한 도를 비유함.

39 임금의 죽음을 높여서 이르는 말.

40 저승에서의 행복. 冥福.

하고, 빛나게 현복玄福(명복)을 개척할 방도를 생각하였는데, 서방西方에……」

……구부九府[41]의 정결한 재물을 희사하고, 저들 명장名匠을 불렀으며, 각기 맡은 바가 있도록 하였다. 이 절에다가 아미타불상 한 구軀를 받들어 조성했는데 ……

……꿈에 진인眞人을 보았는데, 석탑 동남쪽 산봉우리 위의 나무 아래에서 서쪽을 바라보고 앉아 대중을 위해 설법하였다.[42] 꿈에서 깬 뒤 ……」

…… 이 때를 당하여, 산이 높고 가파른데다 시냇물의 물살이 급하고 바위가 중첩하였다. 산에 나쁜 땅이 있는데, 장인匠人들은 돌아보지도 않고 모두다 상서롭지 못하다고 하였다. ……

…… 터를 골라 (쓸데 없는 것을) 제거하고 (잡목을) 베어내 다시금 장차 …… 견고함을 얻었으니, 미타전彌陀殿을 세우기에 꼭 알맞아 하늘의 도움이 있는 것과 같았다. 이에 보는 사람들이 깜짝 놀라면서 (좋다고 하지) 않은 사람이 없었다.

……그른가, 옳은가? 그러므로 만법萬法이 길을 달리하지만 …… 하는 데 이르고, 백가지 생각이 갈림길이 많지만 '성誠'으로 일치됨을 알겠다. '성'이란 것은 하늘도 움직일 수 있는 것이요 ……

……수반隨伴한 재목이 다 이르고, 반석班石(무늬 있는 돌)에다 기교를

---

41 중국 주나라 때 재물과 화폐를 관장하던 기관으로. 곧 太府·玉府·內府·外府·泉府·天府·職內·職金·職幣를 가리킴.

42 '西面'은 서방정토의 부처님인 아미타불을 의미한다.

……. □□□□ ……을 이미 얻었는데, 하고 싶은 일을 빨리 하려고 하지 않았는데도 (인연 있는 사람들이) 자식처럼 모여들어 이 일을 이루니, 그 불상은 ……

(2)

…… 널리 비추고, 팔십종호八十種好⁴³는 중묘衆妙에서 초출超出하니 ……

…… 비단을 깔아놓은 듯한 난간에 아침에 햇살이 비치면 눈부시게 빛나고 ……

…… 고절苦節과 결행潔行으로 몸을 닦으면서, 오로지 법 ……을 생각하였는데,

…… □德, 정순貞順하고 절개를 세워, 칭도稱道하는데 뜻을 붙여 ……

…… 하는 길이 이와 같이 성할 수 있을까? ……에 비하건대

…… 연연燕然의 작품을 보고,⁴⁴ 문득 매가 기세를 떨치는 듯한 기상 [鷹揚]을 살피니……

…… 어떤 물건이 혼연히 이루어져, 나에게 형체를 주어 이 세상에 살게 하며, 삶을 주어 수고롭게 하며 ……

---

43 부처님의 신체 특징 중에서 뛰어난 것 여든 가지를 말한다. '八十隨形好'라고도 한다. 경전과 論疏에 따라 약간의 차이가 있다.

44 후한 때 車騎將軍 竇憲(두헌)이 군사를 이끌고 북벌에 나서 남흉노와 연합하여 稽落山에서 북흉노를 대파하고는 燕然山에 올라가 공적비를 세우고 班固에게 「封燕然山銘」을 짓도록 하였다. 『후한서』 권53, 「竇憲列傳」 참조.

…… 지혜의 횃불[慧炬]을 ……하여 미혹에 빠진 무리들을 증구拯救한다. 정교正教는 헤아리기 어려우나 ……

오업鼇業[45]을 …… 하고, 추위樞位[46]에 높이 올라 성교聲教[47]를 이어받아……

……□忘, 불망不忘이란 무엇인가. 명우冥祐[48]를 높이기를 생각하여……

……□보□寶가 ……하고 향화香花가 무성하여 두루 천인天人을 휘감고……

---

45   '鼇'는 鼇山으로 신라를 가리킨다. '오업'이란 곧 신라의 왕업을 말한다.

46   매우 중요한 자리.

47   임금이 백성을 교화하는 덕.

48   신령이 도움.

제7장

秋史 金石學의 재조명
―史的 '考證' 문제를 중심으로―

Ⅰ. 문제제기

추사 김정희에 대한 연구 경향을 보면 크게 ① 철학사상, ② 예술세계 두 부분으로 나눌 수 있다. 두 부문 모두 연구 업적이 상당히 축적되었다. 특히 서書·화畵·전각篆刻·고동古董 등 예술 부문에서는 관심과 연구의 폭이 꽤나 넓다. 다만, 철학사상과 예술세계를 관통시켜 풀어낸 논문이 없는 것은 아쉬운 일이다. 앞으로의 과제라 하겠다.

김정희가 남긴 글은 적은 분량이라고 할 수는 없다. 다만 그의 폭넓은 학문세계, 예술세계에 비추어 보면 초라한 편이다. 중요한 자료들이 많이 빠졌다. 김정희가 생전에 저술 가운데 일부를 스스로 불에 태운 것도 한 원인이 될 것이다. 이러한 난점을 극복하고 김정희 연구의 디딤돌을 마련한 사람이 있다. 일제시기 경성제국대학 교수를 역임했던 역사학자 후지츠카 치카시藤塚鄰(1879~1948)다.

후지츠카는 우리나라 최초의 전문적인 추사연구가다. 보기 드문 '추사마니아'다. 김정희의 인격과 학문에 매료되었던 후지츠카는 한·중·일 국경을 넘나들며 김정희와 관련된 자료들을 광범위하게 수집하여 문집 등 기초 자료의 부실을 보완하는 데 일생을 바쳤다. 현재 우리가 김정희에 대해 이모저모 비교적 자세히 알 수 있는 것은 기실 후지츠카의 자료 수집과 연구 덕분이라 하겠다. 최완수崔完秀의 「추사실기秋

史實記』를 비롯한 일련의 논고와, 많은 화제를 남겼던 유홍준俞弘濬의
『완당평전』 3권 역시 후지츠카의 기초 작업과 심도 있는 연구가 없었
다면 쉽게 나올 수 없었을 것이다.

김정희는 우리나라에서 금석문 연구를 '금석학'의 반열에 올려놓은
선구자다. 김정희는 금석자료를 호고적好古的 취미로 대하던 당시까
지의 풍조를 비판하고, 중국의 경우를 들어 금석학이 독립된 학문으로
발전하였음을 주장하였다. 또 경학과 역사학에서 필수 불가결한 보조
적인 학문 분야라고 하여 그 효용을 역설하였다.

> 금석학이라는 학문은 스스로 독립된 한 문호가 있거늘, 우리나라 사
> 람들은 모두 이것이 있는 줄을 모르고 있다. 요즈음 전篆·예隸를 한
> 다는 제가諸家도 그저 그 원본原本을 찾아 한 번 베껴 올 뿐이니, 경
> 학과 사학을 우익羽翼한다거나, 분예分隸의 같고 다른 것을 밝힌다
> 거나 편방偏旁이 변해 내려오는 것을 고구考究한 적이 있었겠는가.[01]

대개 이 진흥왕순수비는 단순히 우리나라 금석의 시조가 될 뿐만이
아니다. 신라의 봉강封疆에 대하여 국사國史를 가지고 상고해 보면
겨우 비열홀比列忽(安邊)에 미치고 있다. 이 비를 통해서 보지 않으
면 어떻게 신라의 봉강이 멀리 황초령에까지 미쳤음을 다시 알 수 있
겠는가. 금석이 국사보다 나은 점이 이와 같다. 옛 사람들이 금석을

---

01 『완당전집』 권2, 36b, 「申威堂」 "金石一學, 自有一門戶, 東人皆不知有此. 如近篆
   隸諸家, 但就其原本, 謄過一通, 而何嘗有考究於羽翼經史, 與分隸同異, 偏旁有
   變者也."

『해동비고』(박철상 소장)

귀중하게 여긴 까닭이 어찌 하나의 고물古物이라는 것에만 그칠 뿐이겠는가.[02]

김정희의『진흥이비고眞興二碑攷』와 2006년에 공개된『해동비고海東碑攷』[03]는 조선 금석학의 존재 의의를 되새기게 하는 업적이다. 그 수준에서도 새 지평을 열었다고 평가할 수 있다. 비문의 글자를 심정審定하는 석문釋文에서 단연 조선 최고의 금석학자다운 전문성을 보였을 뿐만 아니라, 비문 내용의 고증에서도 현대적 의미의 논문을 방불케 한다. '연구논문집'이라는 평가가 지나치지 않다.

김정희에게 금석학은 단순히 완상玩賞이나 감식鑑識을 위한 취미로서가 아니고 독립된 하나의 학문 영역이었다. 금석에 대한 김정희의 학구적 정열과 태도는 감상과 감식을 주로 하였던 청유淸儒 옹방강翁方綱(1733~1818)의 경우에 비해 한 단계 나아간 것으로 평가되어야 할 것이다. 김정희는 고증학적 연구 방법과 현장 조사를 두 축으로 하여, 종래 해제解題 정도에 머물던 조선 금석학의 수준을 '학'의 단계까지 끌어올리고, 후학을 지도하여 조선금석학파를 성립시켰다.

금석학에 대한 김정희의 열정과 집착은 현장 조사로 이어졌다. 현장에 가지 못할 경우 그 고을의 수령 등 지인들을 통해 탁본을 해줄 것을 부탁해 마지않았다. 그렇게 해서 수집된 것이 그 수를 헤아리기 어려울 정도다. 김정희가 남긴 서한 가운데 "돌이켜 볼 때 이 40년 동안 깊

---

02 『완당전집』권3, 32a,「與權彝齋敦仁(三十二)」참조.

03 2007년 1월 7일자 및 1월 8일자 여러 신문기사 참조.

숨이 숨은 것을 찾아내고 비밀스러운 것을 척발剔發하며 고심한 것이 어찌 호사가好事家가 기이한 것을 좋아하여 한 것이겠는가"[04]라고 한 대목이 있다. 금석학 연구에 임하는 김정희 자신의 심경을 진솔하게 나타낸 것이라 하겠다.

필자가 과문寡聞한 탓인지는 모르겠으나, 지금까지 김정희의 금석학 연구를 정면으로 다룬 것은 몇 편에 불과하다.[05] 최완수의 「김추사의 금석학」(1972) 이후, 아직까지 후속 연구가 제대로 나오지 못하고 답보 상태를 면치 못하는 듯하다. 그러나 ①청조의 학술 문화와 김정희의 북학사상, ②청조의 고증학과 금석학, ③옹방강·수곤樹崑 부자父子를 비롯한 청조 학인들과 조선학인들 사이의 교류 ─특히 금석연金石緣, ④김정희의 서법書法·서파書派 등과 관련된 비교적 풍부한 자료와 적지 않은 수의 논고들이 있어, 연구 전망이 어둡지는 않다고 본다.

다만, 김정희의 금석학 연구에 대한 조명이 제대로 이루어지지 않다 보니, 김정희의 금석학 연구 성과에 대한 관심과 소개의 단계에 머물러 있을 뿐, 심도 있는 논의가 없었던 것 같다. 게다가 김정희의 권위와 명성에 눌린 나머지 김정희의 학문과 사상과 예술은 그 특징과 의의만 부각되었을 뿐 그 한계성 등에 대해서는 언급 자체가 거의 없었

---

04 秋史簡札, "顧此四十年搜幽剔秘之苦心, 豈好事喜奇爲哉."(『추사연구』 8, 추사연구회, 2007, 316쪽 所引)

05 『해동비고』를 발굴, 공개한 박철상 씨가 2007년 1월 27일 예술의 전당에서 발표했다는 「해동비고'의 출현과 추사 김정희의 금석학」(유인물, 비공간)은 아직 구해보지 못했다. 전언에 의하면 박씨가 계명대학교 대학원에 제출한 「추사 김정희의 금석학 연구: 역사고증적 측면을 중심으로」(석사학위 논문, 2011. 2)에 재정리되었다고 한다.

다. 금기시(?)되었던 측면도 없지 않다. 저간의 사정은 고 후지츠카 교수에 뒤 이은 '제2의 추사마니아'라 할 만한 최완수의 다음 언급을 통해서도 엿볼 수 있다.

> …… 당시 그(추사)를 추종하던 서파書派들의 금석학적 식견은 추사의 이와 같은 정심精深한 연구와 적확한 이론에 도저히 도달할 수 없었을 뿐만 아니라 이해하기도 힘들어 했던 것 같으니, 진흥왕순수비의 건립 연대가 진흥왕 29년 무자戊子라고, 『삼국사기』의 오류를 방대한 사료를 이끌어 지적하면서 명쾌하게 밝히고 있는 추사의 이론에 선뜻 수긍하지 못하고 의문의 꼬리를 달고 있는 이상적李尙迪이나 이상수李象秀 등에서 그것이 완연히 나타난다. 이것이 당시 추사학파들이 가지는 한계였던 듯 추사체를 좇아 쓰면서도 그 경지에 도저히 못 미치던 이유도 여기에 있었던 듯하다.[06]

추사학, 특히 그의 금석학의 경지에 대해서는 아직도 '신성불가침'의 두터운 보루가 깔려 있음을 우리는 본다. '최초'니 '최고最高'니 하는 것들이 추사 금석학을 논한 글들에 따라 붙는 수식어들이다. '독창성'과 '개성'은 김정희의 학문과 예술을 평가하는 하나의 상투어다. 이러한 인식들은 김정희의 금석학뿐만 아니라 추사학 전반에 대한 연구에 적지 않은 저해 요인이라 할 수 있다. 물론 추사체의 독창성과 개성이야 사실상 공인된 것이지만, 그의 서법 이론은 모화적慕華的 성향이 강하

06　최완수, 「秋史書派考」, 『澗松文華』 19, 1980, 27쪽.

다는 지적을 받기도 한다. 막자膜子를 한 꺼풀 벗겨내고 김정희의 '참
모습'을 객관적으로 보아야 할 것이다.

　본고에서는 이러한 점을 염두에 두고 김정희의 금석학 연구 성과를
재조명하려 한다. 특히, 종래 연구 가운데 사실과 다르거나 잘못 알려
진 것을 바로잡고 칭예稱譽 위주의 서술에서 탈피함으로써, 김정희의
금석학 연구 성과의 참모습을 드러내 보이고자 한다. 김정희의 금석
학은 과연 조선의 선배 학인들이 이룩한 학문적 성과와는 무관한 것인
가, 추사 금석학의 한계는 무엇인가 하는 점에 주목하여 논의를 진행
할까 한다.

　필자는 선유先儒의 학문적 성과를 폄하하려는 생각이 추호도 없다.
있는 사실을 충실하게 밝히거나 새롭게 해석하여 보다 객관적으로 보
고자 함일 뿐이다. 오해 없기를 바란다. 최완수는「김추사의 금석학」에
서 추사 금석학의 영역을 ①서도書道 금석학 ②경사經史 금석학으로
나누었다. 이 분류에 대한 당부當否는 뒤에서 말하기로 하고, 여기서
는 ②의 측면—그것도 조선 금석학에 국한시켜 논급하고자 한다. 추
사 금석학의 배경적(예비적) 고찰에 대해서는 선행 논고들에 미룬다.

II. 『金石過眼錄』과 秋史自編說

김정희의 금석학을 논하려 할 때 김정희의 저술로 널리 알려진『예당금석과안록禮堂金石過眼錄』을 먼저 거론하지 않을 수 없다. 이 책이 1908년 무렵부터 일본인 학자들에 의해 사본이 공개되어 우리나라 금석학의 고전으로 인식되어 왔음은 김남두金南斗의 논고에서 자세히 밝혔다.[07]

『금석과안록』의 내용은『전집』에 실린『진흥이비고』와 전적으로 같다. 조동원趙東元은『전집』에 실린『진흥이비고』를 진흥왕순수비에 대한 초기의 견해로 보고 "이 책(『금석과안록』)은 초기의 견해를 자세한 고증을 거쳐 대폭 수정하였음을 나타내고 있다"[08]고 하였다. 그러나 현존하는『금석과안록』사본 몇 종을 보아도 대폭 수정한 흔적은 없다. 책에 따라 글자의 출입이 더러 있을 뿐이다. 일찍이 고 임창순任昌淳은 "1934년에 간행된『완당선생전집』권1에「진흥왕이비고」의 제목으로 실려 있는 것이 이 단행본인『금석과안록』과 꼭 같다"[09]고 하였다. 현재

---

07 김남두, 「'예당금석과안록'의 분석적 연구」, 『史學志』 23, 단국대학교 사학과, 1990, 34~35쪽.

08 『한국민족문화대백과사전』 제4권, 284쪽, '금석과안록'조 참조.

09 임창순, 「금석과안록」, 『한국의 고전백선』, 신동아 1969년 1월호 별책부록, 124쪽.

방간坊間에 전하는 『금석과안록』을 보면, 『전집』에 실린 『진흥이비고』
에다 '완당집초阮堂集抄'라 하여, 진흥왕순수비 연구와 관련된 「여조운
석서與趙雲石書」·「여권이재서與權彝齋書」를 『완당집』에서 초록하여 붙
였다.[10]

　현재까지 학계에서는 '예당금석과안록'(금석과안록)을 김정희가 자편
自編한 것으로 보아 의심하지 않았다.[11] 그러나 필자는 '김정희 자편설'
에 대해서 의문을 가져왔다. 무엇보다도 김정희가 직접 눈으로 본 우
리나라 금석자료가 한 둘이 아닌데, 진흥왕순수비 고증 하나에 그친
것은 '금석과안'[12]이라는 타이틀에 걸맞지 않다. 김정희 자신이 작심하
고 편찬한 저술이라고 할 때 그처럼 초라하지는 않을 것이다.[13] 더욱이
『금석과안록』에 '완당집초'라 하여, 진흥왕순수비와 관련하여 조인영趙
寅永·권돈인權敦仁에게 보낸 서한 2매를 부록격으로 실은 것은 이 책
이 김정희가 자편한 것이 아님을 증명한다. 김정희가 자편한 것이라
면 문인들이 마음대로 부록을 싣기는 어려웠을 것이다. 『완당집』에서

10　『三韓金石錄 外』, 아세아문화사 영인, 1981 참조. 이 밖에도 국립중앙도서관본,
　　규장각본, 고려대도서관본 등이 있다.
11　『금석과안록』에 대해 최초로 분석적 연구를 수행한 김남두의 논고에서도 의심의
　　흔적은 발견하기 어려웠다.
12　'過眼'이란 말은 蘇東坡의 「寶繪堂記」에 이른바 '雲煙之過眼' 一句에서 나왔다. 이
　　후 송나라 때 周密이 이 말을 인용하여 '雲煙過眼錄' 4권을 엮었다. '雲煙'이란 운
　　치 있는 필적을 말한다.
13　이에 대해 임창순은 "…… 아마 이 밖에 그가 過眼한 다른 금석에도 손을 대려 한
　　것이 미처 뜻을 이루지 못하고 만 것이 아닌가 생각된다"고 하였다. 임창순, 「고전
　　해제: 금석과안록」, 『국회도서관보』77, 1971, 112쪽.

초록하여 실은 사실로 미루어 볼 때『금석과안록』의 편집 연대는 적어도 남병길南秉吉(南相吉)·민규호閔奎鎬에 의해 5권 5책의『완당집』이 간행된 고종 5년(1868) 이후가 된다. 이때는 이미 김정희가 세상을 떠난 뒤다.

김정희는 권돈인에게 보낸 서한에서 "제가 이 비에 대한 논고 1권을 저술하였습니다"(弟於此碑, 有攷一卷)[14] 운운하여 진흥왕순수비에 관한 '비고碑攷' 1권이 있음을 밝혔다. 김정희의 또 다른 금석학 관계 저술『해동비고』의 서명도 '비고'다. 이 점에 주목할 필요가 있다. 필자의 생각으로는 단행본 1권 분량인『진흥이비고』와『해동비고』는 자매편이다. 이 두 책을 합쳐야 '금석과안록'이라는 명칭에 어느 정도 걸맞다고 본다.

김정희는 평소 출판을 위해 저술을 하거나 편집하는 것을 좋아하지 않았다. 그런 김정희가『금석과안록』을 자편했다는 것은 선뜻 받아들이기 어렵다.『금석과안록』은 김정희의 후학들이『진흥이비고』를 '예당 금석과안록'이라 개제改題하여 단행본 형식으로 엮은 것이라 하겠다.

'금석과안록'이라는 책 이름은 남병길·민규호가 편찬한『완당집』에 처음 보인다. 이『완당집』에는 진흥왕순수비를 고증한 글은 실리지 않았다. 대신 권2에 「자제금석과안록후自題金石過眼錄後」가 실렸다. 이는『전집』의『진흥이비고』 말미에서, 김정희가 김경연金敬淵·조인영과 함께 북한산 순수비를 찾아 내용을 심정하게 된 경위를 적은 짧막한 내

---

14 『완당전집』권3, 32a~32b, 「與權彝齋敦仁 三十二」;『완당전집』권6, 「題北狩碑文後」 "余嘗得舊拓本, 證定年月地理人名職官, 著爲碑攷."

용을 독립시킨 것이다.

『금석과안록』이나 『진흥이비고』에서 독립되지 않은 글을 따로 분리시킨 것 자체가 편집자 민규호 등의 의도에서 비롯되었다. 왜냐하면 시문詩文 중심의 이 문집에서 순수비 내용을 고증한 글을 싣기가 어려웠으므로, 일종의 후지後識만이라도 따로 싣고자 했던 것이다. 이처럼 편집자의 의도가 강하게 개입된 이 문집의 성격으로 보아, '자제금석과안록후'라는 글 제목 또한 편집자가 글의 성격을 고려하여 임의로 붙였을 가능성이 높다.[15] 임의로 제목을 붙여 문편文編에 편입시킨 사정에 대해서는 박철상이 언급한 바 있다.

> (『완당집』은) 『담연재시고覃揅齋詩藁』에 비해 수록된 시의 수가 줄었고, 『완당척독阮堂尺牘』에 비해 수록된 척독의 수도 줄었다. 반면에 문편은 대폭 증가하였다. 그런데 이렇게 문편이 증가한 이유는 새롭게 발굴된 문편의 수가 증가했기 때문이 아니라, 편지에 적당한 제목을 붙여 문편으로 편입했기 때문이었다. 이는 『완당집』의 편자들이 지나치게 추사의 문편을 늘리는 데만 힘을 쏟았기 때문이다. 상황이 그렇다보니 추사가 써놓은 글만 있으면 모두 가져다가 문집에 편입시켰고, 결국 청대 문사들의 글을 추사의 글로 잘못 집어넣는 오류를 범하게 되었던 것이다. 북학의 종장인 추사의 문집답게 문편을 늘려

---

15 이것은 권돈인에게 보낸 서한의 제목에서도 볼 수 있다. 즉, 『전집』 권3에 실린 「與權彝齋敦仁 三十二」의 내용을 요약하여 「新羅營境碑: 答彝齋文」(『완당집』 권1 所收)이라고 고친 것이 바로 그것이다. 『완당집』보다 한 해 전에 민규호 등에 의해 편찬된 『阮堂尺牘』卷上에서는 '上權彝齋敦仁'이라 하였다.

야 한다는 강박관념이 빚어낸 웃지 못할 오류들이다.[16]

　이상의 여러가지 점으로 미루어볼 때, '금석과안록'이라는 제명題名을 처음 붙이고 이를 단행본 형식으로 엮은 사람은『완당집』의 편집자 민규호 등일 가능성이 높다. 시문 중심의『완당집』에 그 글을 실을 수 없었기 때문일 것이다. 김남두는 "『전집』의 '진흥이비고'는 전집의 편집자가 문편文篇의 성격으로 '고攷'편에 편입시킬 때 붙인 제3의 명칭으로 생각된다"고 하였다.[17] 그러나 필자의 생각은 이와 정반대다. 김정희의 금석 관계 두 저술의 이름이 '비고碑攷'였음은 위에서 말하였다. 이를 미루어 본다면 김정희의 문인들에 의해 '금석과안록'이라는 명칭으로 전해오던 것을 1934년『전집』을 편찬할 때 본래 이름인 '진흥이비고'로 환원시켜, 명실이 괴리된 것을 바로잡았다고 보아야 할 것이다.

16　박철상,「秋史 金正喜의 저작 현황 및 시문집 編刊에 대하여」,『대동한문학』25, 대동한문학회, 2007, 30쪽.

17　김남두, 위의 논문, 47쪽.

III. 북한산 순수비와 관련된 두 가지 문제

금석학과 관련한 김정희의 업적 가운데 일대장거一大壯擧는 역시 순조 16년(1816) 7월, 북한산 비봉碑峯에 있던 진흥왕순수비를 현장 답사하고 비문을 판독, 고증한 일이라 할 수 있다.[18]

이 비는 아는 사람이 없어 요승 무학無學이 잘못 찾아 여기에 이르렀다는 비[妖僧無學枉尋到此之碑][19]라고 잘못 일컬어져 왔다. 그런데 가경嘉慶 병자년 가을에 내가 김경연(東籬)과 함께 승가사僧伽寺에 갔다가 이에 이 비를 보게 되었다. 비면碑面에는 이끼가 두껍게 끼어

---

18 『완당전집』 권1, 5a~18a, 「眞興二碑攷」; 진흥왕순수비(북한산비)를 찾아 내용을 심정한 경위에 대해서는 조인영의 『雲石遺稿』 권10, 4a~5a, 「僧伽寺訪碑記」(문집총간 299, 191쪽)에 보인다. 김정희와 조인영의 학문적 교유 관계, 특히 금석학과 관련한 교유 관계는 세상에 알려진 바와는 달리 그들 양인의 문집에는 거의 보이지 않는다. 김정희야 생전에 자신의 저술 일부를 두 차례나 불에 태워 없앤 적이 있기 때문에 관련 자료가 零星하다고 하겠지만, 조인영의 문집에 김정희와 주고받은 편지글 하나 없는 것은 의외다. 이런 의미에서 조인영의 「僧伽寺訪碑記」 1편은 값지다고 할 것이다.

19 李重煥, 『擇里志』 八道總論, 〈京畿〉 "及我朝受禪, 使僧無學定都邑之地. 無學自白雲臺尋脈, 到萬景西南, 行至碑峯, 見一石碑大刻, 有無學誤尋到此六字. 卽道詵所立也."

마치 글자가 없는 것 같았다. 손으로 문지르자 자형字形이 있는 듯하
여 본디 절로 이지러진 흔적만은 아니었다. …… 탁본을 한 결과 비
신은 황초령비와 서로 흡사하였다. 제1행 진흥眞興의 '진眞'자는 약
간 민멸되었으나 여러 차례 탁본을 해서 보니, '진'자임에 의심할 여
지가 없었다. 마침내 이를 진흥왕의 고비古碑로 단정하고 보니, 1천
2백 년이 지난 고적古蹟이 하루아침에 크게 밝혀져서 무학비라고 하
는 황당무계한 설이 변파辨破되었다. 금석학이 세상에 도움이 되는
것이 바로 이와 같다.(『진흥이비고』)

  김정희는 이에 앞서 연행燕行을 통해 옹방강·완원阮元 등 청나라 학
자들로부터 고증학의 정수精髓인 경학과 서법을 비롯한 학문 전반에
걸쳐 지대한 영향을 받았다. 특히 당시 독립적인 학문 분야로 새롭게
발전하던 금석학에 대해서는 '개안開眼'에 가까운 충격과 영향을 받고
돌아왔다. 귀국한 뒤에는 금석학 연구에 몰두하고 금석 자료의 수집과
보호에 많은 노력을 기울였다. 그 결과 북한산 순수비를 사실상 '재발
견'하는 개가凱歌와 함께 『진흥이비고』 같은 수준 높은 업적을 남겼던
것이다. 종래 4백여 년을 두고 막연하게 무학대사의 비라고 전해 오던
것이 마침내 김정희의 형안炯眼에 의해 역사적 확증을 얻게 되었다.
이는 금석학사뿐만 아니라 사학사史學史에 특필할 일이라 하겠다.

1. 북한산비와 김정희의 예비적 지식

진흥왕순수비의 존재는 김정희가 처음으로 밝힌 것은 아니다. 지리
학자 한백겸韓百謙(1552~1615)이『동국지리지東國地理誌』에서 "함흥의
황초령과 단천端川에 순수비가 있으니 ……"[20] 운운하여 진흥왕순수
비의 존재를 밝힌 바 있다. 영조 46년(1770)에 편찬된『동국문헌비고』
에서도 "진흥왕 순수 정계비定界碑는 함흥부 북쪽 초방원草坊院에 있
는데, 비문에 대강 말하기를 ……"라 하였고, 또 같은 책에서『해동집
고록海東集古錄』[21]을 인용하여 "비문은 12줄이며 줄마다 35자로 전체
420자인데 현재 알아볼 수 있는 글자는 겨우 278자다"라고 한 바 있
다.[22]

육당 최남선은 차천로車天輅(1556~1615)의『오산설림초고五山說林草
藁』에 보이는 다음 내용 역시 황초령비의 존재를 언급한 것으로 보았
다.[23]

---

20 『동국지리지』單卷, 22b, 삼국·고구려, 封疆,〈東沃沮〉 "咸興黃草嶺及端川, 亦有
   巡狩碑, 則東沃沮, 亦有時爲新羅所奪有矣."(『久菴遺稿, 東國地理誌』, 일조각 영인,
   1987, 219쪽)

21 대개 편저자 미상으로 알려져 왔으나, 김정희의『海東藝文攷』에는 朗原君 李侃의
   편저라 되어 있다. 박철상,「조선 금석학사에서 柳得恭의 위상」,『대동한문학』27,
   대동한문학회, 2007 참조.

22 『국역 증보문헌비고』輿地考1, 세종대왕기념사업회, 1978, 101~102쪽.

23 최남선,「신라 진흥왕의 在來 三碑와 新出現의 磨雲嶺碑」,『靑丘學叢』2, 1930;
   『육당 최남선 전집』2, 현암사, 1973, 534쪽 참조.

선춘령宣春嶺(先春嶺)은 갑산甲山과 닷새 길 거리에 있다. 백두산 밑에 가깝다. 짤막한 비가 풀 가운데 묻혀 있었는데, 신입申砬 공이 남병사南兵使가 되었을 때에 탁본을 해와서 나도 볼 수 있었다. 높이는 다섯 자쯤이고 넓이는 두 자쯤이며 글자는 필진도筆陣圖와 비슷하다. 작고 태반이 뭉그러졌다. 여기서 말한 '황제'는 고구려 임금이다. 또 '탁부啄部(喙部?) 아무개 6·7명'이라고 했는데, 나는 탁부가 어떤 관직인지 알지 못하였다. 그 뒤 하곡荷谷 허봉許篈이 "일찍이 고사古史를 보니 탁부는 지금의 대부와 같다"고 하였다.[24]

그러나, 위에 소개된 비석은 고려시대 윤관尹瓘 장군이 선춘령에 세운 고려정계비高麗定界碑일 가능성이 높다.[25] 황초령비에는 '황제'란 말이 보이지 않을 뿐만 아니라, 글씨도 왕희지가 쓴 위부인衛夫人의「필진도」[26]와는 다르다.

이렇듯 김정희에 의해 북한산 순수비가 연구되기 이전에 이미 황초령 순수비의 존재가 세상에 널리 알려졌고, 그 탁본이 방간坊間에 유

---

24 『대동야승』권5, 『五山說林草藁』"宣春嶺, 去甲山五日程, 近白頭山下. 有短碑隱草中. 申公砬爲南(北?)兵使, 打而來. 余得見之, 高僅五尺, 廣二尺許, 字如筆陣圖而小, 太半欽落. 其曰皇帝者, 高句麗王也. 有曰啄部某者六七人, 余不解啄部爲何官. 其後許荷谷, 對曰, 曾見古史, 啄部猶今之大夫也云."

25 『세종실록 지리지』, 함길도/ 길주목/ 慶源都護府條에서는 "巨陽에서 서쪽으로 60리를 가면 先春峴이니, 곧 윤관이 비석을 세운 곳이다. 그 비의 4면에 글이 새겨져 있었으나, 胡人이 그 글자를 깎아버렸다. 뒤에 사람들이 그 밑을 팠더니 '高麗之境'이라는 4자가 있었다."고 하였다.

26 방간에 전하는 이 필첩은 東晉 永和 12년(356) 4월에 왕희지가 쓴 것이다. 楷書의 典範이다.

포되어 학자들이 참고하였다.[27] 김정희는 황초령 순수비를 실제 보지
는 못했지만, 일찍부터 탁본을 입수하여 참고하였을 것이다. 이 황초
령비의 탁본이 전해오지 않았다면, 북한산 순수비를 그처럼 정밀하게
판독, 심정하기 어려웠을 것이다. 또 김정희가 북한산비를 심정하게
된 데에는 『삼국사기』 진흥왕 16년(555) 겨울 10월조에 이른바 "북한산
에 순행巡幸하여 영토를 넓혀 정했다"는 기록에서 상당한 시사示唆를
받았을 것이고, 황초령비의 내용이 더욱 확실한 뒷받침이 되었을 것이
다. 김정희가 『진흥이비고』라는 글을 써서 황초령비와 북한산비를 함
께 대조하고 고증한 것은, 황초령비가 북한산비를 판독, 고증하는 데
없어서는 안 될 중요한 자료임을 말해준다. 이러한 사실은 『진흥이비
고』에서 분명히 증명하였고, 또 조인영에게 보낸 서한에서도 밝힌 바
있다.

> …… '管'자 아래는 희미하지만 '境'자이니, 묶어 합치면 '진흥태왕순
> 수관경眞興太王巡狩管境' 여덟 글자가 되는군요. 이 예는 이미 함흥
> 초방원 북순비에서 보았었습니다. 그리고 제7행의 '도인道人' 두 글
> 자는 초방원 북순비의 '시수가사문도인時隨駕沙門道人'이란 말과 착
> 오 없이 딱 들어맞습니다.[28]

---

27 『大東金石帖』에 보이듯이 일찍부터 탁본이 坊間에 나돌았던 모양이다. 『이계집』
　　권16, 「題新羅眞興王北巡碑」(총간 241, 290쪽), 『泠齋集』 권5, 23b∼24a, 「新羅眞
　　興王北巡碑」(총간 260, 89쪽), 『硏經齋集』 외집 권61, 蘭香譚叢, 「眞興北巡碑」(총
　　간 278, 121쪽) 참조.
28 『완당전집』 권2, 38a∼38b, 「與趙雲石 寅永」

한편, 김정희의 선배 학인으로 금석학에 조예가 있었던 유본학柳本學(1770~?)[29] 같은 이가『문암록問菴錄』(原題는 '問菴金石錄'인 듯)에서 진흥왕의 북한산 순수비(僧伽寺碑)의 존재를 이미 밝혔다는 사실은 주목하지 않을 수 없다.[30] 유본학이 북한산 순수비를 현장 답사한 시기가 언제였는지 정확히 알 수는 없지만, 34세 때인 순조 3년(1803) 봄, 우울하던 차에 마침 과거에 낙방한 한치윤韓致奫(1765~1814)[31] 등과 함께 서대문 외성外城으로부터 육각봉六角峯까지 두루 유람하였던 사실을 통해 어느 정도 유추할 수는 있을 듯하다.[32]

---

29 자는 伯敎(景敎). 유득공의 맏아들로 시에 뛰어나 紫霞 申緯와 교류가 많았다(신위는 김정희와도 매우 긴밀한 관계였다). 금석 및 서화에 정통하였으며, 저술로『問菴文藁』상·하책(필사본, 개인소장),『문암집』1책(국립중앙도서관 소장)이 있다. 벼슬은 檢書官·음죽현감·연천현감 등을 지냈다. 본학의 아우 本藝(1777~1842)는 자는 季行, 호는 樹軒으로『宮殿誌』·『漢京識略』·『樹軒訪碑錄』(樹軒金石錄) 등을 남겼다.

30 『林園十六志』怡雲志 권5, 〈藝翫鑑賞〉, 附東國金石 "[眞興王北巡碑] 問菴錄: 碑峯在都城彰義門外, 有新羅眞興王北巡碑. 字皆漫滅, 有餘十餘字可辨."(민속원 영인본 제5권, 2005, 364쪽)

31 『海東繹史』의 저자다. 그가 본편 70권을 완성하고 세상을 떠나자 조카이자 문인인 鎭書가 뒤를 이어 속편 15권을 증보하여, 순조 23년(1823) 모두 85권으로 완성하였다.『해동역사』, 속권 7,「지리고(七)」에서는 "진서가 삼가 살피건대 …… 북한산은 지금의 삼각산으로 삼각산 승가사 - 경성에서 북쪽으로 10리 되는 곳에 있다 - 북쪽 산봉우리 위에 진흥왕순수비가 있다. 비문은 모두 12행인데 마멸되어서 판독할 수가 없다. 판독할 수 있는 것 가운데, 제1행에는 '眞興太王及衆臣等巡狩時記'란 것이 있고, 제8행에는 '南川軍主'라는 것이 있다. 세운 날짜는 상고할 수가 없다. 생각건대 진흥왕 16년에 강역을 획정할 때 세운 것이다. 이곳이 고구려와 국경을 나눈 곳이다"고 하였다. 이 내용은 유본학과 한치윤의 관계를 고려할 때 유본학의 설을 따른 것으로 짐작된다.

32 김영진,「유득공의 생애와 교유, 연보」,『대동한문학』27, 대동한문학회, 2007 참조.

김정희는 유본학과 가깝게 교유하였다. 1812년~1813년에는 유본학의 시문집을 3차에 걸쳐 열독하였다.[33] 또한 유본학을 통해 우리나라 고대사 연구와 금석학에서 선구적 업적을 남겼던 영재冷齋 유득공柳得恭(1749~1807)의 학문적 성과를 수용할 수 있었다.[34] 유본학은 유득공의 아들이다. 당시『문암록』같은 자료가 선비 사회에 나돌아『임원십육지』의 저자 서유구徐有榘(1764~1845)가 인용, 소개하였음은 지나쳐 볼 일이 아니다. 더욱이 김정희가 유득공·유본학 부자와 절친했던 점으로 미루어볼 때, 김정희는 필시 이들의 성과를 수용하여 예비적 지식을 갖추었을 것이다.

게다가, 조선 후기 여항시인閭巷詩人인 추재秋齋 조수삼趙秀三(1762~1849)의 문집을 보면, 그가 순조 9년(1809) 여름에 서사西寺(僧伽寺)에서 피서를 하면서 지은 시 가운데 '비봉碑峯'이란 제목의 시에서 "眞興北狩碑, 龜趺橧鳥革"[35]이라 하고, 또 금선암金仙庵에서 오서梧墅 박영원朴永元(1791~1854)에게 지어준 12수의 시 가운데 제3수에서 "眞興北

---

33   김영진,「유득공의 생애와 교유, 연보」참조. 자하 신위 역시 유본학의『문암집』을 읽고 두 수의 시를 남긴 바 있다.『警修堂全藁』册七,「題柳檢書本學問菴集後」(총간 291, 150~151쪽) 참조.

34   박철상,「조선 금석학사에서 유득공의 위상」, 위의 논문 참조. 박씨는 이 논문에서 "유득공은 추사 김정희 이전의 금석학자 중 가장 뛰어난 학자였고 추사 김정희의 금석문 연구에 가장 많은 영향을 준 인물이었다. 이제 우리는 '추사 김정희의 금석학 연구에 큰 영향을 끼친 금석학자'로서 유득공을 기억해야 할 것이다"고 하였다.

35   『秋齋集』권2, 16b,「己巳長夏, 避暑于西寺, 分安得枕下泉, 去作人間雨, 各賦一物」,〈碑峯〉(총간 271, 378쪽) 참조. '安得枕下泉, 去作人間雨'는 朱子의 詩句에서 나왔다.

狩躐, 迢遙望碑峯. 老衲忘年久, 摩挲舊種松"[36] 운운한 대목이 있다. 추사 이전에 이미 북한산 비봉의 비가 진흥왕순수비임을 알고 있었다는 증거다.

조수삼은 송석원시사松石園詩社의 핵심 인물로 활동하였으며, 정조 13년(1789)에 연행사 이상원李相源을 따라 연경에 들어간 뒤 전후 6차에 걸쳐 연행하여 당시 청나라의 일류 문인들과 폭넓게 교유하였다. 김정희·김명희金命喜(山泉) 형제, 조만영趙萬永·조인영 형제와도 교분이 퍽 깊었다. 이러한 것들을 보면, 김정희 이전에 박식군자博識君子들 사이에서는 북한산비의 존재를 알았던 이들이 적지 않았던 것 같다. 김정희가 이런 고급 정보를 놓쳤을 리 없다.

이를 볼 때, 북한산비는 김정희가 '처음' 발견한 것이 아니고 이미 알려진 비의 내용을 '심정'한 것이었다고 할 수 있다. 즉, 김정희가 비봉을 유력遊歷한 것은 사전에 습득한 예비적 지식을 확인하는 한 차원이었으니 다분히 '의도적'이었던 것이다. 이것은 조인영의 증언으로도 뒷받침된다.

> 북한산 남쪽에 승가사가 있다. 그 상봉上峯을 비봉이라 한다. 서울 운종가雲從街로부터 비스듬히 북쪽으로 봉우리 꼭대기에 기둥 하나가 보이는데 우뚝하여 마치 사람이 서있는 듯하다. 시속에는 여승麗僧 도선道詵의 비석으로 전해오는데 지금은 글자가 없다고 한다. 병자년(1816) 가을에 추사 김원춘金元春이 나에게 "내가 비봉에 올라

---

36 『秋齋集』 권6, 6a, 「金仙庵贈梧墅十二首」(총간 271, 466쪽) 참조.

갔는데 비석에 글자가 남아 있었습니다. 참으로[實]신라 진흥왕의 비였습니다"라고 하였다. 나는 이 말을 듣고 미칠 듯이 기뻐하며 그와 함께 찾아가보기로 약속했는데, 다음 해 6월 8일에야 비로소 실천하게 되었다.[37]

여기서 '실實'자는 '실로', '참으로' '확실히'(틀림없이, 분명히, 정말로) 등으로 번역될 수 있는 만큼, 김정희의 현장 답사가 학자들 사이에 전해오는 말을 실지로 확인하기 위한 차원이었다고 판단한다.

2. 북한산비 건립 연대에 대한 고증

『진흥이비고』에서 보여준 김정희의 고증은 '정박精博함' 그 자체라 할 수 있다. 놀라운 점이 한 두 가지가 아님은 말할 것도 없다. 다만 김정희의 고증 가운데 비의 건립 연대에 관한 것은 그의 학자적 성가를 한껏 높인 것이면서 동시에 후학들의 의문을 해소시키지 못한 것이기도 하다.

반고班固의 『백호통의』를 보면 「봉선封禪」과 「순수巡狩」조가 있다. '봉선'은 왕자王者가 역성易姓하여 천명을 받은 뒤 천지에 제사지내는 큰 의식이다. 봉제封祭는 태산泰山에 단을 쌓고 하늘의 공에 보답하는 것

---

37 『雲石遺稿』 권10, 4a, 「僧伽寺訪碑記」 "北漢之南, 有僧伽寺, 其上峯曰碑峯. 自京師雲從街迤北, 見峯顚一柱, 兀然如人立. 俗傳麗僧道詵碑, 今沒字云. 歲丙子秋, 秋史金元春語余曰: 「吾上碑峯, 碑有殘字, 實新羅眞興王碑也.」"

이요, 선제禪祭는 태산 아래 양보산梁父山에 터를 닦아 땅의 은혜에 보답하는 것이다. 원래 높았던 것에 높이를 더하고 넓었던 것에 넓이를 더한다는 의미다. 이 두 제사에는 '각석기호刻石紀號'[38]라 하여 비석을 깎아 제왕의 연호를 새겨 넣는 의식이 있다. 이 '각석기호' 행사는 봉제와 선제에서 뿐만 아니라 순수巡狩 때에도 있었다. 진시황순수비가 바로 그것이다. 진흥왕순수비는 표면적으로는 진시황순수비의 선례를 따른 것으로 보이지만, 기실 봉선대전의 예를 모방했을 것이라는 측면도 없지 않다.

북한산 순수비를 세운 연도는 따로 기록되어 있지 않다. 그 모두冒頭에 나오는 '歲次戊子八月卄一日癸未, 眞興太王巡狩管境, 刊石銘記也'라 한 대목은 연도를 밝히는 데 중요한 단서가 된다. 황초령비와 마운령비 서두 부분의 내용이 이와 같고, 글자의 결락이 있는 북한산비도 여러 면으로 보아 같을 것으로 추정된다. 그렇다면 여기서 '순수관경巡狩管境'과 '천석명기刊石銘記'를 동시에 이루어진 사실로 보아야 하느냐의 여부가 중요하다.

김정희는 생전에 마운령비를 보지 못했다. 또 북한산비는 모두 부분이 결락되어 있었다. 그럼에도 김정희는 북한산 순수비가 황초령 순수비와 자체字體나 글 내용이 같은 것으로 보아 두 비가 동시에 새겨지고 세워진 것으로 추정하였다. 이것은 조인영의 생각도 같았다.[39]

---

38 『백호통의』, 「封禪」 "刻石紀號者, 著己之功跡也, 以自效倣也."

39 『완당전집』, 권2, 39a, 「與趙雲石寅永」;『雲石遺稿』 권10, 4a~5a, 「僧伽寺訪碑記」

　그런데, 김정희의 문인 우선藕船 이상적李尙迪(1804~1865)은 북한산 순수비를 진흥왕 당대에 세운 것이라는 김정희의 견해에 찬동하지 않았다. 금석과 서화에 조예가 있어 유희해의 『해동금석원』에 제사題辭를 쓰기도 하였던 그는 "비록 비를 세운 연대를 뒷받침할 만한 근거는 없지만 진흥왕이 순수할 적에 세운 것이 아님은 확실하여 의심이 없다"고 하면서, 뒷날 진지왕이나 진평왕 때에 가서 선왕이 순방巡方한 자취를 추술追述하여 구지舊址에 세운 것이라 하였다.[40] 김정희와 가깝게 지냈던 침계梣溪 윤정현尹定鉉(1793~1874)의 제자로 역시 김정희를 따랐던 어당峿堂 이상수李象秀(1820~1882)도 비슷한 견해를 표한 바 있었다.[41] 이러한 의안疑案을 해소시키지 못한 책임은 일단 김정희에게 있다고 보아야 할 것이다. 김정희의 고증에 수긍할 수 없는 측면이 있는 게 사실이기 때문이다.

　필자는 진흥왕의 순수라는 역사적 사실과 비를 세운 연대는 구분해야 된다고 본다. 진흥왕 북순北巡의 도정道程이 여러 달에 걸친 긴 기간이었음에 비추어 본다면, 같은 날에 북한산·황초령·마운령 세 곳에서 동시에 비가 건립될 수 없음은 사리로 보아 자명하다.[42] 결국 어느

40　『恩誦堂集』 속집 文卷1, 18a~18b, 「新羅眞興王巡狩碑拓文書後」(총간 312, 244쪽) 이상적은 이 글에서 "著錄家以爲此碑建於眞興王二十九年戊子, 在中國爲陳光大二年也. 以巡狩之時, 訂建碑之歲"라 하여, 스승 김정희의 성명을 忌諱한 대신 "往在道光辛卯秋, 亡友劉燕庭方伯見示手輯海東金石苑八卷, 首載此碑, 亦稱陳光大二年建"이라 하여 유희해를 자신이 말한 '저록가'로 지목하였다. 그러나 유희해의 견해가 곧 김정희의 견해를 수용한 것임은 말할 것도 없다.

41　『峿堂集』(규장각소장본) 권15, 「眞興王北狩碑跋」 참조.

42　그럼에도 三碑가 모두 '戊子八月二十一日'이라 한 것은, 고대 帝王들의 巡狩가 仲

정도 시차를 두고 세워졌을 것이다. 이것은 진흥왕 북순비의 모델이
되었으리라고 짐작되는 진시황 순수비의 경우에서 그 선례를 찾을 수
있을 것 같다.

『사기』에 의하면 진시황(재위: B.C. 246~210)은 B.C. 221년에 천하를
통일한 뒤, 재위 28년과 29년, 37년에 천하 각지를 순행巡幸하면서 자
신의 순수비(송덕비)를 세웠다. 모두 여섯 군데에 비를 세웠다. 이 중에
서 다섯 개의 비는 비문이 전한다. 현재 남아 있는 각석刻石은 산동성
山東省의 태산泰山과 낭야대琅邪臺 두 곳뿐이다. 이 비의 글씨는 전자
篆字의 기본으로서 오늘날까지 서예의 교본이 되어 왔다. 6개의 비석
이 어떻게 세워졌는지 유형별로 보면 다음과 같다.

(1) 비석을 먼저 세우고 비문을 나중에 새긴 경우
 • 28년, 동쪽으로 군현을 순행하던 중에 추역산(鄒嶧山: 嶧山)에
   올라 **비석을 세우고**, 노魯 지역의 여러 유생들과 상의하여 **비
   문을 새겨** 진의 공덕[秦德]을 노래하였다(비문 전하지 않음).[43]
 • 28년, 태산에 올라 **비석을 세우고** 토단을 쌓아 하늘에 제사를

月에 이루어졌던 전례를 따르기 위함이라고 본다. 『史記正義』, 「진시황본기」 29년
조를 보면 "古者帝王巡狩, 常以中月"이라 하였다. 8월은 가을로 中月(仲月)이다.
『백호통의』 「巡狩」에 의하면, 仲月 가운데 2월과 8월은 춘분과 추분이 있어 낮과
밤의 길이가 같고, 5월과 11월은 하지와 동지가 있어 음과 양이 정점에 이르러 다
시 시작하기 때문이라고 한다.

43 약칭 嶧山碑는 『사기』 「진시황본기」에는 비문이 전하지 않지만, 송나라 때 鄭文寶
    가 모각한 탑본이 전한다. 우리나라에서는 谷雲 金壽增이 번각한 바 있다. 송시
    열, 『송자대전』 권147, 「重刻嶧山碑跋」 및 「秦篆刻帖跋」 참조.

지냈다. …… 양보산梁父山에서 선禪 행사를 치르고 세워진 비석에 **비문을 새겼다**(비문 전함).

- 28년, 지부산之罘山에 올라 **비석을 세워** 진의 공덕을 노래하였다. …… 29년, 시황제가 동유東游하여 지부산에 올라 **비문을 새겼으며**(비문 전함), 또 (지부산의) 동관東觀에 **비문을 새겼다**(비문 전함).

(2) 비문을 먼저 새겨 세운 경우

- 28년, 낭야대를 짓고 석각을 세워서[立石刻] 진의 공덕을 노래하였다(비문 전함).
- 37년, 회계산會稽山에 올라 대우大禹를 제사하고 남해南海를 바라보며 석각을 세웠다(비문 전함).

(3) 뒷날 이세황제二世皇帝가 추각追刻한 경우

- 이세황제 원년, …… 시황제가 건립한 비석에 모두 글자를 새겼다.

'입석立石', '각석刻石', '소각입석所刻立石', '입석각立石刻'이 뚜렷이 구분되어 있다. 지부산에 세운 두 개의 순수비의 경우, 비석을 먼저 새우고 나중에 비문을 새기기까지 1년 가량 걸렸음을 알 수 있다.[44] 이 경우에 비추어 보면, 순수와 입비立碑가 반드시 동시에 이루어지는 것은 아니고, 시간차가 있을 수 있다는 결론에 도달하게 된다. 더욱이 순수비의 건립이 국가적으로 큰 일이고 보면, 오늘날의 관점에서 볼 것

---

44 이에 대해서는 서예가 李銀赫 씨의 교시가 있었음을 밝혀둔다.

만은 아니다.

결국 무자 8월 21일은 진흥왕이 봉강封疆을 위해 순수를 떠난 날이요, 비는 그 뒤에 이를 기념하기 위해 세워졌을 것이다. 이점을 염두에 두고 실마리를 풀어나갔더라면 얽히지 않았을 터인데, 여기서 견해가 엇갈렸던 것이다.

『완당전집』을 보면, 조인영에게 보낸 서한에서는 "(황초령·북한산) 두 비의 문자가 서로 같은 곳이 많은 것을 보면 두 비를 동시에 세운 것이 확실하다. 그 시기 또한 모두 진지왕 때에 있었던 듯하다"라 하였다. 『진흥이비고』에서는 순수비는 진흥왕 자신이 만들어 세운 것이라고 하면서 "법흥이니 진흥이니 하는 칭호는 세상을 떠난 뒤에 일컫은 시호가 아니요 생존시에 부른 칭호였다"고 하였다. 이처럼 김정희 자신도 시기에 따라 서로 다른 견해를 보였던 만큼 후학들 사이에 이견이 있을 것임은 필지必至의 일이 아닐까 한다.

김정희는 조인영에게 보낸 서한에서 '남천南川'이라는 두 글자가 가장 중요한 단서가 된다고 하였다. 진흥왕 29년(568)에 북한산주北漢山州를 폐하고 남천주를 세웠으며, 진평왕 26년(604)에 다시 남천주를 폐하고 북한산주를 설치하였다는 사실에 비추어 볼 때, 건립 연대는 일단 진흥왕 29년 이후 진평왕 26년 이전이 될 것이라고 하였다. 그런데 수가隨駕한 사람들의 인명 가운데 '□大等居柸□……'라고 한 대목[45]으로 미루어, 거칠부居柒夫가 상대등上大等으로 있었던 진지왕 재위 연

---

45 『해동금석원』 보유 권1, 「신라진흥왕비」에서는 "…… 前數行, 爲記事之文. 漫漶不可讀. 後十餘行, 爲官屬題名, 顧人名多漫滅. 惟□等喙居七夫之名獨完. 亦見于黃草嶺碑."(영인본 下, 654쪽)

간(576~579)에 해당될 것임에 틀림 없으며, 이로써 본다면 사기史記에
는 빠져 있지만 진지왕 역시 북순北巡했음이 분명하다고 하였다.

　그러나, 『진흥이비고』에서는 '진흥'이란 칭호는 시호가 아니고 생존
시에 부르던 칭호였음을 중국측 역사서를 통해서 고증하면서, "지증왕
15년에 왕이 세상을 떠나자 시호를 '지증'이라 했다. 신라에서의 시법
은 이로부터 비롯되었다"고 한 『삼국사기』의 기록을 부정하였다. 태종
무열왕 때 비로소 시법諡法이 있었다는 것이 김정희의 주장이다. 김정
희는 '□大等居柒□……'에 대한 해석에서도 '상대등'이 아닌 '사대등
仕大等'이라고 하면서, 사대등을 설치한 것이 진흥왕 25년이고, 거칠부
가 사대등으로 있던 진흥왕 29년에 이 북한산 순수비를 세웠으니, 비
의 건립 연도가 진흥왕 29년이라는 점은 의심의 여지가 없다고 하였
다. 또 비문에 보이는 '남천주'와 관련하여, 진흥왕 29년(568)에 남천주
를 처음 설치하였던 만큼, 순수비를 세운 연대는 진흥왕 29년으로부
터 재위 마지막 해인 37년 사이에서 벗어나지 않는다고 하였다.

　『진흥이비고』의 고증이 전자에 비해 한층 구체적이고 정밀하다는 점
에서, 『진흥이비고』가 나중에 나온 정견定見인 듯하다.[46] 다만, 「여조운

46　『진흥이비고』는 저술 연대가 확실하지 않으나, 김정희의 친우인 함경감사 權敦仁
　　에 의해 황초령비가 재발견된 이후로 보는 견해가 있다(유홍준, 『완당평전』 1, 259
　　쪽). 권돈인은 순조 32년(1832, 김정희 47세) 10월 25일 함경감사에 임명되었다. 그
　　러나 김정희가 황초령비의 재발견을 기려 지었다는 「題北狩碑文後」(『완당전집』, 권
　　6)를 보면 "나는 일찍이 이 탁본을 얻어 연월·지리·인명·직관 등을 논증하여 '碑의
　　攷'를 만들어 ……" 운운하여 황초령비의 재발견 이전에 지었음을 분명히 밝혔다.
　　다만, 이 『진흥이비고』가 저술된 이후 황초령비의 재발견과 함께 일부 수정, 보완
　　되었을 가능성은 있다. 이것은 「與權彝齋敦仁 三十二」에서 "弟가 이 비에 대해서
　　『비고』 한 권을 찬술하였는데, 이것을 삼가 바치고 싶지만 아직 초고로 남아 있습

석서」에 내비친 김정희의 초기 견해는 융통성이 있는 반면, 『진흥이비고』에서의 견해는 진흥왕 당대에 비석을 세웠다는 점을 부각시키는 데 역점을 두다 보니, 고증의 글 행간에 여유가 없어 보인다. 물론 고증에 의심할 만한 것이 없다면 모르겠지만, 의심의 여지가 있다는 점에서 도리어 그것이 문제가 된다.

우선, '진흥'이라는 칭호가 시호가 아니라 생전에 일컫던 칭호라는 데 대해서는 김정희의 고증이 정밀하다. 그런데 '진흥'이 시호가 아니라는 주장은 추사에 앞서 유득공에 의해 제기된 바 있다.[47] 즉, 『고운당 필기古芸堂筆記』「나려고비羅麗古碑」조에서 "이 비석은 북순北巡하던 날에 세워졌다. '진흥태왕'이라 한 것은 호칭이지 시호가 아니다"[48]라고한 것이다. 이를 보면 김정희의 창견創見은 아닌 셈이다.

중국측의 정사를 보면 진흥왕 재위 연간에 해당하는 기사에서 '김진흥金眞興'이라 하였다. 마찬가지로 선덕여왕과 진덕여왕의 경우도 재위 기간에 '김선덕', '김진덕'이라 하였다. 이러한 예는 무열왕 이전까지 거의 한결같다. 그러다가 무열왕 이후에는 무열왕을 '신라 임금 김춘추金春秋', 문무왕을 '김법민金法敏' 등으로 표현한다. 확연히 대조가 된다. 그런 점에서 왕의 휘諱와 시호가 뚜렷이 구분되는 무열왕 대부터 시호법이 시작되었다고 볼 만도 하다. 김정희는 이를 근거로 지증왕 때부

니다. 지금 보내드릴 수 없어 답답합니다"라 한 것으로 짐작할 수 있다(『완당전집』 권3, 32a~32b)

47   박철상, 「조선 금석학사에서 유득공의 위상」, 『대동한문학』 27, 대동한문학회, 2007 참조.

48   栖碧外史海外蒐佚本, 『雪岫外史』 외 2종, 아세아문화사, 1986, 216~222쪽.

터 시호법이 시작되었다고 하는 『삼국사기』의 기록을 부정하였다.

　그러나 이것은 단칼에 끊어 부정할 수 없다고 본다. 『삼국사기』가 아무리 빠진 것이 많다고 하더라도 김정희 자신의 논지에 부합되는 기사는 중요한 논거로 인증引證하고, 부합되지 않은 것이라 해서 부정할 수 없기 때문이다. 사료의 취사取捨를 선택적으로 하여 일관성을 결여하는 것은 사가史家에서의 금기 가운데 하나다. 그렇다면, 지증왕 때부터 시호법이 시작되었다는 것과 진흥왕이 생전에 '진흥'이란 칭호로 불렸다는 점을 하나로 연결시켜 볼 수는 없을까. 그 연결 고리는 아무래도 '이명위시以名爲諡'의 예에서 찾아야 되리라고 본다. 이와 관련하여, 반고班固의 『백호통의』를 보면 "상대 사람들은 질박하고 정직하여 죽은 뒤에도 개인의 이름을 시호로 사용하였다"[49]고 하여 생전과 사후에 이름을 달리하지 않았다고 하였다.

　실제로 『사고전서四庫全書』를 고열한 결과, 생전의 이름을 가지고 사후에 시호를 삼은 '이명위시'의 사례를 다수 찾을 수 있었다. 청나라 때 필원畢沅 등이 칙명을 받들어 편찬한 『흠정속통지欽定續通志』를 보면, '이명위시'에 대하여 서술하면서 "대개 한나라 때부터 이 설이 전해져 왔다. 역시 황제나 왕공王公이 존호尊號를 가지고 시호를 삼은 것과 같을 뿐이다"[50]고 하였고, 그 사례를 장수절張守節의 『사기정의史記正義』「시법해諡法解」, 『주서周書』의 「시법諡法」, 채옹蔡邕의 『독단獨斷』 등

49　『백호통의』, 「諡」 "顧上世質直, 死後以其名爲號."

50　『흠정속통지』 권119, 「諡略」 "[以名爲諡] 盖漢世相傳有此說, 亦如帝皇王公之以尊號爲諡耳."(史部, 別史類)

을 근거로 서술하였다. 이에 따르면 황제黃帝·요堯·순舜·우禹·탕湯 등 중국 고대 제왕의 경우 이름 또는 자字를 가지고 시호를 삼았다고 한다. 이러한 예비적 지식을 통해서 보면 진흥왕의 예도 실마리가 풀릴 법하다.

무열왕 이전의 경우를 보면, 진흥왕은 임금의 생전 칭호와 사후에 올린 시호가 같다. 물론 '진흥' 등의 칭호가 제2의 이름일 수 있고, 임금 재위시에 임금의 덕을 칭송하여 헌상獻上하는 '존호尊號'일 가능성도 있다. 지증智證·법흥法興·진흥眞興·진지眞智·진평眞平과 같이 일견 정제된 칭호와 저들의 불교식 이름인 지대로智大路·원종原宗·삼맥종彡麥宗[51]·사륜舍輪·백정白淨을 비교해 보면, '진흥' 등은 관명冠名이거나 존호일 가능성이 크다. 따라서, 생전에 책시冊諡하였을 가능성은 높지 않다. 왕이 생전에 사용했던 관명 내지 존호를 후일 시호로 삼았을 가능성이 높다.

필자는 본고의 초고가 완성된 뒤, 논지를 보강하는 과정에서 필자와 비슷한 생각을 가졌던 선학으로 영재 유득공과 역매亦梅 오경석吳慶錫(1831~1879)이 있었음을 알게 되었다. 유득공은 『사군지四郡志』에서 '진흥'의 칭호에 대해 "우리나라 역사책을 살펴보면 진흥왕의 이름은 삼맥종彡麥宗이다. 설혹 이름을 가지고 시호를 삼았더라도 따로 소명小名(兒名)이 있었을 것이다. 진평왕도 그렇다"[52]고 하면서, 『북제서北

---

51 부처님이 깨달은 지혜를 의미하는 삼먁삼보리(三藐三菩提: Samyaksambodhi)의 음借가 아닐까 추정한다.

52 유득공, 『四郡志』, 『冷齋書種』(修綆室 소장 필사본) "案東史眞興王名彡麥宗, 意或以名爲諡, 別有小名, 眞平亦然."(박철상, 「조선 금석학사에서 柳得恭의 위상」所引)

齊書』·『수서隋書 』·『당서唐書』 등에서 증거를 찾아 제시하였다. 『고운
당필기』에서는 '진흥'이 시호가 아니라고 하였던 유득공이 '이명위시'를
인정하고 '삼맥종'을 아명으로 보았던 만큼 초견初見을 달리한 것만은
사실이다. 어느 설이 초견인지는 알 수 없지만, 구체적 증거를 들면서
주장을 폈다는 데서 후자가 정견定見일 듯도 하다.

여기서 중요한 것은 김정희 이전에 '진흥'이 생전 칭호라는 주장을
처음으로 한 학자가 유득공이고, '이명위시'설을 인정했던 학자도 유득
공이라는 점이다. 이러한 유득공의 설은 후일 김정희가 북한산 순수비
를 고증하는 데 큰 영향을 끼쳤을 것이다. 다만, '이명위시'설을 모를
리 없었던 김정희가 이에 대해 한 마디도 언급하지 않은 것은 무슨 까
닭일까. 두고 새겨볼 문제이다.

추사서파의 일원인 오경석은 김정희의 고증을 대체로 인정하였다.[53]
다만 시호법에 대해서는 의문을 표하고 다음과 같은 견해를 제시하
였다.

…… '진흥' 두 글자는 '삼맥종'의 한 별칭이다. 훙거薨去한 뒤 그대로
시호로 삼은 것이다. …… 대개 살았을 적에 일컫던 것을 가지고 그
대로 시호를 삼은 예가 진흥왕의 경우만은 아닐 터인데 역사가가 한

---

53 비의 건립 연대에 대해서는 황초령비 冒頭에 나오는 '眞興太王巡狩管境, 刊石銘
記也' 대목에 근거하여 "당시에 순수하여 국경을 정하고 비석을 세워 공적을 기
록하였음은 의심할 만한 것이 없다"(當時巡狩定界, 立石紀功, 無可疑矣)고 하였다.
즉, 巡狩管境과 刊石銘記를 동시에 이루어진 것으로 보고 진흥왕 29년(568)으로
못박음으로써, 결과적으로 김정희와 견해를 같이 하였다. 그러나 '진흥'이라는 생
전 칭호를 건립 연대의 추정에 결정적 단서로 삼았던 김정희의 논리를 넘어서지
못한 것이 아쉽다. 『삼한금석록』, 「眞興王定界碑」(아세아문화사 영인본, 37쪽) 참조.

마디도 언급함이 없으니 어찌된 일인가.[54]

이처럼 김정희의 고증은 이상적·오경석 등 추사학파 후학들에게서
도 일부 의문이 제기되었다. 그렇다면, '진흥'이란 칭호가 생전의 것임
을 근거로 건립 연대를 진흥왕 당대, 그것도 동 29년으로 본 김정희의
견해는 재고의 여지가 있다고 하겠다.

한편, 진흥왕순수비의 본문은 '짐역수당궁朕歷數當躬' 운운한 바와
같이 진흥왕 자신의 명의名義로 되어 있다. 비의 허두에서는 '진흥태
왕眞興太王' 운운하였다.[55] 이것만 보면 진흥왕이 순수한 뒤 직접 비
를 건립한 것으로 볼 수 있다. 그런데, 비문 내용이 임금의 명의로 되
어 있다고 할 때, 진흥왕이 생전에 스스로를 높여 '태왕'이라 할 수 있
었을까? 의문이 제기될 수밖에 없다. 진흥왕순수비에서 말하는 '태왕'
은 '대왕'과 같은 말로도 사용되는데, 주나라 무왕이 문왕의 할아버지
인 고공단보古公亶父를 추존追尊한 데서 비롯되었다.[56] 역사적으로 '대
왕'이란 임금의 존칭으로 쓰였던 것이 일반적이고, 선왕先王을 일컫는
말로도 사용되었다. 반란 등 비정상적인 방법으로 왕위에 올라 자신을

54 『삼한금석록』, 「眞興王定界碑」 "眞興二字, 爲麥宗之別一稱號, 而薨後仍以諡焉.
…… 新羅諡法, 蓋以生時所稱, 仍爲諡者, 非獨眞興爲然, 史家無一語及之, 何
也."(위의 책, 38쪽)

55 이것은 신하들이 황제의 덕을 기리는 내용으로 꾸며진 진시황 순수비와는 차이가
있다. 『사기』 권6, 「진시황본기」 28~29년조, 37년조 참조.

56 『史記』 권4, 「周本紀」 "明年, 西伯崩, 太子發立, 是爲武王. …… 追尊古公爲太
王."

신격화할 필요가 있을 경우[57]를 예외로 한다면, 임금 자신이 생전에 스스로 '대왕'이라 일컬은 사례는 드물다고 본다. 더욱이 당시 신라가 유교이념에 입각한 정치 체제를 점차로 갖추어 나가고 있었던 사실을 감안한다면 '자칭하여 태왕이라 했다'는 것은 아무래도 무리가 아닐까. 결국, 진흥왕 이후에 비를 세우되, 진흥왕이 생전에 반포한 성지聖旨를 본문에 새긴 것으로 보는 것이 무난하다고 하겠다.

이와 함께 '□大等居柒□……' 대목에서의 '□大等'을 굳이 '사대등'으로 추정해야 하는지 이 역시 의문이다. 상대등이 될 수 있고, 사대등이나 전대등典大等이 될 수도 있다. '사대등 거칠부'를 고집한 것 역시 비의 건립 연대를 진흥왕 당대로 보려는 포석이라 할 것이다.

이상을 종합하면, 진흥이비에 대한 김정희의 고증은 여러 해를 두고 이루어졌으며, 그 과정에서 견해가 수정되었던 것 같다. 필자의 생각으로는 조인영에게 보낸 서한에서의 고증이 비교적 타당하다고 본다. 김정희가 고증을 하는 과정에서 열의가 넘친 나머지 과욕을 초래한 측면이 없지 않다. 그런 점에서 이상적 등이 의혹을 가진 것은 어쩌면 당연하다고 할 것이다. 진리는 공물公物이라는 말을 실감케 한다.

---

57 『삼국사기』 권50, 「甄萱傳」 "…… 神劍自稱大王."; 『遼史』 권28, 「天祚渤皇帝二」 "末帝天祚天慶五年二月, 饒州渤海古欲等反, 自稱大王."

Ⅳ. 金陸珍 '撰幷書'의 鍪藏寺碑

김정희는 순조 16년(1816) 7월, 금석문자 1천 권을 읽었다는 동호同好의 벗 김경연[58]과 함께 북한산 진흥왕순수비를 수방搜訪하였고 이듬해(1817) 6월, 조인영과 함께 다시 심정하였다. 그 해 겨울에는 경주 무장사비의 잔편을 발견하였다. 무장사비는 당시 조朝·청淸 금석학자들 사이에서 관심거리였다. 중국의 상감가賞鑑家들은 왕우군王右軍의 정수를 깊이 얻은 것이라고 여겼다. 또 그 이듬해에는 문무왕릉비 일부를 재발견함으로써 금석학자로서의 위치를 확고히 하였다.[59]

무장사비와 관련하여, 김정희의 외가쪽 어른인 금석학자 유척기俞拓基(1691~1761)는 "내가 『금석록』 수백 권을 모았으나 아직 이 비를 보지 못하였고, 두 번 영남관찰사로 부임하여 부지런히 찾아보았으나 경상도 지방에서는 (이 비에 대해) 아는 사람이 없었다"[60]고 하였다. 이계耳溪 홍양호洪良浩(1724~1802)에 의하면, 그가 경주부윤으로 재직할 당

---

58 藤塚鄰, 「阮堂集及び阮堂先生全集の檢討」, 『靑丘學叢』 21, 1934, 140쪽.

59 이하는 제6장과 내용이 중복되지만, 논지의 전개를 위해 깎아내지 않았음을 밝혀 둔다.

60 『耳溪集』 권16, 41a, 「題鍪藏寺碑」 "老夫平生, 聚金石錄數百卷, 猶未得是碑, 再按嶺節, 求之非不勤矣, 闔境無知者."

시 무장사비를 발견하여 탁본했다고 한다. 홍양호는 "뒤에 들으니 어떤 장서가가 일찍부터 무장사비 전본全本을 갖고 있었는데 앞뒤의 면이 모두 갖추어진 것이라고 하였다. 지금 내가 탑본해 가지고 있는 것은 반 동강 난 앞면뿐이요, 뒷면은 콩을 가느라 망가져 버렸다. 매우 애석한 일이다"[61]라 하였다.

홍양호는 무장사비에 대해 관심이 많았다. 그는 무장사비 글씨를 보고는 "왕우군의 풍도가 있다"[62]고 평하였으며, 서자書者를 김육진으로 보았다.[63] 김육진은 「단속사 신행선사비斷俗寺神行禪師碑」의 글씨를 쓴 영업靈業 스님과 함께 왕희지의 홍복사비를 배운 경우라고 주장하였다.[64] '홍복사비'란 당나라 고종 함형咸亨 3년(672)에 홍복사의 사문沙門 회인懷仁이 칙명으로 왕희지의 글씨를 집자하여 세운 「대당삼장성교서비大唐三藏聖敎序碑」를 가리킨다. 홍양호의 견해는 무장사비가 김육진의 글씨라고 알려지는 데 기여한 것으로 보인다.

18세기 후반, 홍양호에 의해 일편이 발견되었던 무장사비는 그 뒤 김정희가 다시 잔편을 발견하였다. 김정희는 연경에서 돌아온 뒤 청나라 학자들도 큰 관심을 보였던 무장사비 실물을 찾으려고 노력하였다. 그러다가 부친 김노경이 1816년 11월에 경상도관찰사로 임명된 것을

---

61 『耳溪集』 권16, 42b, 「題鍪藏寺碑」 "後聞藏書家, 曾有鍪藏碑全本, 具前後面. 今與所搨, 卽前面之半, 而後面則爲磨豆所滅, 重可惜也."

62 『耳溪集』 권16, 42a, 「題金角干墓碑」 "余觀鍪藏碑, 有右軍之風."

63 『耳溪集』 권16, 41a, 「題鍪藏寺碑」 "考其文, 卽新羅翰林金陸珍書也."

64 『耳溪集』 권16, 46b, 「題尹白下書軸」 "東方之書, 祖於新羅之金生. …… 其後在羅, 則有金陸珍釋靈業, 學弘福碑."

기화로 경주를 방문하여 비의 잔편 두 개를 발견하고 128자를 심정하
였다.[65] 김정희가 심정한 잔편의 내용과 김정희의 제지題識 2편은 탁본
으로 만들어졌고 유희해에게 전해져『해동금석원』에 부록으로 실렸다.
조선의 금석자료 수집에 열성이었던 옹수곤은 1815년에 이미 세상을
떠난 터였다. 옹방강과 옹수곤은 생전에 이 무장사비의 하단을 보지
못한 것을 몹시 안타까워했다고 한다.

김정희는 탁본을 한 뒤 잔편에 발견 경위를 다음과 같이 적었다.

이 비석은 옛날에 단지 한 조각뿐이었다. 내가 여기 와서 샅샅이 뒤
져 또 동강난 돌 한 조각을 거친 수풀 속에서 찾아내고 너무나 좋은
나머지 소리를 질렀다. 두 조각을 한데 합쳐 묶어서 절 뒤쪽 회랑으
로 옮겨 비바람을 면하게 하였다. 이 비석의 서품은 마땅히 백월비白
月碑 위에 있어야 한다. 난정서에 나오는 '숭崇'자 세 점이 이 비석에
서만 특별히 완전하다. 담계(옹방강) 선생이 이 비석을 가지고 고증
하였다. 동방의 문헌이 중국에서 칭찬을 받은 것으로는 이 비석 만한
것이 없다. 내가 세 차례를 반복해서 문질러 닦으며, 성원星原(옹수
곤)이 하단을 보지 못한 것을 매우 안타까워하였다. 정축년(1817) 4
월 29일에 김정희 적다.[66]

65 『해동금석원』, 영인본 하권, 1007~1008쪽, 「第二石」 참조.

66 原碑旁刻 "此碑舊只一段而已, 余來此窮搜, 又得斷石一段於荒莽中, 不勝驚喜叫
絶也. 仍使兩石璧合珠聯, 移置寺之後廊, 俾免風雨. 此石書品, 當在白月碑上.
蘭亭之崇字三點, 唯此石特全, 翁覃溪先生, 以此碑爲證, 東方文獻之見稱於中
國, 無如此碑. 余摩挲三復, 重有感於星原之無以見下段也. 丁丑四月二十九日

무장사비 탁본(김정희 題識)

또 다른 돌조각에 "무슨 수로 구원九原에서 성원(용수곤)을 일으켜 이 금석연金石緣을 함께 할까. 돌을 얻은 날에 정희가 또 쓰고 탁본하여 가다"[67]라고 적었다.

金正喜題識."(『해동금석원』 상권, 1009쪽)

67 「鍪藏寺碑殘片」附記 "此石當係左段, 何由起星原於九原, 共此金石之緣. 得石之日, 正喜又題, 手拓而去."(『조선금석총람』 상권, 47~48쪽)

옹방강의 『복초재전집復初齋全集』을 보면, 조선의 고비古碑에 대해 고증하고 발을 붙인 것이 실려 있다.[68] 관심의 정도를 짐작하게 한다. 옹방강은 김정희가 무장사비 잔편을 발견하기 이전에 무장사비 구탁본을 입수하여 고증을 마쳤다. 김정희 입연 이전에 사행使行을 통해 얻었을 가능성이 있다. 그는 무장사비가 신라 사람 김육진의 '찬병서撰幷書'가 아니라 왕희지 글씨를 집자한 것이라고 주장하였다. 즉, 김육진이 임금의 명령을 받들어 글만 찬한 것[奉敎撰]으로 보았다.[69] 그는 무장사비에 대하여, 왕희지의 「난정서」와 회인懷仁이 왕희지의 글씨를 집자한 「집왕서삼장성교서비集王書三藏聖敎序碑」의 행서가 뒤섞여 사용된 집자비로 단정하고, "함통咸通·개원開元 이래 당나라 사람들이 왕희지의 글씨를 집자했는데 다른 나라에서도 복습服習할 줄 알았다. 집자에 사용한 난정첩蘭亭帖의 글자가 모두 정무본定武本과 합치된다"고 하였다.[70]

김정희는 이 무장사비에 대해 "과시 홍복사비弘福寺碑의 글자체요 인각사비와 같이 왕희지의 글씨를 집자한 것이 아니다. 김육진은 신

---

68 『復初齋文集』 권24에 「跋平百濟碑」·「跋新羅鍪藏寺碑殘本」·「跋新羅雙谿寺碑」, 권25에 「跋高麗靈通寺大覺國師碑」·「跋高麗重修文殊院記」, 『復初齋集外文』 권3에 「跋朝鮮靈通寺大覺國師碑」가 실렸다. 이 가운데 「跋新羅鍪藏寺碑殘本」은 유희해의 『해동금석원』에 전재되었다. 『해동금석원』(영인본 하권, 1009~1011쪽) 참조.

69 이러한 견해는 1919년에 편찬된 『조선금석총람』(상권, 48쪽)에 반영되어 오늘날까지 국사학계 등 학계 전반에서 다수설로 자리잡게 되었다.

70 『해동금석원』 附錄 卷上, 「唐鍪藏寺碑」, 〈翁方綱跋〉 "碑行書雜用右軍蘭亭及懷仁大雅所集字, 蓋自咸亨·開元以來, 唐人集右軍書, 外國皆知服習, 而所用蘭亭字, 皆與定武本合, 乃知定武本實是唐時所刻, 因流播於當時耳."(영인본 하권, 1010~1011쪽)

라 말엽의 사람인데 비의 연대는 지금 상고할 수 없다"[71]고 하였다. 서체를 말하는 가운데 김육진을 언급하였지만, 서자書者로 못 박지는 않았다. 다만 분명한 것은 집자가 아니라고 한 점이다. 따라서 글씨를 쓴 사람이 홍복사비를 본받아 썼다는 것이 김정희의 생각이라고 볼 수밖에 없다. 여기서 「난정서」와 「성교서비」를 뒤섞어 집자한 것이라고 한 옹방강과 견해 차이를 보인다.

글씨 쓴 사람을 밝히는 데는 우선 사리에 비추어 상식으로 접근하는 것이 좋은 방법이다. 통삼統三 이전부터 신라에서 각종 비가 세워졌고 나중에는 선승禪僧의 탑비가 주를 이루었다. 비문들을 보면 대체로 표제標題가 먼저 나오고, 찬자撰者라든지 서자書者의 직함과 이름이 이어진다. 본문이 시작되는 것은 그 다음이다. 표제와 찬자·서자는 각각 행을 바꾸어 쓰며,[72] 찬자와 서자가 같은 사람일 경우는 한 줄로 '……○○○찬병서撰幷書'라고 하는 것이 관례였다.

이 무장사비는 찬자와 서자를 기록하는 도입 부분이 '□守大奈麻臣 金陸珍奉敎'라고만 되어 있다. '奉敎' 이하가 탈락하여 정확히 알 수는 없다. 다만 한 줄로 되어 있는 것으로 보아 일단 '봉교찬병서奉敎撰幷書'일 가능성이 있다. 글씨 쓴 이를 비문의 마지막 부분에 쓰는 경우도 있기는 하지만,[73] 이 비의 경우 말미 부분에서 찾을 수 없다. 이 점

---

71 『완당전집』권4, 35b~36a, 「與金東籬其一」 "鍪藏碑果是弘福字體, 非集字如麟角碑矣. 金陸珍是新羅末葉之人, 而碑之年代, 今不可考矣." 弘福寺는 興福寺라고도 불린다.

72 刻手(刻者)까지 기록하는 경우가 있다.

73 문무왕릉비가 대표적이다. 말미에 건립 연대를 쓰고 이어 '大舍臣韓訥儒奉□□'이

은 김정희가 서자를 고증하는 데 참고 사항이 되었을 것이고, 여기에 글씨에 대한 감식이 병행되어 '집자한 것이 아니다'라고 말한 듯하다.

결국 김정희는 김육진이 왕희지체를 본떠서 쓴 것으로 결론을 내린 것 같다. 유희해의 『해동금석원』에서 김육진의 '찬병서'라고 한 것은 김정희의 견해를 대신한 것이라고 볼 수 있다.[74] 김정희의 견해는 위에서 말한 홍양호의 견해와 전적으로 부합한다. 홍양호가 사계의 선배이자 권위자인 만큼 그의 견해를 중요하게 참고하였을 것으로 짐작된다.[75]

김정희가 옹방강의 집자설을 수용하지 않고 신라사람 김육진이 왕희지체를 본떠서 쓴 것으로 본 것은 그의 공정한 안목과 강한 주체성에서 나온 것이라 하겠다. 김정희의 주체적 관점은 1914년에 제3의 비편이 발견됨으로써 빛을 발하게 되었다. 찬자와 서자書者에 대한 정보를 담은 제1의 비편(홍양호 발견) 도입 부분은 본디 앞뒤가 잘린 채 "……□守大奈麻臣金陸珍奉　教□□"운운하는 대목만 남았었다. 그런데 1914년에 발견된 제3의 비편을 그 뒤로 맞추니 문장이 이어졌다. 즉, '奉　教□□'에 이어 '□□□皇龍……' 운운하는 대목이 잘 이어지는 것이다. 이것은 서자書者를 추정할 수 있는 매우 중요한 정보다. 홍양호나 김정희 당시에 제3의 비편이 발견되었다면, '황룡' 운운

라 하였다. '奉□□'는 '奉敎書'일 것이다.

74　추사학단의 한 사람인 이조묵의 『羅麗琳瑯攷』에서는 "新羅鍪藏寺碑, 守南大令金陸珍撰并書, 碑文行書, 鸞飄鳳泊, 煊赫動人." 운운하였다.

75　이종문은 홍양호·김정희 등 조선조 금석학자들의 언급을 종합한 뒤 김육진의 글씨일 가능성이 높다고 결론을 내린 바 있다. 이종문, 「무장사비를 쓴 서예가에 관한 고찰」, 『남명학연구』 13, 경상대학교 남명학연구소, 2004.

한 것을 그냥 보아 넘기지는 않았을 것이다.

필자는 이와 관련하여, 무장사비의 글씨를 쓴 사람을 '황룡사 스님'으로 추정한 바 있다(제6장 참조). 돌이켜볼 때 중국이나 우리나라에서 글씨에 뛰어난 스님이 금석문을 쓰거나 집자를 한 예는 적지 않다. 이를 본다면 '皇龍' 이하 떨어져나간 대목은 '皇龍寺僧(沙門)○○書'일 가능성이 높다. 혹은 '皇龍寺沙門○○奉敎書'일 수도 있다. 자세한 내용은 본서에 실린 제6장을 참조하기 바란다.

V. 재발견한 문무왕비의 건립 연대

김정희는『해동비고』에서 순조 17년(1817) 문무왕릉비를 '재발견'했다고 밝혔다. "경주에서 고적을 찾다가 낭산狼山의 남쪽 기슭, 선덕왕릉 아래 신문왕릉 앞에 있는 어느 밭 돌무더기를 파헤쳐 문무왕릉비 아래쪽을 찾았다. 비석은 없어지고 받침돌뿐이었다. 또 비신碑身 일부분이 풀 속에 있었는데 문무왕비의 하단부와 딱 맞아 떨어졌다. 나머지 없어진 부분은 찾을 수 없었다."

홍양호의 「제신라문무왕릉비」에 따르면, 문무왕릉비는 정조 20년(1796) 무렵 경주에서 한 농부가 밭을 갈다가 처음으로 발견하였다고 한다. 전·후면으로 글을 새긴 능비는 두 동강이 나 있었다. 이 비는 그 뒤 자취를 감추었다가 김정희에 의해 그 아랫부분이 다시 발견되었고, 또 다시 행방이 묘연했다가 1961년 경주 동부동의 어느 민가에서 댓돌로 쓰던 것이 재발견되었다.[76] 유희해의『해동금석원』에서는 상부와 하부를 각각 전·후면 2개씩으로 나눈 4장의 탁본에 근거하여 판독을 하였다. 이 탁본이 청나라에 건너간 경위는 분명하지 않지만 역시 김정희와의 관련성을 부인하기 어렵다.

---

76 현재 아랫부분이 국립경주박물관에 소장되어 있다.

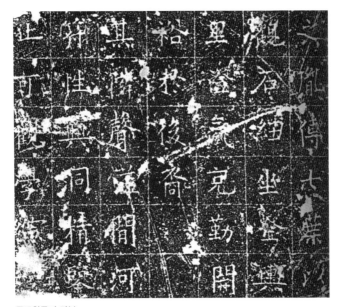

문무왕릉비 탁본

필자는 『해동비고』를 직접 본 적이 없다. 여러 신문 등에 소개된 기사를 토대로 문무왕릉비에 대한 김정희의 고증을 살펴보면, 무엇보다 건립 연대에 관한 것이 눈길을 끈다. 김정희는 비의 말미에 보이는 '이십오일경진건二十五日景[丙]辰建'[77]이라는 문구를 근거로 건립 연대를

---

77 당나라 高祖의 皇考의 諱가 昞이다. 음이 같은 '丙' 자를 피해 '景' 자로 쓰도록 하였다.

687년 8월 25일로 비정하였다. 지금까지 학계에서는 문무왕릉비가 신문왕 2년(682) 7월 25일 세워진 것으로 추정해 왔다.[78]

김정희의 고증은 사리에 비추어 상식선에서 접근하는 것으로 시작되었다. 요약하면, 이 비는 문무왕이 죽은 뒤 사왕嗣王인 신문왕의 재위 기간 중(681~692)에 세워졌을 것이 분명하다. 그런데 비문 중에 '국학소경國學少卿'이라는 관직명이 있으므로 신문왕 2년(682) 국학을 설치한 이후에 세워졌을 것이다. 또 '천황대제天皇大帝'라는 당나라 고종의 시호[79]가 나오므로 고종의 장사를 지내고 시호를 올린 뒤인 684년 8월 을해일乙亥日 이후라야 된다. 결국, 684년 8월 이후부터 692년 7월 신문왕이 세상을 떠나기 이전까지를 대상으로 연대를 추정할 수밖에 없다. 김정희는 중국측 고사서古史書에 근거하여[80] 이 기간의 삭윤朔閏을 조사, '687년 8월 25일 혹은 9월'로 추정하였다. 이것은 현대의 역법 추산으로도 뒷받침된다. 683년부터 692년 7월까지를 대상으로 할 때 '25일 병진일'에 합치되는 경우는 687년 8월과 10월뿐이라 한다.[81] 김정희의 고증은 일견 정밀하여 종래 학계의 통설에 대해 재검토

---

78 金昌鎬는 『二十史朔閏表』 등을 동원, 682년 7월 25일로 비정하였다. 김창호, 「문무왕릉비에 보이는 신라인의 조상인식」, 『한국사연구』 53, 국사편찬위원회, 1986 참조.

79 고종 咸亨 5년(674) 8월에 황제의 칭호를 '천황', 武后를 '天后'라 하였다(『구당서』 권5, 高宗本紀 下, 咸亨 5년 8월조). 그러나 '천황대제'란 명칭은 『당서』 「고종본기」에 단 1회 보일 뿐이다.

80 김정희의 서한을 보면, 『春秋朔閏表』, 『춘추경전삭윤표』 등 삭윤에 관한 저서 이름들이 나온다. 『추사와 韓中交流』, 과천문화원, 2007, 37~38쪽 참조.

81 《조선일보》, 2007년 1월 7일자 참조.

의 필요성을 느끼게 한다.

그러나 김정희가 건립 연대 고증에 중요한 단서로 들었던 것은 해석을 달리할 수 있다. 김정희는 '천황대제'를 당나라 고종의 시호로 단정했지만 꼭 그런지는 의문이다. 왜냐하면 천황대제라는 말이 나오는 문장의 앞 뒤가 떨어져 나가 '妣□□□天皇大帝'라고 되어 있을 뿐이다. 전후 맥락이 끊겨 제대로 알 수 없는 상태에서 당 고종의 시호로 단정하기는 어렵다.

천황대제는 도교에서 즐겨 사용하는 용어로 원시천존原始天尊 이전의 최고신最高神이다. 북극성을 신격화한 것이기도 하다. 후한 때 정현鄭玄이 유교의 최고신인 호천상제昊天上帝와 동일시한 이래, 우주의 최고신이 되어 역대의 왕조에서 제사되었다.[82] 위 대목은 문무왕의 승하와 관련된 것으로 보이는 만큼, 오히려 '천황대제의 부름을 받아 하늘로 올라갔다'고 풀이할 수도 있다.

또 비문에서 '단청흡어인각丹青洽於麟閣, 죽백훼어운대竹帛毀於芸臺'라고 한 구절을 가지고, 문무왕이 승하한 지 오래되었음을 부각시키고자 하였다. 그러나 이것은 견강부회라 하겠다.[83] 위에 나오는 인각은 죽백과 대우對偶를 이루는 것으로 '기린각麒麟閣'의 줄임말이다. 기린각은 중국 전한 시기 선제宣帝가 공신 11명의 초상화를 봉안했다는

---

82 金勝東(편), 『道敎思想辭典』, 부산대학교출판부, 1996, 1021쪽.

83 김정희는 이 대목을 '丹青渝於獼閣, 竹帛毀於芸臺'로 판독, "초상화는 獼閣에서 색이 바래고 竹帛은 芸臺에서 훼손되었다"고 번역, 문무왕이 죽은 지 여러 해가 되었다고 보았다. 그러나 비석은 승하한 지 불과 6년 뒤에 세워진 것이다. 이러한 해석이 가능할지 모르겠다. '洽'을 '渝'로 판독한 점이 주목된다.

전각이다. 세칭 공신각功臣閣이라고도 한다. 운대는 한나라 때 비서감 秘書監의 별칭이다. 궁중에서 중요한 책을 수장하는 일종의 궁중도서 관이다. 단청은 단서丹書[84]와 청사靑史를 일컫는 말로 역사서를 가리킨 다. 죽백 역시 서책書册 내지 사책史册을 달리 이르는 말로, 역사에 공 훈이 기록되는 것을 의미하기도 한다.

그렇다면 위의 말은 '단청은 기린각에 들어맞고 (공훈을 적은) 죽백은 운각에서 닳아질 지경이다'라고 해석되어야 할 것이다. 문무왕은 삼국 통일의 위업을 이룬 영주英主다. 통삼統三에 공이 있는 공신들을 공신 각에 모시고 후세의 역사에 빛나도록 했을 것이니, 죽백에 기록된 저 들의 공훈을 되새기려는 후인들에 의해 책이 닳아 없어질 지경이라는 말이리라. 이렇게 새겨야 문리가 통한다고 할 것이다.

---

84 '丹書鐵券'의 준말. 임금이 공신에게 주는 붉은 글씨의 錄券. 붉은 글씨는 쉽게 지 워지지 않으므로 자손 대대로 죄를 용서해 주겠다는 약속의 의미가 담겨 있다.

VI. 창림사 寫經 및 평양성 고구려 石刻의 고증

김정희는 순조 24년(1824), 경주 남산 기슭에 있는 창림사지昌林寺址 삼층석탑이 석공에 의해 헐리는 것[85]과 사리공舍利孔에서 유물이 나온 것을 목도하고 그 현장을 직접 조사하였다. 이때 유물로 사경寫經인 「무구정광대다라니경無垢淨光大陀羅尼經」과 동판에 음각한 「무구정탑원기無垢淨塔願記」가 나왔다. 김정희는 「무구정광대다라니경」과 「무구정탑원기」를 쌍구雙句로 임모臨摸하여 한 권의 서첩으로 엮고 서첩 말미에 발견 당시의 상황을 적은 지어識語를 남겼다. 여백 좌단에는 '김정희인金正喜印'이라는 인장印章이 찍혀 있다.[86] 모두 76자로 된 지어의

---

85 석공이 무단으로 헐어서 유물들을 반출한 것인지, 아니면 官에 의한 해체공사였는지 분명하지 않지만, 일단 김정희가 참관하였다는 점에서 후자일 가능성이 높다. 전직이든 현직이든 官人이 참관한 가운데 공공연하게 무단으로 석탑이 헐리기는 어렵지 않을까 한다.

86 「願記」의 원판은 현재 일본인 소장으로 알려져 있을 뿐 그 실물을 볼 수 없다. 본디 故 아유가이 후사노신[鮎貝房之進: 1864~1946] 박사가 소장하던 寫經 「무구정광대다라니경」 1권의 말미에 김정희가 雙句로 臨模한 「國王慶膺造無垢淨塔願記」가 부록으로 실려 있었다고 한다. 오늘날에는 임모본조차 볼 수 없고 4매의 사진으로만 확인할 수 있다. 사진은 조선총독부에서 경주 남산 일대의 佛蹟을 조사한 뒤 보고서 형식으로 펴낸 『慶州南山の佛蹟』(朝鮮寶物古蹟圖錄 第二, 1940) 17쪽에 실려 있다. 인쇄 상태가 좋지 않다. [추기] 김정희가 동판에 임모한 '원기' 실물이 1968년

창림사무구정탑원기(김정희 임모, 동판)

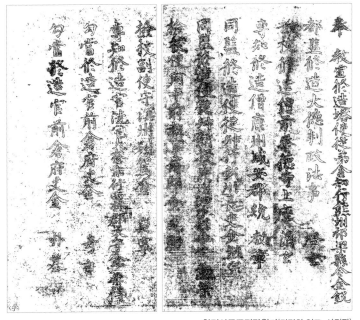

창림사무구정탑원기(김정희 임모, 사진판)

내용은 다음과 같다.

> 갑신년 봄에 석공이 경주 창림사 탑을 헐어, 내장內藏된 다라니경 한
> 축軸과 물건을 담는 그릇, 구리로 만든 둥근 덮개를 얻었다. 또 동판
> 한 개가 있었는데, 동판에는 탑을 조영한 사실을 기록하였고, 동판의
> 뒷면에 탑의 조영에 관여한 관리들의 성명을 함께 기록하였다. 또 도
> 금한 개원통보開元通寶와 푸르고 누른빛의 번주燔珠(硝子玉)가 있었
> 다. 또 거울 조각과 구리로 만든 받침대는 구리를 다루는 사람[鑄銅
> 者]이 없애버렸다. 두루마리의 표면은 누런빛의 비단이다. 금으로 경
> 도經圖(金泥變相圖)를 그린 것이었다.[87]

유명한 창림사비는 현재 원비原碑는 인멸되고 탁본마저 볼 길이 없
다. 다행히 비편 하나가 국립경주박물관에 소장되어 있다. 일찍이
원나라 때 명필 조맹부趙孟頫가 「창림사비발미昌林寺碑跋尾」(『東京書堂
集古帖』所收)에서 김생의 필적임을 확인하고 찬양하였던 만큼[88] 그 실

경기도 이천의 靈源寺에서 발견되어 오다가 용주사 효행박물관에 기탁되었음이
최근 밝혀졌다(2012. 2. 28).

87 『慶州南山の佛蹟』, 16쪽 "甲申春, 石工破慶州昌林寺塔, 得藏陀羅尼經一軸, 盛
銅圓套. 又有銅板一, 記造塔事實, 板背並記造塔官人姓名. 又有金塗開元通寶
錢, 青黃燔珠. 又鏡片銅趺, 爲鑄銅者所壞. 軸面黃絹金畫經圖."; 황수영, 『한국
금석유문』(일지사, 1985, 149쪽)에도 전재되어 있다.

88 徐居正, 『筆苑雜記』, 권1 "近見趙學士子昂昌林寺跋尾曰:「右唐新羅僧金生所書
其國昌林寺碑. 字畫深有典刑, 雖唐人名刻, 未能遠過之也. 古語云, 何地不生
才, 信然」觀趙學士此跋, 金生筆法之冠絶古今知也."; 『동국여지승람』 권21, 慶
州府, 〈古跡〉"昌林寺, …… 有古碑無字. 元學士趙子昂昌林寺碑跋云: ……"

재와 서자書者에 대해서는 이의가 있기 어렵다. 그런데 김정희는 정육鄭六에게 보낸 서한에서 금자사경金字寫經에 대하여 다음과 같이 말하였다.

일찍이 동경의 폐탑廢塔 속에서 나온 묵서로 된「광명다라니경光明陀羅尼經」을 본 적이 있다. 한 글자도 손상되지 않아 어제 쓴 것과 같았다. 이는 곧 당나라 대중大中 연간에 쓰여진 것이다. 김생보다 60~70년 이전에 해당된다. 필법이 매우 고아古雅하여 문무왕릉비, 신행선사비神行禪師碑, 무장사비 등 여러 비와 갑을을 다툰다. 김생도 일주一籌를 양보해야 될 것이다.[89]

『동국여지승람』에서는 김생은 당나라 경운景雲 2년(711)에 태어났다고 하였다.[90] 『동국통감』에서는 당나라 정원貞元 16년(800)에 김생의 나이가 80세를 넘었다고 하였다. 또 노수신盧守愼의『예성야록蕊城野錄』에서는 김생이 97세에 죽었다고 하였다.[91] 이로써 김생의 생몰연대를 대강 짐작할 수 있다. 그는 아무리 늦어도 애장왕(800~809) 이전 시기의 사람이다. 그런데, 김정희는 당나라 대중 연간(847~860)에 이루어진 사경寫經을 김생보다 6~70년 이전에 나온 것이라고 하였다. 김정

89　『완당전집』권7, 21b,「書贈鄭六」"甞見東京廢塔中所出墨書光明陀羅尼經, 一字不損, 如昨書者. 卽唐大中年間所書, 在金生前六七十年以上. 筆法極古雅, 當與文武神行鍪藏諸碑甲乙, 金生亦當遜一籌矣."

90　『동국여지승람』권14, 충주목, 佛宇,〈金生寺〉조 참조.

91　이규경,『오주연문장전산고(XX)』, 국역총서 156, 178쪽 참조.

희는 과연 김생을 어느 때 사람으로 보았을까. 김생에 대한 역대 서화가들의 관심도에 비추어 볼 때 연대 고증에서 문제가 있어 보인다.

김정희는 「무구정광대다라니경」의 서자書者를 정확히 밝히지 않았다. 유홍준은 「무구정탑원기」의 서자를 김생의 글씨라고 주장하였다.[92] 그 근거가 무엇인지 모르겠다. 유홍준은 창림사비의 글씨와 「무구정광대다라니경」, 「무구정탑원기」의 글씨를 같은 것으로 착각한 것 같다. 그러기에 그는 「무구정탑원기」에 대해서도 "완당은 이것을 신라 김생의 글씨라고 고증하였다. 그러나 안타깝게도 이 원본은 일본인이 가져가 지금은 그 소재를 알 수 없다"[93]고 하였다.

김생이 평생토록 불경을 많이 써서 서법을 대성하였다는 것은 사전史傳이 전하는 바다. 「무구정탑원기」가 김생의 글씨라는 주장은 있을 수 있다. 다만 「원기」에 문성왕 17년(855)에 탑을 조성하였다는 대목이 있는데, 김생(711~?)은 그보다 훨씬 이전 시기의 사람이므로, 「원기」의 글씨를 직접 썼을 리는 없다. 김생의 글씨가 틀림없다면 집자일 수밖에 없다. 그러나 필자의 판단으로는 김정희가 임모한 글씨(317쪽 참조)는 김생의 필체와 다른 것 같다. 왕희지체를 본뜬 전형적인 사경체寫經體다. 대방가의 감식과 고증이 필요한 문제라고 생각된다.

김정희는 또 순조 29년(1829) 대홍수로 평양성이 무너졌을 때 외성인 구첩성九疊城에서 발견된 성벽의 각자와 앞서 영조 42년(1766)에 발

---

92 유홍준, 『완당평전』 1, 217쪽 참조.

93 위와 같음.

견된 같은 성격의 각자[94]를 탁본하여 고증하고 유희해에게 보냈다. 김
정희는 이 석각에 나오는 '기축己丑'년을 고구려 장수왕 37년(449)으로
비정하였다.[95] 이것은 장수왕 15년(427)에 고구려가 평양으로 천도했다
는 사실에 근거, 그 이후의 기축년으로 본 듯하다. 그러나 김정희의 고
증은 잘못된 것이다. 고구려가 평양으로 천도할 때 처음 옮겨 온 곳은
지금의 평양성이 아니고 그로부터 동북쪽 6~7km 지점의 대성산大成
山 일대였다.[96] 『삼국사기』에 의하면, 고구려 때 평양성은 장안성이라
고도 불렀다. 양원왕 8년(552)에 축조하기 시작하였고, 그로부터 37년
뒤인 평원왕 28년(589)에 이곳 장안성으로 옮겨 왔다고 한다.[97] 그렇다
면, 이 석각에 보이는 '기축'년은 평원왕 11년(569) 이상으로는 더 올라
갈 수 없다. 정견正見의 일루一累가 아닐 수 없다.

---

94 현재 알려진 평양성 석각은 모두 5종이다. 1766년 처음 발견된 이래 1829년(2종),
    1913년, 1964년까지 계속 발견되었다.

95 『해동금석원』(영인본) 상권, 35쪽 "此刻出於丙戌(1766), 今六十四年(1829), 不可復
    覓, 又得一石於外城烏灘下. 與此小異, 此云西向, 彼向東也. 小兒二字, 知爲高句
    驪古蹟無疑. 補書於此. 此己丑, 當爲長壽王後一千三百八十一年. 金正喜書."；
    1829－1380＝449(己丑)

96 關野貞, 「高句麗の平壤城及び長安城に就いて」, 『史學雜誌』 39~1, 1928；『朝鮮
    の建築と工藝』, 岩波書店, 1941 재수록.

97 『삼국사기』 고구려본기, 陽原王 8년조 "八年 築長安城."；同 平原王 28년조
    "二十八年, 移都長安城."

VII. 맺음말

영·정조 시대 문운文運의 융성과 함께 청대 학풍의 정화精華에 접한 김정희는 실사구시적實事求是的 학문 방법으로 경학은 물론 금석학에서 그 진면목을 잘 드러냈다. 24세 때의 연행燕行은 학문하는 데 기폭제가 되었다. 당시 옹방강·완원 등 기라성 같은 청대 학자들에게서 받은 학문적 영향과 충격이 지대하였다. 입연 당시 김정희가 보고 들은 청대 금석학의 수준과 성과는 '충격'으로 받아들여졌을 것이다. 김정희가 당대의 대석학들과 학연을 맺지 않았더라면 그의 학문 규모와 수준은 광대정미廣大精微한 경지에 이르기 어려웠을 것이다.

김정희는 청조 학풍에 대하여 시종일관 열린 태도를 견지하였다. 실사구시적 학문 태도로써 청학의 장점을 두루 수용하였다. 사실 어느 면에서 보면 김정희의 학문 세계는 자득지미自得之味(독창성)보다 의양지태依樣之態(모방·답습)에 더 무게가 실려 있다. 그가 주장했던 이론은 하나하나 뜯어보면 선대 학자들과 관련 없는 것이 거의 없다. 자신만의 '독특함'과는 거리가 있는 것 같기도 하다.

추사학에는 청학의 수용이라는 한 축과 조선의 선배 학인들로부터의 영향이라는 다른 한 축, 그리고 김정희의 독자성이라는 또 다른 한 축이 엄존한다. 김정희는 청국과 조선의 학인들이 이루어 놓은 학문적 토대 위에서, 많은 선구적 이론을 수용하여 절충을 통한 '겸전兼全의 학문'을 추구하였고, 법고法古와 창신刱新의 양면을 조화시켰던 것이다. 여기에 독창성과 개성이 개재할 자리가 마련되었다. 김정희의 학문을 '청학의 아류'쯤으로 보거나 그의 학문 태도를 '청학에의 추종'으로 보는 것은 단견이라 하겠다.[98]

김정희가 우리나라 금석학사에서 차지하는 위치는 실로 부동의 것이라 하겠다. 다만 그가 금석학을 수립하는 과정에서 조선의 선배 학자들이 이루어 놓은 성과가 일정하게 기반이 되었음은 간과할 수 없다고 본다. 중국의 역대 학자, 특히 청대 학자들로부터의 영향은 더 말할 것도 없다. 그런데 김정희는 중국 학자들로부터의 '수용'은 문집 등에서 직, 간접으로 밝혔으나, 조선의 선배 학인들로부터 물려받은 성과라든지 영향에 대해서는 거의 언급하지 않았다. 그러다 보니 홍양호·유득공·유본학 등, 김정희에 앞서 추사 금석학에 가교적 구실을 했던 이들의 공헌과 후대에 끼친 영향이 가려지거나 무시된 측면이 있다. 김정희의 '고의성'까지 거론하고 싶지는 않다. 다만 이런 일들로 인해 그가 중국풍에 편향되었다거나 '독선적'이라는 느낌을 갖게 하는 것은 부인하기 어렵다.

김정희가 금석학에 관심을 갖고 영역을 개척하게 된 배경을 보면 일차적으로 서예적 관심에서 출발하였다. 이것은 그가 "나는 젊어서부터 글씨에 뜻을 두었다. 24세 적에 중국 연경에 들어가 여러 명석名碩

---

98   이은혁, 「추사 금석학의 성과와 의의」, 양광석교수정년기념논총, 2007 참조.

들을 만나보고 그 서론緖論을 들어본 바 있다"[99]고 한 언급으로도 짐작할 수 있다. 이후 연구의 심도를 높여가는 과정에서 경학이나 역사학의 보조학문으로서의 가치와 의의를 뚜렷이 인식하였고, 마침내 '금석학'이란 독자적인 영역과 문호를 강조하기에 이르렀다.

그러나 대국적 차원에서 볼 때 김정희가 명실 공히 우리나라 금석학의 비조이자 대성자인 것은 움직일 수 없는 사실이지만, 그 금석학의 틀은 '서예적(서체적) 관심'의 단계와 수준을 넘어섰다고 보기 어렵다. 김정희 자신은 물론 추사서파秋史書派 학인들은 서예를 위해 금석학 연구를 기본으로 할 것을 주장하였다. 엄밀히 말해서 김정희의 금석학은 최완수의 분류처럼 '서도금석학'과 '경사금석학'으로 양립될 수 없다. 한 예로 김정희가 무장사비와 인각사비를 그토록 중시했던 것은 따지고 보면 왕희지체의 공부에 그 주안이 있었던 것이다.

김정희의 금석학 연구가 우리나라 서예사 연구와 병행되었으면서도, 서예사 차원을 넘어서지 못한 것은 김정희 개인의 한계이자 그 시대의 한계이기도 했다. 여기에는 그가 55세 이후 늘그막에 남북의 극변極邊에서 10여 년간 귀양살이를 했던 것이 큰 저해 요인으로 작용하였다. 만년의 중요한 시기에 활동에 제약을 받지 않았더라면, 그 학문적 열정과 조예로 보아 금석학 연구가 더욱 광채를 발하였을 것이다. 현장 조사를 중시했던 김정희는 40대까지 조선 팔도를 발로 뛰면서 금석자료를 섭렵하였으나, 이후 일련의 정치적 사건에 휘말려 도중에 그만둘 수밖에 없었다.

---

99 『완당전집』 권8, 14b, 「雜識」 참조.

김정희가 금석학을 정립하는 과정에서, '감식다운 감식', '고증다운 고증'은 사실상 김정희 개인의 몫이나 다름없었다. 옹방강·완원 같은 학자는 김정희가 금석학의 영역을 개척하는 데 선도자요 후원자요 스승이었지만, 조선의 금석학에 대해서는 김정희에게 일주一籌를 양보하지 않을 수 없었다. 청나라 학자들이 김정희의 견해를 전적으로 따르다시피 하였음은 유희해의 『해동금석원』 등이 증명한다. 그러다 보니, 김정희의 명성은 날로 배가倍加되었고, 또 후대로 내려올수록 전설적 신화적 인물로 평가를 받기에 이르렀다. 그러나 혼자서 공부하여 동반자가 없다시피 한데다가 기견己見에 대한 확집確執이 강하다 보니 고증에서 편향성을 극복할 수는 없었다. 견강부회도 없지 않다. 이것은 김정희 개인뿐만 아니라 조선의 금석학을 위하여 아쉬운 일이라 하겠다.

끝으로, 추사 금석학의 연구와 관련하여 2006년에 알려진 김정희의 『해동비고』 및 옹방강의 『해동금석영기海東金石零記』, 조인영의 『해동금석존고海東金石存攷』 등이 일반에 공개되어 연구자들에게 이바지하기를 바란다. 『진흥이비고』와 함께 추사 금석학의 양대 자료라 할 만한 『해동비고』의 완전 공개가 급하다. '진리는 공물公物'이다. 자료가 공개되어 여러 학자들이 함께 연구하는 것이 바람직하다. 중요 자료를 발굴한 분이나 타국에서 기증을 받아온 관계자들의 공은 그것대로 높이 평가를 받을 것이다.

深源寺秀澈和尙碑의
건립 연대와 撰者

Ⅰ. 머리말

최치원의 생애와 학문 역정을 다루는 과정에서 변증辨證을 해야 할
것이 많다. 그 가운데 하나가 「심원사수철화상비문深源寺秀澈和尙碑文」
의 찬자撰者에 대한 문제다. 1991년에 역사학자 추만호秋萬鎬는 「심원
사 수철화상 능가보월탑비楞伽寶月塔碑의 금석학적 분석」[01]이라는 논문
을 발표하였다. 그는 이 논문에서 타고난 혜안慧眼과 해박한 역사학적
소양을 동원하고, 수차에 걸친 답사를 통해 이 비문의 결락缺落된 부
분을 많이 보충하고 잘못된 부분을 심정審定하였다. 이뿐만 아니라 비
문에 대한 역주를 바탕으로 여러 가지 중요한 사실을 논증함으로써 금
석학자로서의 면모까지도 잘 보여 주었다.

이 논문은 종래의 금석문 연구 수준을 이끌어올린 수작秀作이다. 이
분야에 종사하는 학인들에게 연구의 본보기가 된다고 하겠다. 다만 이
러한 위치 때문인지는 모르겠으나, 논의가 충분히 이루어져야 할 몇
가지 점에 대해서 아직 학계에서 재검토나 논쟁은 없고, 추 씨가 논문
에서 제시한 사실을 수용하는 데 머물고 있다. 한 예로 어느 역사학자
는 추 씨의 설을 무비판적으로 받아들여 최치원이 말년에 아찬에서 상

---

01 『역사민속학』 창간호, 한국역사민속학회, 1991.

위 관등官等인 장군직將軍職에 오른 것으로 보았다. 또 비록 산직散職
이긴 하지만 진골만이 받을 수 있는 '장군직'에 육두품인 최치원이 올
랐다면 이것은 어느 면에서 당시 골품 제도의 붕괴를 보여 주는 것이
라 할 수 있다고 하였다.[02] 이와 같은 무비판적인 수용[03]을 방지하고 역
사적 사실을 바르게 연구하기 위해서라도 이에 대한 변증은 필요하리
라고 믿는다.

---

02 崔敬淑, 「최치원의 역사인식」, 『孤雲의 思想과 文學』, 부산: 坡田韓國學堂, 1997,
    29쪽 註1 참조.
03 근래에는 수철화상비를 소개하는 글에 찬자를 최치원이라고 한 사례가 적지 않다.

II. '찬자 최치원'설의 문제점

추만호의 논문에서 주목을 끄는 것이 적지 않다. 그 가운데 가장 중요한 문제는 역시 동 비문의 찬자를 최치원으로, 찬술 시기를 진성여왕 7년(893)으로 비정比定한 점이다. 현재 학계에서는 「수철화상비문」의 찬술 시기를 893년으로 보는 점에서는 대체로 의견을 같이하는 것 같다.[04] 그러나 결론적으로 찬술 시기 내지 건립 연대가 893년이라는 것은 사실과 다르다. 찬자가 최치원이라는 것은 더욱 더 사실과 거리가 멀다.

추 씨는 위 논문에서 "지은이와 글씨 쓴 이에 대하여는 최치원과 김영金穎으로 추정한다"고 하였다. 그 이유에 대해 첫째는 관례적으로 새김글은 당대 최고의 문필가와 서법가가 짓는 특성에 비추어 해당 시기를 앞뒤한 인물로는 이들밖에 찾을 수 없다. 둘째는 역임한 직함을 그대로 사용하는 용례에서도 추정되며, 셋째, 어쩔 수 없이 글에서 나타나는 글 버릇으로도 확인된다고 하였다. 그리고 새김글이 지어진 것

---

04 『조선금석총람』, (上)56쪽; 許興植(편), 『韓國金石全文』(고대편), 229쪽; 『譯註 韓國古代金石文』 Ⅲ, 한국고대사회연구소, 1992, 158쪽; 『한국민족문화대백과사전』(한국정신문화연구원 편) 28, 「연표」 등에서는 한결같이 893년 수철화상이 입적한 그 해에 비가 건립되었다고 기술하였다.

심원사수철화상비

은 수철화상이 입적한 뒤 1백일 간의 제사가 끝난 진성왕 7년(893) 9월
14일 이후의 일이라고 못 박고, 이는 누구도 부인할 수 없는 사실이라
고 단언하였다.[05]

필자는 추 씨가 이유로 든 세 가지는 대부분 정확한 근거에 의한 것
이라기보다는 정황 증거 내지 추정에 의존한 것으로 생각한다. 견강부
회한 억설臆說이라는 느낌을 지울 길 없다. 특히 지금까지 필적을 접
할 수 없었던 김영을 당대 최고의 서법가書法家의 반열에 올려놓고 단
한 줄의 증거도 없이 서자書者라고 못 박은 것은 고증에 철저해야 할
역사학자로서 중요한 소임 하나를 저버린 것이라고 본다.

먼저 비문이 지어진 시기부터 살펴보기로 한다. 지금까지 대부분
『조선금석총람』에서 비정한 대로 진성왕 7년(893)이라고 보아 왔으나,
필자는 적어도 효공왕 2년(898) 이후에 지어진 것으로 본다. 다행스럽
게도 수철화상비에는 이를 입증할 만한 대목이 있다. "我太尉讓王, 倦
彼垂衣, 棄如脫屣, 仍從剪笴, □抑煩囂" 운운한 것이 바로 그것이
다. 이를 번역하면 "우리 태위양왕께서는 나라를 다스리는 일[垂衣]에
고달파하시고는 (임금의 자리를) 헌 신발을 벗어 던지듯이 하였으니, 이
에 허물을 잘라 내는 것을 따름으로써 번잡하고 시끄러운 일을 억제하
고자 하였다"는 말이다. 여기서 '태위'는 당제唐帝로부터 임금으로 책
봉되면서 받은 직함檢校太尉이요,[06] '양왕'이란 왕위를 선양禪讓한 임금

---

05   추만호, 「深源寺秀澈和尚楞伽寶月塔碑의 금석학적 분석」, 290~293쪽 참조.

06   「대낭혜화상백월보광탑비」에서도 "太尉大王, 流恩表海, 仰德高山. 嗣位九旬, 馳
      訊十返."라고 하여, '太尉大王'이란 표현이 나온다. 『역주 최치원전집』 1, 85쪽 참
      조.

이라는 뜻이다. '태위양왕'이란 바로 진성여왕을 가리킨다. 진성여왕이
즉위한 뒤 국정의 문란과 민생의 피폐가 심해지자 마침내 양위를 결정
하고 태자 요嶢(효공왕)에게 왕위를 물려주었다. 『삼국사기』에서 "근년
이래로 백성이 곤궁하여 도둑이 벌떼처럼 일어났는데, 이것은 내가 덕
이 없는 까닭이다. 어진이에게 자리를 비켜 왕위를 물려주기로 내 뜻
이 결정되었다"고 한 진성여왕의 유조遺詔라든지 최치원이 대찬代撰
한 「양위표讓位表」를 보면, 「수철화상비문」에 나오는 위의 대목과 합치
함을 알 수 있다. 따라서 '태위양왕'을 헌강왕 또는 정강왕으로 보거나,
위의 문장에 헌강·정강왕 두 임금을 개입시켜 다음과 같이 번역하는
것은 명백히 잘못이다.

우리 태위양왕(진성왕)이 **헌강왕께서** 나라를 다스리는 데 힘들어 하
시다가 미투리를 벗고 가듯이 저 세상으로 떠남에 (왕위를 물려받았
다). 이에 허물 베어 내기를 좇고 시끄럽게 날뛰는 무리들을 억누르
고.[07]

우리 진성왕께서 **정강왕이** 나라를 다스림에 힘들어 하다가 돌아가
자, 이에 앞의 허물을 따라 ……[08]

이제 한 가지 사실이 분명해졌다. 진성왕이 양위한 해가 진성왕 11

07　추만호, 앞의 논문, 283쪽.
08　『역주 한국고대금석문』 Ⅲ, 한국고대사회연구소, 1992, 169쪽.

년(897)이니 수철화상비문은 적어도 897년 이후에 찬술되었을 것임에 틀림없다. 이 비문 가운데 '증태사경문대왕贈太師景文大王' 및 '증태부 헌강대왕贈太傅獻康大王'이라 한 구절은 이를 확실하게 뒷받침한다. 당나라 황제가 경문왕과 헌강왕을 추증한 시점은 효공왕 1년(897) 7월이다.[09]

그러면 이해 비문이 찬술되고 세워졌을까? 이에 대한 답을 얻기 위해서는 찬자 문제가 선결되어야만 한다. 비문의 모두冒頭에는 대개 찬자·서자書者·각자刻者의 관등과 직함·성명 등이 기록된다. 먼저 각자의 경우 '비구음광比丘飮光'이라는 명기名記가 있는 것으로 보아 수철의 제자로 추정되는 음광이 새겼을 것임에 분명하다. 다른 비의 예를 보더라도 승려(특히 門人弟子)가 새기는 경우가 많다. 수철화상비도 이러한 사례라 하겠다. 이어 찬자의 직함과 관등을 보면, "入朝奉賀 □ 駕遷幸東都使 檢校右衛將軍 司宮臺……"로 되어 있다. 이를 번역하면 "당나라에 입조入朝하여 하례를 받들고, 동도東都로 천행天幸(遷都)했던 천자의 어가를 따른[隨駕] 사인使人이며 검교 우위장군으로 사궁대의 (이하 결락됨)"가 된다. '낙양 천도'는 당나라 제19대 황제인 소종昭宗 천우天祐 원년(904) 1월에 있었다.『구당서』에 의하면 그해 8월 소종이 주전충朱全忠에게 시해되고 당나라 마지막 황제인 애제哀帝가 즉위한다.

이를 보면 수철화상비문의 찬자는 903년 말부터 904년에 걸쳐 당나라에 입조사로 다녀왔던 인물임에 분명하다. 그런데 최치원의 경우,

---

09 최치원이 지은「謝恩表」와『東史綱目』효공왕 1년 7월조 참조.

고, 그 밖에도 약간의 변화를 준 것이 적지 않다는 것이다.[19]

그런데『사산비명』을 비롯하여 최치원의 유문遺文을 지속적으로 다루고 역주본 내는 일을 해 온 필자는 추 씨의 주장을 이해하기 어렵다. 결론을 먼저 말하자면,「수철화상비문」은 세련되고 정제整齊된 변려문의 진수를 보여 주는 최치원의 글과는 상당히 차이를 보인다. 이것은 최치원의 문체에 대해 어느 정도 감식안鑑識眼을 가진 사람이면 감지할 수 있는 문제다.

「수철화상비명」과「지증대사비명」이 똑같은 운자韻字로 되어 있고 또 처음부터 끝까지 한 운자만 사용했다는 것은 추 씨가 잘못 본 것이다. 「지증대사비명」은 칠언七言으로 칠언 매구每句에 압운押韻을 하는 백량체柏梁體다. 게다가 명의 운자가 '직운職韻(入聲)'이다. 44구 모두에 운을 다는 것도 쉽지 않은 일인데, 강운强韻으로 일관한다는 것은 여간한 문재文才가 아니면 엄두도 못낼 일이다. 이에 비해「수철화상비명」은 사언 24구(96자)다.[20] 최치원의『사산비명』에 보이는 명에 비해 외면상으로 초라할 뿐 아니라,[21] 명의 내용면에서도 완성도가 훨씬 뒤떨어진다. 또 제1구부터 제4구까지는 '직職'자 운으로 되어 있어(植·則·飾·

---

19 추만호, 앞의 논문, 291~293쪽 참조.

20 東仁所植 西教是則 縷褐之飾 布衣之極. 一枚幻軀 六箇兜賊 他或□□ 師能□ 得. 謀重慧戈 □用□墨 德水□濯 妖塵靜□. 祖西堂藏 父南嶽陟 化衆十方 爲師一國. 言沃王心 感融佛力 克修善逝 雅訓扇□. 致捨大寶 賴□□□ 歷數古今 □□□□.

21 참고로『사산비명』의 碑銘을 분석해 보면,「대낭혜화상비명」은 五言 9章으로 모두 70구 350자,「진감선사비명」은 四言으로 모두 40구 160자,「대숭복사비명」은 四言 8章으로 모두 64구 256자이다.「지증대사비명」은 七言聯句로서 44구 308자이다.

極) 흡사 백량체를 모방한 듯하나, 제3구부터 마지막까지는 매구每句에 압운을 한 것이 아니고 격구隔句마다 압운을 하였다. 일종의 변격變格이다. 이것을 백량체에 견준다는 것은 어불성설이다.

추 씨는 또 「수철화상비명」에 나오는 '동인東仁'·'서교西敎'·'누갈縷褐'로 압축되는 글의 흐름이 사실상 최치원『사산비명』의 표절을 방불케 한다고 하였다. 그러나 여기서 선사禪師의 누더기 차림을 '누갈'이라 하고 불교를 '서교'라고 하는 표현은 다른 자료에서도 얼마든지 볼 수 있다. 이것을 단서로 지은이가 최치원일 것이라고 추정함은 지나친 무리다. '동인'이란 표현은 동인의식東人意識(민족주체의식)과 관련되는 말로, 최치원 이외의 다른 곳에서 쉽게 찾아볼 수 없는 말이긴 하지만, 역시 동인의식이 최치원의 전유물인 양 잘못 생각한 데서 비롯된 착오라고 생각한다. 최치원의『사산비명』도처에서 동인의식의 편린이 다수 보이는 것에 견주면, 단 한 번에 불과한 이 '동인'이란 표현은 역설적으로 최치원이 지은 것이 아님을 반증한다고 하겠다. 최치원이 찬자라면 동인의식에 관계된 표현이 단 한 번 나왔을 리 없다고 생각한다. 결국 「수철화상비문」에 나오는 이 '동인'이란 표현을 통해서도, 동인의식이 신라 하대의 지성인 사회에서 중요한 사상적 흐름을 이루었던 하나의 시대사조였음을 엿볼 수 있다.[22] 그리고 글의 흐름상 중요한 측면에서 상통한다는 것은 이 「수철화상비문」이 그 이전에 나온『사산비명』

22　동인의식이 신라 후기 사상사에서 시대사조로서의 구실을 하였음은 최영성,『한국 유학통사』상권, 심산출판사, 2006, 157~167쪽 참조.

을 모방하였다는 사실을 보여 주는 단적인 예라고 할 것이다.[23]

「수철화상비문」은 외면상 당시 문단의 소상所尙인 변려문의 형태를 취하고는 있다. 그러나 대체로 대우對偶에 비중을 두었을 뿐 용전用典이나 성률聲律 면에서는 최치원 특유의 변려문과는 상당히 다르다. 그 격조도 미치지 못한다. 수십 보를 양보해야 될 듯하다. 최치원의 문장, 특히 비문은 "일자일구에 내력 없는 것이 없다"(蓮潭 有一)는 평을 받을 정도로 전고典故의 사용이 두드러진다. 「수철화상비문」에서 이러한 특징이 보이지 않는다면, 최치원의 글이 아니라고 해도 지나친 말은 아닐 것이다.

또 최치원의 비문은 서술 기법이 독특하며 전개 방식도 일정하지 않다. 『사산비명』을 보면 즐겨 쓰는 문투가 반복되어 나오는 경우가 있지만, 구성과 전개 방식은 용의주도하다고 할 정도로 각각 다르게 되어 있다. 따라서 "「지증대사비명」의 운자韻字와 똑같다"느니 "『사산비명』의 표절을 방불케 한다"는 말이 과연 「수철화상비문」의 찬자가 최치원이라는 사실을 주장하면서 증거로 제시할 수 있는 것인지 의심스럽다.

다음으로, 제한된 범위 안에서 「수철화상비문」에 나오는 한두 가지 표현을 통해, 최치원이 찬한 비문의 것과 어떻게 다른지 살피고자 한다. 먼저 "시혜성대왕時惠成大王, 위가덕손爲家德損"이라는 대목을 보자. 혜성대왕이 경문왕의 아우로 각간角干을 지낸 김위홍金魏弘임은 잘 알려진 일이다. 그런데 최치원은 『사산비명』에서 김위홍을 한결같

23　실제로 최치원과 金穎은 상당한 교분이 있었던 것으로 보인다. 897년 김영이 賀正使로 당나라에 들어갈 때 임금을 대신하여 「新羅賀正表」·「讓位表」·「遣宿衛學生首領等入朝狀」·「奏請宿衛學生還蕃狀」을 찬술한 사람이 최치원이었다.

이 '태제상국太弟相國'이라 하고, 자주自注를 달아 '추봉존시追奉尊諡, 혜성대왕惠成大王'이라고 하였다. 이것은 '혜성대왕'을 직접 본문에 표출한 것과 다르다. 더욱이 「수철화상비문」에 언급된 혜성대왕 관련 사실이 경문왕 때의 일이고 보면, 최치원이 김위홍을 직접적으로 곧장 '혜성대왕'이라고 표현했을 리 없다.

> 咸通十二年秋, 飛鵠頭書, 以傳召曰 …… 欻爾至轂下, 及見; 先大王冕服拜爲師。君夫人世子, 旣太弟相國(原註: 追奉尊諡, 惠成大王)·群公子公孫, 環仰如一(「대낭혜화상비문」)。[24]

> 亦旣榮沾聖澤, 必將親拜靈丘。肆以備千乘之行, 奚翅耗十家之産? 遂命太弟相國(原註: 追奉尊諡, 惠成大王), 致齋淸廟, 代謁玄扃(「대숭복사비문」)。[25]

그리고 「수철화상비문」에 '신부愼孚'라는 스님(大朗慧和尚 無染의 제자)의 이름이 나오는데, 「대낭혜화상비문」에서는 '사천왕사상좌四天王寺上座 석신부釋愼符'라 하여 표기를 달리하였다. 찬자가 같은 사람이라면 글 쓰는 습관상 표기를 달리하지 않았을 것이다.

이뿐만이 아니다. 「수철화상비명」과 김영이 찬한 「보조선사비명普照禪師碑銘」·「원랑선사비명圓朗禪師碑銘」 사이에는 상당한 유사점 내지

---

24 『역주 최치원전집』 1, 76쪽.
25 『역주 최치원전집』 1, 206쪽.

공통점이 발견된다. 무엇보다도 이들 세 비명이 변칙變則을 꺼리지 않은 데다가 통운通韻까지 사용했음을 꼽을 수 있다. 「보조선사비명」을 보면 모두 6장 50구인데, 10구로 되어 있는 기일其一에서는 '○○○○ 兮 ○○○◎'(◎는 韻字)와 같은 형태의 구句가 5번 반복된다. 이에 비해 기이其二부터 기육其六까지는 '○○○○ ○○○○◎'와 같은 형태의 구가 각각 네 번씩 반복되어 모두 40구를 이룬다. 운자에서도 통운의 경우가 보인다.

다음 「원랑선사비명」을 보면 모두 32구로 되어 있다. 제1구부터 제30구까지는 '○○兮 ○○○○ ○○兮○○○◎'와 같은 형태의 구가 일률적으로 반복되다가 제31, 32구는 '鳴呼哀哉法梁折 勒石銘金示諸有'로 되어 있어 역시 변격變格의 형태를 보인다. 이러한 예는 최치원의 경우 찾아보기 어렵다. 이처럼 다소 이례적일 정도의 변칙적 전개와 구성은 김영의 글짓는 습관과 관계가 있는 것인데, 위에서 소개한 「수철화상비문」의 명문銘文과 같은 양상을 보인다. 이 점을 우연으로만 돌릴 수는 없다. 김영이 지은 명사銘詞와 같은 변격의 예는 적어도 신라 중·하대의 금석문 가운데서 찾아보기 어렵기 때문이다.

IV. 맺음말

위의 내용을 토대로 논의를 마무리를 하고자 한다. 종래 「수철화상 비문」은 진성여왕 7년(893)에 왕명으로 찬술되고 또 그해 비가 세워진 것으로 알려져 왔다. 이에 대해 『조선금석총람』 이래 지금까지 별 이 론이 없었으나, 사실 비문을 잘못 해독함으로써 제찬製撰 연대가 10년 이상 앞당겨졌다. 제찬 연대는 효공왕 8년(904) 이후가 확실하다. 비문 의 찬자가 최치원이라는 주장은 설득력이 없다. '찬자 최치원'이라는 설과 그에 부수된 문제는 의미가 없음을 밝혀둔다.

아울러 다소 조심스러운 감이 없지는 않지만, 「수철화상비문」의 찬 자를 급찬級餐 김영으로 추정하고자 한다. 찬자를 김영으로 추정한 예 는 1978년에 발표된 이기동李基東의 논고에서 찾을 수 있지만,[26] 이는 자세한 논증이 아닌 가볍게 추정한 것이었다. 이제 이 글에서 제찬된 시기, 찬자의 이력과 관직, 문체 등 몇 가지 예증을 제시하여 찬자를 김영으로 추정하고 학계의 재검토를 기다린다.

26　이기동, 「나말여초 近侍機構와 文翰機構의 확장」, 『역사학보』 77, 1978 ; 『신라 골 품제 사회와 화랑도』, 일조각, 1984, 262쪽 참조.

찾아보기

手焚香而閱之則上自新羅下至

卷軸無不收焉蓋其意唯在於求其

不求文字之備放有擲數行者武